新型文化业态发展研究

Research on the Development of New Cultural Formats

郭鸿雁 李雅丽 著

社会科学文献出版社
SOCIAL SCIENCES ACADEMIC PRESS (CHINA)

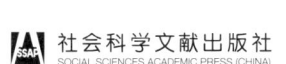

前　言

2017年10月18日，习近平在中国共产党第十九次全国代表大会上的报告指出，"文化是一个国家、一个民族的灵魂。文化兴国运兴，文化强民族强。没有高度的文化自信，没有文化的繁荣兴盛，就没有中华民族伟大复兴。要坚持中国特色社会主义文化发展道路，激发全民族文化创新创造活力，建设社会主义文化强国"，同时进一步指出，"推动文化事业和文化产业发展"，"健全现代文化产业体系和市场体系，创新生产经营机制，完善文化经济政策，培育新型文化业态"（习近平，2017）。

近年来，我国文化产业保持着高于国民经济增速的增长速度不断创新发展。从《中华人民共和国国民经济和社会发展第十三个五年规划纲要》明确文化产业发展成为国民经济支柱性产业的战略定位，到《"十三五"国家战略性新兴产业发展规划》特别对数字创意产业进行部署规划，再到《中共中央关于制定国民经济和社会发展第十四个五年规划和二〇三五年远景目标的建议》明确提出"实施文化产业数字化战略，加快发展新型文化企业、文化业态、文化消费模式"，文化产业特别是新型文化业态，正以其不可比拟的发展优势以及前所未有的成长态势，在拉动国内需求增长、促进消费结构升级、推动传统产业转型、推进社会经济发展等方面，发挥着日益重要的作用。

文化业态的不断创新和发展是文化生产的必然规律，也是文化消费的客观需要。随着文化产业的蓬勃发展和科技生产力的不断提高，文化与政治、经济、科技、社会等领域的融合加速深化，文化业态的内容和形式日益丰富。大力推进文化业态创新，既是推动文化繁荣发展、提高国家文化软实力的迫切需要，也是新时代推动传统产业转型和促进经济结构升级、解决人民日益增长的美好生活需要和不平衡不充分的发展之间矛盾的迫切需要。

本书是国家社会科学基金青年项目"历时与共时双重视角下的新型文化业态研究"（13CGL155）的理论成果。历时与共时，最早由瑞士语言学家索绪尔提出，是语言学理论研究的不同视角和方法，后被推广和应用到社会形态及其结构的分析考察中。其中，前者强调动态与时序，侧重把握社会形态及其结构的演进规律，即起源、发展与趋势；后者强调静态与截面，侧重把握社会形态及其结构的特定特征，即某一既定时刻或阶段社会形态及其结构的具体特征。本书以新型文化业态为研究对象，以历时、共时为研究视角，分析探讨新型文化业态如何演化与形成、其现实状况及如何推动其发展、未来向何处发展等问题。具体来说：从历时视角，梳理总结文化业态的演化与创新规律，阐释新型文化业态形成的内在机理、微观机制，在此基础上探讨文化业态的演进趋势；从共时视角，以个案形式剖析当前新型文化业态运营的基本状况，在此基础上，立足发展现状，直面现实困境，结合国际经验，提出推动新型文化业态发展的举措建议。

本书立足全球化视野，直面我国新型文化业态发展的特点、现状与轨迹，综合运用多学科知识，采用实证分析与定量分析方法，通过前瞻性的理论分析与案例研究，从创新形态、创新动力、创新路径、机理、机制、经验、政策、趋势等方面，为新型文化业态的理论研究及其实践发展提供多元化思考空间。这一探索将在一定程度上丰富文化经济领域的理论成果；同时，对于调整文化产业结构、制定产业发展政策、培育新的文化经济增长点、增强国家文化软实力，具有广泛而深远的意义。

由于新型文化业态问题综合性强、内涵丰富，且处于不断发展变动的过程之中，相关研究资料较为欠缺或不适宜，加之缺乏权威、统一、明确的产业分类和统计标准，目前关于新型文化业态的理论研究尚处于探索阶段。同时，新型文化业态具有系统性、开放性、跨业性、复杂性与广泛性，因此从研究方法上很难将其归入某一学科方法论中，抑或难以用某一特定方法对其进行研究。为此，作为一项尝试性研究，本书存在很多不足之处：关于新型文化业态演化的描述性统计分析是初步的，相关一手资料的积累亟须加强；关于当前新型文化业态的发展概况研究，尚未针对互联网文化产业、文化创意和设计服务业的不同类型（子产业）进行深入探讨；关于推进新型文化业态发展的举措建议，特别是他组织视角下的相关政策体系，还有待进一步专题研究等。此外，本书的研究主要基于系统科学和产业经济学视角，而新闻传播学、管理学等相关学科与选题的融合则有进一步深入的必要。所有这些，都指明了下一步的研究方向和工作重点。

本书由郭鸿雁设定写作框架并统稿。各章节的具体分工是：郭鸿雁，负责第一章至第七章、第十章中的"基于非对称Nash协商模型的利益共享和激励协调机制设计"；李雅丽，负责第八章、第九章、第十章的其他内容。

本书在撰写过程中，参阅了大量国内外研究文献，在出版过程中得到了郑州航空工业管理学院文化经济研究中心、河南省高等学校哲学社会科学研究优秀学者资助项目（2016-YXXZ-09）的支持和赞助，社会科学文献出版社陈凤玲老师给予了悉心关怀和指导，在此一并表示衷心的感谢！

限于著者的水平，疏漏之处在所难免，敬请专家和读者批评指正。

目录

第一部分 导论篇

第一章 绪论 / 3
　第一节　文化产业与新型文化业态 / 3
　第二节　新型文化业态文献综述 / 6
　第三节　历时视角与共时视角 / 12
　第四节　研究意义与创新之处 / 15

第二章　新型文化业态概述 / 16
　第一节　新型文化业态的内涵 / 16
　第二节　新型文化业态的特征 / 40
　第三节　新型文化业态的类型 / 42
　第四节　新型文化业态的意义 / 54

第二部分 历时篇

第三章　文化业态的演化与创新规律 / 59
　第一节　文化业态的演化与创新形态 / 59
　第二节　文化业态的演化与创新动力 / 85
　第三节　文化业态的演化与创新路径 / 98

第四章 新型文化业态形成的内在机理 / 101

第一节 系统科学角度 / 101

第二节 产业经济学角度 / 109

第五章 新型文化业态形成的微观机制 / 117

第一节 自组织与他组织 / 117

第二节 新型文化业态自组织与他组织复合演化的 Logistic 模型分析 / 120

第六章 文化业态的演进趋势 / 133

第一节 网络经济与产业系统集成范式 / 133

第二节 产业系统集成概述 / 138

第三节 推进文化产业系统集成的思路与建议 / 144

第三部分 共时篇

第七章 当前新型文化业态运营的个案解读 / 149

第一节 互联网文化产业——以在线教育产业为例 / 149

第二节 文化创意和设计服务业——以航空文化产业为例 / 166

第八章 新型文化业态发展面临的主要困境 / 181

第一节 自组织角度 / 181

第二节 他组织角度 / 201

第九章 文化产业发展的国际经验借鉴 / 207

第一节 美国模式：市场主导 / 207

第二节 英国模式：政府"臂距"管理＋自由市场运作 / 215

第三节 日本模式：政府主导 / 225

第十章　推进新型文化业态发展的举措建议 / 235
　　第一节　自组织角度 / 235
　　第二节　他组织角度 / 249

参考文献 / 258

附录1　文化及相关产业分类（2012）/ 272
附录2　文化及相关产业分类（2018）/ 284

第一部分 导论篇

本篇论述了研究主题提出的背景,在进行文献综述的基础上,阐述了研究思路与方法、研究意义以及创新之处;进一步地,对新型文化业态的内涵、特征、类型及其意义进行界定和分析。

第一章

绪论

第一节 文化产业与新型文化业态

在漫长的社会历史发展过程中，人类创造了巨大的物质财富和精神财富。在社会经济蓬勃发展的背景下，这些重要的文化资源进一步转化并形成了文化产业。推进文化产业发展，是新时代推动传统产业转型和促进经济结构升级的重要举措，也是社会主义市场经济条件下满足人民日益增长的美好生活需要的必然要求。

2007年10月，党的十七大报告指出"在时代的高起点上推动文化内容形式、体制机制、传播手段创新，解放和发展文化生产力，是繁荣文化的必由之路"。在谈到发展文化产业是增强国家文化软实力的重要途径时，着力强调要"运用高新技术创新文化生产方式，培育新的文化业态"。

2009年7月，国务院颁布《文化产业振兴规划》，提出"发展新兴文化业态。采用数字、网络等高新技术，大力推动文化产业升级"。2010年10月，党的十七届五中全会进一步提出，"发展新型文化业态，增强多元化供给能力，满足多样化社会需求，繁荣社会主义文化市场，推动文化产业成为国民经济支柱性产业"。

2011年3月，《中华人民共和国国民经济和社会发展第十二个五年规划纲要》颁布，提出"推进文化产业转型升级，推进文化科技创新，研发制定文化产业技术标准，提高技术装备水平，改造提升传统产业，培育发展新兴文化产业"。同年10月，党的十七届六中全会再次提出，要"加快发展文化创意、数字出版、移动多媒体、动漫游戏等新兴文化产业"。

2012年2月，《国家"十二五"时期文化改革发展规划纲要》把"加快推进新兴文化产业发展"作为"推进文化科技创新的重要组成部分"，同期颁布的《文化部"十二五"时期文化产业倍增计划》进一步强调"要鼓励文化内容与网络技术的结合，不断创新文化业态，丰富文化表现形式，提高新兴文化产业对加快经济发展方式转变的贡献"。同年11月，党的十八大会议再次提出"扎实推进社会主义文化强国建设"，特别指出要"促进文化和科技融合，发展新型文化业态，提高文化产业规模化、集约化、专业化水平。构建和发展现代传播体系，提高传播能力。扩大文化领域对外开放，积极吸收借鉴国外优秀文化成果"。

2014年10月，习近平在《在文艺工作座谈会上的讲话》中指出，"互联网技术和新媒体改变了文艺形态，催生了一大批新的文艺类型，也带来文艺观念和文艺实践的深刻变化。由于文字数码化、书籍图像化、阅读网络化等发展，文艺乃至社会文化面临着重大变革"，同时进一步指出，"要通过深化改革、完善政策、健全体制，形成不断出精品、出人才的生动局面"。

2016年3月，《中华人民共和国国民经济和社会发展第十三个五年规划纲要》颁布，明确强调"推动文化产业结构优化升级，发展骨干文化企业和创意文化产业，培育新型文化业态"，并将"国民经济支柱性产业"作为文化产业发展的战略目标。同年10月，习近平在党的十八届六中全会第一次全体会议上关于中央政治局工作的报告中指出，"推进文化体制改革，加快文化事业和文化产业发展"，"推动文化创意产品开发，实施中国当代文学艺术创作工程，培育新型文化业态，增加优质文化产品和服务供给"。同年11月，国务院印发《"十三五"国家战略性新兴产业发展规划》，首次将数字创意产业列为重点培育的支柱产业，并提出"到2020年，形成文化引领、技术先进、链条完整的数字创意产业发展格局，相关行业产值规模达到8万亿元"的发展目标。通过以上重要文件和战略规划的目标设定，足以看出文化产业特别是新型文化业态在我国未来经济发展中的重要地位。

2017年10月,党的十九大报告提出,"中国特色社会主义进入新时代,我国社会主要矛盾已经转化为人民日益增长的美好生活需要和不平衡不充分的发展之间的矛盾",同时进一步指出,"满足人民过上美好生活的新期待,必须提供丰富的精神食粮"。在对文化工作专题论述的部分,报告特别强调了"推动文化事业和文化产业发展","健全现代文化产业体系和市场体系,创新生产经营机制,完善文化经济政策,培育新型文化业态"。

为人民群众提供丰富的精神食粮,需要深入挖掘、广泛利用并不断创新适应人们文化消费需求的产品内容、服务形式、传播载体、交互平台、消费方式等,从而让内容丰富、形式多样的文化成果更好地惠及人民群众。

近年来,我国文化产业保持着高于国民经济增速的成长速度不断创新发展。文化产业特别是新型文化业态,以其不可比拟的发展优势以及前所未有的成长态势,在拉动国内需求增长、促进消费结构升级、推动传统产业转型、推进社会经济发展等方面,发挥着重要的作用。立足于国民经济支柱性产业的战略定位以及推进供给侧结构性改革的发展战略,新型文化业态在实践探索中不断创新突破。

一方面,"互联网+"持续深入并融入文化和生活的全领域。VR、直播、网剧、弹幕等新业态继续保持迅雷不及掩耳之势快速冲击着文化消费市场,成为年轻人的消费新时尚,并不断创新文化业态布局。以动漫游戏、网络音乐、网络文学、网络视频等为代表的数字创意产品,日益走进人民群众的文化消费生活。

另一方面,"文化+"更加直接地融入国民经济更广泛的领域。通过横向拓展、纵向延伸,文化创意与特色农业、装备制造业、城乡旅游、数字内容等深度融合,并不断地向国民经济第一、第二、第三产业和上、中、下游全产业链拓展。从田园综合体到创意农业,从工业旅游到特色小镇,从节庆会展到品牌城市,文化的力量无处不在。以创意为要素、以文化为引擎,越来越多的地区选择将文化产业作为地方经济的支柱性产业。通过资源整合、跨界融合和打破行业壁垒,文化产业与相关行业形成了开放、共生、协同的产业生态体系和生产格局。

本书以新型文化业态为研究对象,运用丰富的理论知识与多种分析工具,结合科学的研究思路与分析方法,从跨学科、多视角的复合维度进行全面、深入和系统的考察，这是推动文化繁荣发展的理论需要，是全面提升文化产业竞争力、提高国家文化软实力的必然要求，是新时代推动传统产业转型和促进经济结构升级、满足人民群众日益增长的美好生活需要的迫切需求。

第二节　新型文化业态文献综述

一　国外文献综述

国际上对文化产业的研究由来已久。美国学者丹尼尔·贝尔（Bell，1973）在其著作《后工业社会的来临》一书中首先提出"文化产业"（Cultural Industries）的概念，此后越来越多的专家学者加入该领域，从而涌现出大量研究成果。其研究重点主要集中于文化产业经营管理的策略或技巧，综观来看具有两个特点：一是文化产业在西方国家一开始就是作为市场经济中的一个产业出现的，这一点与我国不同；二是国际上对文化产业采用的研究方法是经济学方法和经济学范式。

作为文化产业理论研究与实践的先行者，以欧美国家为代表的西方学者率先从哲理层次对"新型文化业态"进行了较为深入的探讨。研究内容如下文所示。

（一）关于文化业态的发展趋势

美国计算机科学家尼古拉斯·尼葛洛庞帝（Negroponte，1996）在其经典著作《数字化生存》中，对互联网时代媒体所扮演的角色与功能的改变提出了独到创见。日本经济学家植草益（2001）指出，政府放宽限制加上科技的作用打破了信息通信业的行业壁垒、加速了产业融合、强化了产业间竞争，产业融合也将在竞争融合的不断循环中加速发展。美国媒介理论家保罗·莱文森（2011）对当代媒介进行分类，认为随着互联网的发展，媒介可划分为旧媒介、新媒介和新新媒介。在互联网诞生之前的所有媒介统称为旧媒介；基于互联网诞生的第一代媒介称为新媒介，如电子邮件、网上书店、聊天室等；新新媒介指兴盛于21世纪的第二代媒介，如博客、维基、脸谱、优视、推特等。

（二）关于新型文化业态的影响

美国学者戴维·R. 柯赛尔（Koepsell，2003）、彼得·坎贝尔

（Campbell，2011），英国社会学家斯科特·拉什与英国学者西莉亚·卢瑞（Lash & Lury，2007）从不同角度利用传播学知识、文化研究成果与政治经济理念，分别探讨了新型文化业态对社会文化、国家规制、商业经济等领域产生的深刻影响。南非学者艾尔玛·布伊恩斯（Booyens，2012）以开普敦为例，提出创意产业是市区建设、经济发展和创造就业机会的有效途径。意大利学者罗伯塔·皮尔乔瓦尼等（Piergiovanni et al.，2012）以意大利103个地区的数据为样本，比较研究创意、知识产权、新商业模式和基础设施投入等因素对经济增长的影响，得出创意产业的发展和创意产业从业人数的增加对地区经济发展具有积极的正向影响。

（三）关于新型文化业态的成因

美国著名管理学家迈克尔·波特（Porter，1980）认为，技术创新促使文化产品创新，产生新的文化产品及服务；文化产品创新增强文化产业差异化，从而促进了新产业产生和发展。美国传播学家伊契尔·索勒·普尔（Pool，1983）从科技角度探讨了"传播形态的融合"现象，提出数码电子科技的发展是引起传播形态融合的根本原因。新加坡学者奥诺和美国学者奥克（Ono & Aoki，1998）分析了广播、电信、出版等领域的案例，通过构建理论框架对媒体信息服务融合的实质进行阐释，认为产业融合是新业态形成并发展的原因。美国学者杰伊·戴维与理查德·格鲁辛（David & Grusin，2000）利用"去媒体性"与"超媒体性"这两个概念，研究了文艺复兴时期到现阶段的媒体特征，提出了新媒体是新历史语境下对所有媒体的再利用及复兴。这一成果可视为从历时角度对文化业态创新进行的探索性研究。英国学者保罗·斯顿曼（Stoneman，2010）从经济学、产品美学和创意产业等领域系统论述了软创新理论，认为创意产业发展需要创新、学识和政策等各方协同，其中政策对创新影响较大，而组织创新和市场创新是创意产业拓展发展范围的开端。

（四）关于新型文化业态的区域研究和行业报告

英国学者查尔斯·兰德里与弗兰科·比安基尼（Landry & Bianchini，1995）描述了创意城市伦敦的创意产业发展概况。美国学者艾伦·J.斯科特（Scott，2001）认为全球的文化产业集群形成了全球范围内的生产联合和网络合作关系，并且以地方文化产业的生产网络为基础，形成文化创意产业集群。英国学者詹姆斯·赫姆斯利（2004）分析了欧盟新兴的文化技术产业以及俄罗斯的机遇。美国学者艾伦·J. 斯科特（Scott，2005）通过分析多个大城市文化产业的发展现状，测算了洛杉矶、巴黎、纽约等城市影视产业的集聚度，认为纽约和洛杉矶是美国的影视集聚区。BOP 咨询公司（BOP Consulting）和伦敦国王学院（King's College London）联合调查并发布了业内权威的《2012年世界城市文化报告》。

二 国内文献综述

伴随市场经济制度的建立和改革开放的深化，文化产业的市场属性逐步确立。与选题较为密切的理论研究主要集中于近年政府部门或官员的工作报告，内容偏重"培育新型文化业态"的政策导向。

2000 年，党的十五届五中全会通过《中共中央关于制定国民经济和社会发展第十个五年计划的建议》，首次明确提出"文化产业"的概念，并将文化产业从理论层面上升为国家规划。2006 年，《国家"十一五"时期文化发展规划纲要》提出，要大力发展以数字化内容、数字化生产和网络化传播为主要特征的新兴文化产业，释放出运用高科技创新文化生产方式、培育文化产业新业态的政策信号。2007 年，党的十七大报告提出，促进文化产业发展要努力转变文化生产方式，培育新的文化业态。2012 年，党的十八大报告进一步提出"促进文化和科技融合，发展新型文化业态，提高文化产业规模化、集约化和专业化水平"。2016 年，《中华人民共和国国民经济和社会发展第十三个五年规划纲要》明确提出，"推动文化产业结构优化升级，发展骨干文化企业和创意文化产业，培育新型文化业态"，并将"国民经济支柱性产业"作为文化产业发展的战略目标。同年，国务院印发《"十三五"国家战略性新兴产业发展规划》，首次将数字创意产业列为重点培育的支柱产业，认为其能够"代表新一轮科技革命和产业变革的方向，是培育发展新动能、获取未来竞争新优势的关键领域"。2017 年，党的十九大报告继续提出，"健全现代文化产业体系和市场体系，创新生产经营机制，完善文化经济政策，培育新型文化业态"。

与此同时，业内专家学者多从新闻传播学角度，对"新型文化业态"给予了充分关注，研究内容包括以下几点。

（一）关于文化业态与新型文化业态的界定

熊澄宇（2008）从辨析文化形态、文化业态与文化生态的角度探讨了文化业态的构成，指出文化业态包括文化事业和文化产业。王晨（2008）援引有关学者的观点，例如，胡惠林认为，新型文化业态是文化财富的重要内容，文化财富本质是文化内容的创新和文化内容的衍生力；李向民认为，新型文化业态的核心内容主要体现在以新媒体为代表的新行业涌现、数字技术对传统文化产业的升级改造、文化内容和形式创新后产生的新盈利模式等方面。刘忠（2009）认为，新型文化业态包括三部分：一是与技术相融合的文化产业，二是赋予传统文化产业以新的内涵促使传统文化产业的转型升级，三是不同产业之间在高新技术的促进下不断融合。黄伟一（2009）从文化经济形态角度进行研究，认为新型文化业态是以知识、科技、信息、智力、符号与媒介为主要运营资本的文化经济形态。肖荣莲（2010）认为，新型文化业态必须具有文化与科技相互融合、文化业态自身融合、以文化创意和创新为基础、集群化发展等特点。王育济等（2010）指出，"新的文化业态是指网络技术与数字信息技术推动下不断衍生的文化业态"，并认为新型文化业态应以网络数字化技术为核心技术，以文化为其表现和销售的内容，以电脑、手机和其他移动存储等终端平台为主要载体。吕庆华和任磊（2012）认为，文化业态是一种企业经营管理模式和企业运营形态，具有交叉融合、分工专业、独特和动态的特性。付晓青（2015）认为，新型文化业态是基于网络技术的发展所形成的一种新的文化产业形式。陈少峰等（2015）将互联网文化产业视为新型文化业态，认为新型文化业态是通过与科技融合而形成的。石蓉蓉（2017）认为，新型文化业态是在继承和发展传统文化产业优势的基础上，不断地依托当前高新技术的一种新的文化创意内容和创新形式。王林生（2017）认为，新型文化业态是以互联网为产业发展核心，按照互联网信息时代的生产、再生产、储存以及分配要求，提供相关文化产品或服务的新型经济活动。

（二）关于新型文化业态的形成

吕学武和范周（2007）认为，网络、通信、数字等三网融合创造新的文化内容，从而形成社交、休闲娱乐等新的文化业态，其形成的主要动力源于文化与科技的融合；胡正荣（2007）从融合和集群化角度，探讨了新旧媒体的组织创新；郑素侠（2009）指出，科技创新与文化业态演变之间存在内在互动关系；肖荣莲（2010）认为，随着现代科技在文化领域的广泛应用，新型文化业态是在原有业态自我扩张和融合其他产业的基础上形成的；喻国明（2011）以"跨界""混搭"为特征，论述了对既往传媒业固有业态边界的打破、传媒资源的重新配置与整合；吕庆华和任磊（2012）认为，外部环境、文化产业、文化企业等相互作用推动文化业态的演化；杨勇（2012）认为，随着移动互联网的飞速发展，移动互联网成为拉动传统文化产业变革的重要力量；束春德等（2013）认为，科技通过提供文化产品原料、改变文化传播方式、推动文化行业融合等不断促进新型文化业态的形成；吴昊天（2014）从传媒产业变革视角出发，认为与移动互联网融合是传统媒体产业向新型大媒体产业转变的主要原因。

（三）关于新型文化业态的形式

厉无畏（2009）研究了文化创意的产业化与产业创新；吴应新（2009）认为，网络文化产业作为新型文化业态有其自身特定的表现形式，在逐步发展演化过程中又产生新的表现形式，如网络广告、网络教育、网络游戏和有偿服务等。黄伟一（2009）认为，新型文化业态在产业形态上有三类表现形式：一是与内容创意直接相关的各类行为与活动，如创意设计、网络文化、在线娱乐、新兴电视媒体、文化装备制造、综合性版权贸易、现代文化产品物流服务等；二是为上述活动的信息交流提供技术平台支持与配套服务的行为及活动；三是为新型文化业态的文化项目的商品化提供全面支持与服务的行为及活动。黄升民（2010）提出构建中国式"媒·信产业"新业态；乔东亮（2011）指出，读者、技术和内容共同构成数字出版产业的三大要素；赵成（2012）提出，移动互联网孕育新产业生态。臧志彭和解学芳（2012）按照不同技术与文化的融合，将新型文化业态的形式划分为三类：网络文化业态，如在线创作、网络教育、网络文学等；通信文化业态，如手机新闻、手机音乐、手机视频等；数字文化业态，如数字音乐、数字动漫、数字表演等。赵瑞政（2013）认为，新型文化业态主要包括创意设计、网络文化、新兴电视媒体、在线娱乐、文化装备制造、影视传媒、综合性版权贸易、文化类信息增值服务、按需印刷、现代文化产品物流服务等行业；王林生（2017）认为，互联网与文化发展的结合催生了许多新的文化业态，如泛娱乐文化业态、二次元文化业态、虚拟文化业态、粉丝经济文化业态、影音文化业态和传媒文化业态等。

(四) 关于新型文化业态的培育

张晓明等（2009）提出，文化业态的创新应与商业模式创新并举；范周（2012）指出，新型文化产业的快速发展要以制度创新、结构调整和产业融合为推力；陈少峰（2012）强调文化体制改革的重要性；齐勇峰（2013）指出，要重点把握好国有经济和民间资本、社会资本的关系；王国平和刘凌云（2013）认为，通过科技与文化的深度融合、促进文化体制机制创新、国家规制和新型人才的培养与集聚等，推动新型文化业态发展；尹宏（2014）提出，政府主导、市场主导、政府和市场混合是新型文化业态的主要驱动模式；崔木花（2015）进一步指出，政府主导、市场驱动、市场与政府共同驱动、文化创意企业驱动、产学研互动驱动，共同推动新型文化业态的形成；谢芳（2016）提出，通过实现文化与科技融合催生新型文化业态，其路径包括文化要素自我升级以及文化要素与科技要素融合、文化产业价值链上的各个关键环节与不同的技术进行对接、企业之间通过合作增强文化与技术的融合。

三 总结

综合国内外研究，不难发现，现有研究有以下不足。

(一) 研究视角有待拓展

从检索到的相关文献来看，现有研究大多侧重共时分析，即从静态和横向维度，考察新型文化业态的内涵界定、表现形式、发展现状及其培育路径；而立足于动态和纵向维度，即从历时视角对文化业态的演化与创新规律、新型文化业态形成的机理与机制、文化业态的演进趋势等问题进行的全面、深入、系统和专题考察较为欠缺。

(二) 研究方法有待扩充

现有研究多从新闻传播学的角度开展定性分析，研究方法主要以文献研究、案例研究为主，技术工具则主要采取单学科理论工具。由于新型文化业态涉及内容十分广泛，且具有系统性、开放性、跨业性、复杂性与广泛性等特点，因此迫切要求研究者引入更专业的研究工具与定量分析方法，用更深厚的专业技术背景综合多学科理论与知识来揭示新型文化业态发展过程中存在的规律与矛盾。

总体来看，目前的学术研究更侧重于政策层面或个案运作，其主题较为分散，其研究方法也多从新闻传播学角度切入，因此缺少与经济学普遍规律和研究方法的结合。此外，从产业演化角度看，新型文化业态目前已进入繁荣发展阶段，而关于文化业态的演化与创新规律、新型文化业态形成的机理与机制、文化业态的演进趋势、新型文化业态的典型形式与组织形态、新型文化业态发展的国际经验与举措建议等相关问题的研究，尚待进一步深入探讨，适合中国国情的，业界和学术界普遍认可的，全面、深入、系统的"新型文化业态"理论仍处于创建阶段。

第三节　历时视角与共时视角

历时与共时，最早由瑞士语言学家索绪尔提出，是语言学理论研究的不同视角和方法，后被推广和应用到社会形态及其结构的分析考察中。其中，前者强调动态与时序，侧重把握社会形态及其结构的演进规律，即起源、发展与趋势；后者强调静态与截面，侧重把握社会形态及其结构的特定特征，即某一既定时刻或阶段社会形态及其结构的具体特征。

新型文化业态是与传统文化业态相对的概念，指伴随现代科学技术的进步及文化与相关产业的深度融合而催生的新兴文化产业经营形态。本书拟在理论分析与实证研究基础上，从历时与共时的双重视角，分析探讨新型文化业态如何演化与形成、其现实状况及如何推动其发展、未来向何处发展等问题。

一　研究思路

（一）历时视角

具体表现为：梳理总结文化业态的演化与创新规律，阐释新型文化业态形成的内在机理、微观机制，在此基础上探讨文化业态的演进趋势。

1. 历时视角一：文化业态的演化与创新规律

运用系统科学和产业经济学理论，通过追溯和梳理文化业态的发展历程，概括总结其演化与创新过程中遵循的一般规律。

①文化业态的演化与创新形态，即文化组织新旧交替、不断更新的产业系统结构特征。

②文化业态的演化与创新动力，即推动新型文化业态形成的序参量。从系统动力学出发，在哈肯模型和因子分析方法基础上，建立文化业态演化与创新的动力模型，并以中国31个省区市（除港澳台地区）的文化产业数据为样本展开实证分析。

③文化业态的演化与创新路径，即文化业态演化与创新过程中产业系统结构关系改变的特征。

2. 历时视角二：新型文化业态形成的内在机理

运用系统科学、产业经济学等理论与方法，揭示新型文化业态发展形成的内在理论实质。

①自组织理论、耗散结构理论与系统经济学理论。

②产业价值链理论。

3. 历时视角三：新型文化业态形成的微观机制

在现实经济背景下，研究如何推动新型文化业态形成对于培育新型文化业态、促进文化产业发展非常重要。

①运用系统科学理论，根据产业组织运行是否受到外界干预的影响，将新型文化业态形成的微观机制划分为自组织、他组织两种类型。

②选取企业单位数、年末从业人员数、资产总计、营业收入等指标为状态变量，构建新型文化业态自组织与他组织复合演化的Logistic模型，以期发现新型文化业态演化历程中的特征和规律，并就当前演化阶段的具体情况进行分析。

4. 历时视角四：文化业态的演进趋势

运用系统科学和产业经济学理论，展望并提出文化业态的未来形态——产业系统集成，即以实现系统经济效应最大化为目标，具有组织形态扁平化、组织性质柔性化、组织格局分离化、组织关系网络化、组织边界开放化等特征，同时强调资源整合、优势互补、跨业融合、综合集成的产业组织形态。

①产业系统集成的内涵、实质、机理与运行模式。

②推进文化产业系统集成的思路与建议。

（二）共时视角

具体表现为：以个案形式剖析当前新型文化业态运营的基本状况；在此

基础上，立足发展现状，直面现实困境，结合国际经验，提出推动新型文化业态发展的举措建议。

1. 共时视角一：当前新型文化业态运营的个案解读

以个案形式对当前新型文化业态的主要类型——互联网文化产业、文化创意和设计服务业的运营状况分别进行解读。

①以在线教育产业为例，对互联网文化产业的运营状况进行解读。具体地，以我国2011~2019年在线教育产业数据为基础，运用GRA灰色关联模型，计量在线教育产业演进的主要关联因素；在此基础上，运用GM（1，1）灰色预测模型，对在线教育的产业前景进行预测。

②以航空文化产业为例，对文化创意和设计服务业的运营状况进行解读。

2. 共时视角二：新型文化业态发展面临的主要困境

①自组织角度。包括人才、资金、市场等瓶颈制约（以资源位为主导的自组织机制不畅）；内容产业创意性不高、链核心彰显不够，高新科技运用受到制约、链价值提升不足，关联企业缺乏链式经营意识和链条建构能力，产业融合形式单一、产业链条过短（产业链重构、价值链协同不足）等。

②他组织角度。包括规划布局不尽合理、配套措施欠缺等。

3. 共时视角三：文化产业发展的国际经验借鉴

主要包括美国、英国、日本等国推动文化产业发展的政策体系。
①美国模式：以市场主导为特征。
②英国模式：政府"臂距"管理＋自由市场运作。
③日本模式：以政府主导为特征。

4. 共时视角四：推进新型文化业态发展的举措建议

从自组织、他组织的双重角度，提出推进新型文化业态发展的举措建议。具体地，在自组织视角下，运用机制设计理论和博弈论，给出推动新型文化业态发展的量化决策方法——基于非对称Nash协商模型的利益共享和激励协调机制设计，旨在通过促进合作竞争和激励保障推动新型文化业态发展。

二 研究方法

1. 规范分析与实证分析相结合

体现在文化业态的演化与创新动力、在线教育产业发展关联因素及前景预测的分析中。

2. 实地调研方法

以在线教育产业、航空文化产业为例，对当前新型文化业态的主要类型——互联网文化产业、文化创意和设计服务业的运营状况进行调研，通过一手资料说明当前新型文化业态的发展概况。

3. 定性分析与定量分析相结合

体现在新型文化业态自组织机制与他组织机制复合演化、在线教育产业发展关联因素及前景预测、新型文化业态发展的量化决策方法等分析中。

第四节 研究意义与创新之处

一 研究意义

本书属于系统科学、应用经济学、新闻传播学、管理学的跨学科交叉研究。本书突破当前理论研究的局限，从历时与共时的复合分析维度，采用多学科理论工具以及实证分析与定量分析方法，从而把我国新型文化业态的理论研究进一步引向深入。

研究的实际意义在于，从动态的视角揭示文化业态的演化与创新规律，在认识新型文化业态形成的内在机理与微观机制上取得突破，进而为培育新型文化业态、推动文化产业发展提供指导。

二 创新之处

首先，从历时与共时的复合分析维度，全面、系统和深入研究新型文化业态的发展规律。特别是历时视角下新型文化业态形成的内在机理与微观机制分析，是一种新的探索。

其次，统筹多学科知识，强调实证分析与定量分析方法。主要包括文化业态演化与创新的动力模型、新型文化业态自组织与他组织复合演化的Logistic模型、在线教育产业灰色关联与预测模型的构建及相关实证分析等。

第二章
新型文化业态概述

新型文化业态是与传统文化业态相对的概念，指伴随现代科学技术的进步及文化与相关产业的深度融合而催生的新兴文化产业经营形态。在《文化及相关产业分类（2018）》的基础上，根据文化生产及再生产的特点以及文化产业与国民经济体系的相关性，从"大文化"视角出发，将互联网文化产业、文化创意和设计服务业界定为当前新型文化业态的主要类型和代表。本章主要论述新型文化业态的内涵、特征、类型与意义。

第一节 新型文化业态的内涵

界定新型文化业态，从"文化"及"文化产业"的概念说起。

一 文化的内涵

2014年10月15日，习近平在《在文艺工作座谈会上的讲话》中指出，"文化是民族生存和发展的重要力量。人类社会每一次跃进，人类文明每一次升华，无不伴随着文化的历史性进步"。

在西方，"文化"一词起源于拉丁语，其义指耕地种田、养殖家畜、居家度日等，体现了人类早期在改造自然和社会过程中形成的某些传统、习俗和价值观念。

英国人类学家爱德华·泰勒（Tyler，1958）指出，"文化，就其在民族志中的广义而言，是个复合的整体，它包含知识、信仰、艺术、道德、法律、习俗和个人作为社会成员所必须具备的一些能力及习惯"。这一定义被国内外学术界视为"文化"概念的经典性定义。

加拿大语言学家斯特恩（Stern，1992）进一步从范畴和结构的角度，区分了广义和狭义上的文化概念。概括来说，广义的"文化"涵盖人类在社会历史发展过程中创造的物质与精神财富的总和，既包括以显性形态体现的物质文化即人类创造的物质文明，如生产工具、生活用品等；也包括以隐性形态体现的制度文化与心理文化，如社会制度、宗教信仰、审美情趣等。狭义的"文化"，则指人们在生产生活中形成的普遍习惯，如社会传统、风俗习俗、价值观念等。这一界定为文化结构的理论研究提供了重要依据。

在我国，"文化"一词在古语当中早已有之。"文"原指各色交错的纹理，后被引申为多义，包括以语言文字为代表的象征符号；彩画、装饰、人为修养；美、善、德行之义等。"化"原指改易、生成、造化，后被引申为教行迁善之义。西汉以后，"文"与"化"合成为一词，其义侧重"以文教化"，即对人性情的陶冶与品德的培养。

随着人类社会历史的发展和进步，"文化"的内涵和外延被不断地探索、挖掘和阐述，成为理论和实践研究的热点和对象。在《辞海》中，"文化"被界定为"人类社会历史实践过程中所创造的物质财富和精神财富的总和"，这一说法与西方学者的观点基本一致。

著名经济学家于光远（1986）进一步指出，文化有三重含义：广义的文化即与文明同义；"中义"的文化，除了教育、科学、文学艺术这些最重要的文化之外，还包括体现在人们物质生活、精神生活和人类社会关系中的衣食住行文化、医疗卫生文化、体育娱乐文化等；狭义的文化，体现在"教育、科学、文学艺术、新闻出版、广播电视、卫生体育、图书馆、博物馆等有利于人民群众知识水平提高的领域"，包括精神文化的内容和传播工具两个方面。同时，文化是人类劳动的创造物，但并不是一切创造物都可以称得上是文化，文化应能够一代一代地传下去。

概括来说，"文化"反映了一种社会历史现象，它是人类在长期的社会历史实践活动中创造的产物。这一产物，既可以是物质的，也可以是精神的，它承载了能够被国家和民族传承的意识形态，包括历史、习俗、文学、艺术、规范、观念等。

二　文化产业的内涵

随着社会经济发展水平的提高以及服务业在三次产业中的比重不断增加，文化资源被逐渐重视并转化为生产要素，成为促进经济增长的主导资源。一些具有文化积淀的物质载体、文艺作品、旅游资源等被广泛开发和利用，并通过产业的形式得到传播和发扬，成为拉动经济增长和促进社会进步的重要动力。

（一）国际社会对文化产业的界定

早在20世纪40年代，德国法兰克福学派的阿多诺和霍克海默在其合著的《启蒙辩证法》一书中提到"Cultural Industry"（直译为"文化工业"），从艺术和哲学价值的双重角度对文化工业进行了否定性批判。这时"Cultural Industry"首次以单数形式出现，且批评性、否定性较为明显。

20世纪80年代起，文化在经济社会中的应用日益广泛，"文化经济"现象得到普遍关注，由此"文化工业"也被赋予更为广泛和中性的意义，"文化产业"的提法由此推开。此后，文化产业的市场属性被国际社会逐步认识和重视，并在不同国家和地区之间大力发展。但是由于各个国家历史、文化背景相异，因此对文化产业的称呼、定义也就存在差异。

联合国教科文组织在《保护和促进文化表现形式多样性公约》中对文化产业进行了比较详细的阐述，"Cultural industries refers to industries producing and distributing cultural goods or services"[1]，即"文化产业"指生产和销售文化产品或文化服务的产业。欧盟、加拿大等也沿用了这一定义。

美国将文化产业称为版权产业（Copyright Industry）。美国认为"Copyright Industry have traditionally been defined to include only the producers and a portion of the industries engaged in the physical production and distribution of books, newspapers, advertising, records, CDs, and pre-recorded tapes, music, motion pictures, television and radio programs and computer software"[2]，

---

[1] UNESCO, "Convention on the Protection and Promotion of the Diversity of Cultural Expressions 2005," 2005, http://portal.unesco.org/en/ev.php-URL_ID=31038&URL_DO=DO_TOPIC&URL_SECTION=201.html.

[2] 国际知识产权联盟（IIPA），"Copyright Industries in the U.S. Economy," 2020, https://www.iipa.org/reports/copyright-industries-us-economy/。

即传统版权产业是从事书籍、报纸、广告、唱片、CD、录像带、音乐、电影、电视和广播节目、电脑软件生产和分销的生产者和部分行业。

英国将文化产业称为创意产业（Creative Industry），指"those industries which have their origin in individual creativity, skill and talent and which have a potential for wealth and job creation through the generation and exploitation of intellectual property"[①]，即"源自个人的创造力、技能与才华，通过知识产权的开发和运用，可以创造财富并提供就业机会的产业"。

日本将文化产业称为内容产业（コンテンツ産業）。"コンテンツ産業とは、映像（映画、アニメ）、i 肅楽、ゲーム、書籍等の制作・流通を担う産業の総称"[②]，即内容产业是承担影视（电影、动画）、音乐、游戏、书籍等的制作和流通的产业的总称。

韩国认为"'문화산업'이란문화상품의기획·개발·제작·생산·유통·소비등과이에관련된서비스룰하는산업을말하며, 다음각목의어느하나에해당하는것울포함한다"[③]，即"文化产业"是指基于文化商品的规划、开发、制作、生产、流通、消费等的相关服务产业（王山，2013）。主要国际组织和国家对文化产业范围的界定见表 2-1。

表 2-1 主要国际组织和国家对文化产业范围的界定

国际组织和国家	文化产业的范围
联合国教科文组织	①文化遗产；②出版印刷业和著作文献；③音乐；④表演艺术；⑤视觉艺术；⑥音频媒体；⑦视听媒体；⑧社会文化活动；⑨体育和游戏；⑩环境和自然
联合国统计委员会	①文化内容的发源（包括图书和报刊等资料的出版、文化软件开发、广播、电视、戏剧、音乐、摄影、广告等）；②文化产品的制造（包括电视广播发射器、电视广播接收器、磁带、光学仪器、录像机装备、摄影仪器、乐器、电子元件及相关附件等的制造）；③文化内容的传播（包括印刷、电影及录制媒体的制造，电影发行与放映等）；④文化交流活动（包括文化娱乐活动，历史文化资源保护活动，图书馆、档案馆、博物馆等组织的活动）

---

① 参见英国政府网，https://www.gov.uk。
② 参见日本经济产业省网站，https://www.meti.go.jp/policy/mono_info_service/contents/downloadfiles/1501shokanjikou2.pdf。
③ 参见韩国文化产业振兴院网站，https://www.kocca.kr/cop/main.do。

续表

国际组织和国家	文化产业的范围
美国	狭义的文化产业,包括新闻业、出版业、广播电影电视业、计算机软件业、网络服务业、信息及数据服务业、广告业等;广义的文化产业,除上述产业外,还包括文化艺术业(含艺术表演、艺术博物馆、艺术创作、娱乐演出等)、非营利性产业(历史古迹和公园、图书馆、博物馆等)、体育业等
英国	包括出版、电视广播、电影音像、音乐、广告、艺术表演、工艺品、建筑、设计、艺术和文物交易、软件和计算机服务,还包括与之相关的旅游、博物馆和美术馆、文化遗产和体育等
日本	一般指通过一定介质将信息化的内容作为产品提供的产业,包括出版、新闻、电影、音乐及其他视听产品,艺术品市场,私营戏院,以及与以上产业相关的网络信息系统
韩国	①出版、印刷业;②电影业;③音乐、游戏业;④影像产品服务业;⑤文化财产相关产业;⑥能够体现创意性,创造附加价值的动画、设计、广告、工艺品等;⑦数字内容的加工、制作、储存、流通、利用等;⑧其他由总统令确定的产业

注:根据刘绍坚(2014)整理。

(二)我国对文化产业的界定

在我国,伴随社会主义市场经济制度的建立和改革开放的不断深化,文化产业的市场属性被逐步认识并得到确立。

2000年,《中共中央关于制定国民经济和社会发展第十个五年计划的建议》中首次明确提出"文化产业"的概念,并将文化产业从理论层面上升为国家规划。

2003年,文化部制定下发《关于支持和促进文化产业发展的若干意见》,将文化产业界定为"从事文化产品生产和提供文化服务的经营性行业","文化产业是与文化事业相对应的概念,两者都是社会主义文化建设的重要组成部分"。

2004年,国家统计局在《国民经济行业分类》(GB/T 4754—2002)的基础上制定《文化及相关产业分类(2004)》,将"文化及相关产业"界定为"为社会公众提供文化、娱乐产品和服务的活动,以及与这些活动有关联的活动的集合"。

2012年,国家统计局以《国民经济行业分类》(GB/T 4754—2011)为基础,借鉴联合国教科文组织的《文化统计框架—2009》的分类方法,将上述文件进行修订，把"文化及相关产业"的定义进一步完善为"为社会公众提供文化产品和文化相关产品的生产活动的集合"，范围包括：①以文化为核心内容，为直接满足人们的精神需要而进行的创作、制造、传播、展示等文化产品（包括货物和服务）的生产活动；②为实现文化产品生产所必需的辅助生产活动；③作为文化产品实物载体或制作（使用、传播、展示）工具的文化用品的生产活动（包括制造和销售）；④为实现文化产品生产所需专用设备的生产活动（包括制造和销售）①。以上共计 10 个大类、50 个中类、120 个小类。2012 年我国文化及相关产业大类见表 2-2，《文化及相关产业分类（2012）》见附录 1。

表 2-2 2012 年我国文化及相关产业大类

分类	类别名称
文化产品的生产	新闻出版发行服务
	广播电视电影服务
	文化艺术服务
	文化信息传输服务
	文化创意和设计服务
	文化休闲娱乐服务
	工艺美术品的生产
文化相关产品的生产	文化产品生产的辅助生产
	文化用品的生产
	文化专用设备的生产

注：根据国家统计局《文化及相关产业分类（2012）》整理。

《文化及相关产业分类（2012）》的颁布实施，为客观反映文化产业发展状况提供了科学依据，并在促进文化产业发展、推动文化体制改革、指导产业宏观决策方面发挥了重要作用。伴随互联网信息技术的飞速崛起，"互联网+"持续深入并融入文化和生活的全领域，不断创新文化业态布局。2017 年 6 月，新的《国民经济行业分类》（GB/T 4754—2017）正式颁布。作为派生产业统计分类标准，需要对《文化及相关产业分类（2012）》进行修订。

---

① 国家统计局：《文化及相关产业分类（2012）》，http://www.stats.gov.cn/tjsj/tjbz/201207/t20120731_8672.html，2012 年 7 月 31 日。

2018年，国家统计局以《国民经济行业分类》（GB/T 4754—2017）为基础，制定并颁布《文化及相关产业分类（2018）》。新的产业分类标准仍借鉴联合国教科文组织的《文化统计框架—2009》中的分类方法，并维持修订前对于"文化及相关产业"的定义及其分类原则。不同之处主要在于，新的分类标准中增加了若干符合产业定义的活动小类，并就分类方法和类别结构做出了重点调整。

调整后的"文化及相关产业"范围包括：①以文化为核心内容，为直接满足人们的精神需要而进行的创作、制造、传播、展示等文化产品（包括货物和服务）的生产活动，具体包括新闻信息服务、内容创作生产、创意设计服务、文化传播渠道、文化投资运营和文化娱乐休闲服务等活动；②为实现文化产品的生产活动所需的文化辅助生产和中介服务、文化装备生产和文化消费终端生产（包括制造和销售）等活动①。以上共计9个大类、43个中类、146个小类。2018年我国文化及相关产业大类见表2-3，《文化及相关产业分类（2018）》见附录2。

表2-3 2018年我国文化及相关产业大类

分类	类别名称
文化核心领域	新闻信息服务
	内容创作生产
	创意设计服务
	文化传播渠道
	文化投资运营
	文化娱乐休闲服务
文化相关领域	文化辅助生产和中介服务
	文化装备生产
	文化消费终端生产

注：根据国家统计局《文化及相关产业分类（2018）》整理。

综上所述不难看出，国内对文化及相关产业的界定具有两个显著特点：一是具备市场属性，这一点将其与文化事业区别开来；二是彰显出"大文

---

① 国家统计局：《文化及相关产业分类（2018）》，http://www.stats.gov.cn/tjgz/tzgb/201804/t20180423_1595390.html，2018年4月23日。

化"观念,即把"文化产品和文化相关产品的生产活动"都纳入文化及相关产业的范畴中。

在以上对文化及相关产业的界定中,都强调了"为社会公众提供",由此也说明了满足人民群众精神文化消费需求乃文化产业立身之本。党的十八大报告提出,"增强文化整体实力和竞争力","加强重大公共文化工程和文化项目建设,完善公共文化服务体系,提高服务效能。促进文化和科技融合,发展新型文化业态,提高文化产业规模化、集约化、专业化水平。构建和发展现代传播体系,提高传播能力","扩大文化领域对外开放,积极吸收借鉴国外优秀文化成果","我们一定要坚持社会主义先进文化前进方向,树立高度的文化自觉和文化自信,向着建设社会主义文化强国宏伟目标阔步前进"。这一论述确立了建设社会主义文化强国的宏伟目标,鼓舞了人们发展文化产业的信心和士气,为文化产业的发展指明了前进的方向。《中华人民共和国国民经济和社会发展第十三个五年规划纲要》则进一步明确提出,到 2020 年要将文化产业打造成为国民经济的支柱性产业。

由于种种原因,当前中国文化消费市场的潜力未充分释放,成长空间巨大。据预计,2020 年全国文化消费需求总量将达 16.65 万亿元,文化产业将进入前所未有的黄金增长期。

三 新型文化业态的内涵

(一) 业态与新型文化业态

所谓业态,指产业形态或状态。文化业态,即文化产业经营的形态。与生物群落相类似,文化业态处于不断产生、发展、变革、更替的生命周期中。

根据系统科学和产业经济学观点,文化部门(包括文化事业和文化产业)构成了一个产业经济学意义上的文化经济系统,广播、电视、报纸、杂志和互联网等传播媒介都是它的子系统。随着媒介之间的交叉、融合乃至跨媒体行业和部门的出现,这些不同的子系统间的界限越来越模糊,它们之间相互交叉覆盖,不断发生产业经济学意义上的组织创新,即业态创新。

新型文化业态是与传统文化业态相对的概念,指伴随现代科学技术的进步及文化与相关产业的深度融合而催生的新兴文化产业经营形态。21世纪以来，科学技术迅猛发展，以互联网为代表的技术变革为文化产业提供了海量的传播能力、丰富的传播途径以及方便快捷、内容丰富、双向互动的新型接触终端。与此同时，文化创意与特色农业、装备制造业、城乡旅游、数字内容等深度融合，并不断地向三次产业及其上、中、下游全产业链拓展。在此过程中，新型文化业态不断涌现。新型文化业态的出现及其与传统文化业态协同共生，正日益改变着文化产业的结构，并不断催生更加新颖的文化经营形态。

（二）《文化及相关产业分类（2012）》对新型文化业态的界定

将新型文化业态纳入统计范围是《文化及相关产业分类（2012）》制定中的重大调整。作为主要新增类别，新型文化业态主要体现在：数字动漫、游戏设计制作，即"数字内容服务"（国民经济行业代码 6591）小类延伸层；增值电信服务（文化部分），即"其他电信服务"（国民经济行业代码 6319）小类延伸层。更具体地说，数字动漫、游戏设计制作隶属于"文化创意和设计服务"大类下的"文化软件服务"中类；增值电信服务（文化部分）隶属于"文化信息传输服务"大类下的"增值电信服务（文化部分）"中类。

从修订内容看，《文化及相关产业分类（2012）》新设"文化信息传输服务"大类，用以取代原"网络文化服务"大类；同时，在该类别下增设"增值电信服务（文化部分）""广播电视传输服务"2个中类，保留原"互联网信息服务"中类，并对"互联网信息服务"下各小类予以合并。进一步地，对于含有部分文化活动的小类，用设置延伸层的方式对其活动内容进行说明。其中，涉及新型文化业态的"数字内容服务""其他电信服务"等新增小类均对包含的文化活动内容做了明确界定和详细表述，而包括互联网广播和互联网电视在内的基于广电网络的新媒体部分，则被纳入"文化信息传输服务"大类中的"广播电视传输服务"中类里。

不难看出，在本次修订中新型文化业态重点指向互联网和无线网络。这一方面表明，新型文化业态是文化内容、科技和资本结合的产物；另一方面强调，区分新型文化业态与传统文化业态的核心要素是互联网和数字化技术（范周、蒋多，2012）。

（三）《文化及相关产业分类（2018）》对新型文化业态的界定

根据文化生产活动的特点，以《国民经济行业分类》（GB/T 4754—

2017）为基础，兼顾文化管理需要和可操作性，并与国际分类标准相衔接，国家统计局对《文化及相关产业分类（2012）》进行修订，制定《文化及相关产业分类（2018）》。

为适应文化体制改革和文化发展规划的需要，将以"互联网+"为依托的新型文化业态纳入统计范围是《文化及相关产业分类（2018）》修订中的重要工作。从修订内容看，《文化及相关产业分类（2018）》新增"文化投资运营"大类，以适应文化体制改革和文化管理的需要，其下设"投资与资产管理"和"运营管理"2个中类。该分类标准主要新增类别包括："广播电视信息服务"中的广播电视集成播控，"互联网信息服务"中的互联网其他信息服务；"出版服务"中的数字出版，"数字内容服务"中的互联网游戏服务、其他文化数字内容服务；"广告服务"中的互联网广告服务，"设计服务"中的工业设计服务；"互联网文化娱乐平台"中的互联网文化娱乐平台，"艺术品拍卖及代理"中的艺术品代理；"投资与资产管理"中的文化投资与资产管理，"运营管理"中的文化企业总部管理、文化产业园区管理；"景区游览服务"中的自然遗迹保护管理，"休闲观光游览服务"中的休闲观光活动、观光游览航空服务；"文化经纪代理服务"中的婚庆典礼服务、票务代理服务，"文化设备（用品）出租服务"中的文化用品设备出租；"摄录设备制造及销售"中的娱乐用智能无人飞行器制造；"信息服务终端制造及销售"中的可穿戴智能文化设备制造、其他智能文化消费设备制造等21个小类。

具体地，广播电视集成播控、互联网其他信息服务隶属"新闻信息服务"大类；数字出版、互联网游戏服务、其他文化数字内容服务隶属"内容创作生产"大类；互联网广告服务、工业设计服务隶属"创意设计服务"大类；互联网文化娱乐平台、艺术品代理隶属"文化传播渠道"大类；文化投资与资产管理、文化企业总部管理、文化产业园区管理隶属"文化投资运营"大类；自然遗迹保护管理、休闲观光活动、观光游览航空服务隶属"文化娱乐休闲服务"大类；婚庆典礼服务、票务代理服务、文化用品设备出租隶属"文化辅助生产和中介服务"大类；娱乐用智能无人飞行器制造隶属"文化装备生产"大类；可穿戴智能文化设备制造、其他智能文化消费设备制造隶属"文化消费终端生产"大类。各类别的隶属关系及其具体说明见《文化及相关产业分类》关于新型文化业态的新旧对照（见表2-4）。

表2-4 《文化及相关产业分类》关于新型文化业态的新旧对照

代码			《文化及相关产业分类(2018)》类别名称	国民经济行业代码(2017)	《文化及相关产业分类(2012)》类别名称	国民经济行业代码(2011)	修订说明	内容说明
大类	中类	小类						
01			文化核心领域					
	013		新闻信息服务					
			广播电视信息服务					
		0133	广播电视集成播控	8740			增加,原8610、8620部分内容调到此类	指IP电视、手机电视、互联网电视等专网及定向传播视听节目服务的集成播控,还包括普通广播电视节目集成播控
	014		互联网信息服务					
			互联网信息服务	6429	互联网信息服务	6420		
		0142	互联网其他信息服务	6429	互联网信息服务	6420	增加,原6420分解	包括网上新闻、网上软件下载、网上音乐、网上视频、网上图片、网上动漫、网上文学、网上电子邮件、网上新媒体、网上信息发布、网站导航和其他互联网信息服务
02			内容创作生产					
	021		出版服务					
		0215	数字出版	8626	其他出版业	8529	增加,原8529部分内容调到此类	指利用数字技术进行内容编辑加工,并通过网络传播数字内容产品的出版服务
	024		数字内容服务					

续表

代码 大类	代码 中类	代码 小类	《文化及相关产业分类(2018)》类别名称	国民经济行业代码(2017)	《文化及相关产业分类(2012)》类别名称	国民经济行业代码(2011)	修订说明	内容说明
		0242	互联网游戏服务	6422	互联网信息服务	6420	增加,原6420分解	指以互联网为传输媒介,以游戏运营商服务器和用户计算机为处理终端,以游戏客户端软件为信息交互窗口,旨在实现娱乐、休闲和取得虚拟成就的具有可持续性的个体性多人在线游戏,包括互联网电子竞技服务
		0245	其他文化数字内容服务	6579*	数字内容服务*	6591	增加,原6591分解,新增*标识	仅指文化宣传领域数字内容服务。该小类包含在其他数字内容服务行业小类中
03			创意设计服务					
	031		广告服务					
		0311	互联网广告服务	7251	广告业	7240	原7240分解	指提供互联网广告设计、制作、发布及其他互联网广告服务。包括互联网电视、网络手机等各种互联网终端的广告服务
	032		设计服务					
		0322	工业设计服务	7491	专业化设计服务	7491	增加,原7491分解	指独立于生产企业的工业产品和生产工艺设计,不包括工业产品生产环境设计、产品传播设计、产品设计管理等活动

续表

代码			《文化及相关产业分类(2018)》类别名称	国民经济行业代码(2017)	《文化及相关产业(2012)》类别名称	国民经济行业代码(2011)	修订说明	内容说明
大类	中类	小类						
04			文化传播渠道					
	045		互联网文化娱乐平台					
		0450	互联网文化娱乐平台	6432*			新增,带*行业	仅包括互联网演出购票平台、娱乐应用服务平台、音视频服务平台、读书平台、艺术品鉴定拍卖平台和文化艺术平台。该小类包含在互联网生活服务平台行业小类中
	046		艺术品拍卖及代理					
		0462	艺术品代理	5184			新增	指艺术品代理活动。包括字画代理、古玩收藏品代理、画廊艺术经纪代理和其他艺术品代理
05			文化投资运营					
	051		投资与资产管理					
		0510	文化投资与资产管理	7212*			新增,带*行业	仅指政府主管部门转变职能后,成立的国有文化资产管理机构和文化行业管理机构的活动;文化投资活动,不包括资本市场的投资。该小类包含在投资与资产管理行业小类中

续表

代码 大类	中类	小类	《文化及相关产业分类(2018)》类别名称	国民经济行业代码(2017)	《文化及相关产业(2012)》类别名称	国民经济行业代码(2011)	修订说明	内容说明
	052		运营管理					
		0521	文化企业总部管理	7211*			新增,带*行业	仅指文化企业总部的活动,其对外经营业务由下属的独立核算单位承担,还包括派出机构的活动(如办事处等)。该小类不包含在企业总部管理行业小类中
		0522	文化产业园区管理	7221*			新增,带*行业	仅指非政府部门的文化产业园区管理服务。该小类包含在园区管理服务行业小类中
06			文化娱乐休闲服务					
	062		景区游览服务					
		0625	自然遗迹保护管理	7712			新增	包括地质遗迹保护管理、古生物遗迹保护管理等
	063		休闲观光游览服务					
		0631	休闲观光活动	9030	其他娱乐业	8990	增加,原8990部分内容调到此类	指以农林牧渔业、制造业等生产和服务领域为对象的休闲观光旅游活动
		0632	观光游览航空服务	5622			新增	指直升机、热气球等游览飞行服务

续表

代码 大类	代码 中类	代码 小类	《文化及相关产业分类(2018)》类别领域	国民经济行业代码(2017)	《文化及相关产业分类(2012)》类别名称	国民经济行业代码(2011)	修订说明	内容说明
07			文化相关领域					
	075		文化辅助生产和中介服务					
			文化经纪代理服务					
		0754	婚庆典礼服务	8070*			新增,带*行业	仅指婚庆礼仪服务。该小类包含在婚姻服务行业小类中
		0756	票务代理服务	7298	其他未列明商务服务业*	7299	增加,原7299部分内容调到此类	指除旅客交通票务代理外的各种票务代理服务
	076		文化设备(用品)出租服务					
		0762	文化用品设备出租	7123			新增	指各种文化用品设备出租活动
08			文化装备生产					
	083		摄录设备制造及销售					
		0832	娱乐用智能无人飞行器制造	3963*			新增,带*行业	指按照国家有关安全规定标准,经允许生产并主要用于娱乐的智能无人飞行器的制造。该小类包含在智能无人飞行器制造行业小类中
09			文化消费终端生产					
	095		信息服务终端制造及销售					

续表

代码			《文化及相关产业分类(2018)》类别名称	国民经济行业代码(2017)	《文化及相关产业分类(2012)》类别名称	国民经济行业代码(2011)	修订说明	内容说明
大类	中类	小类						
		0953	可穿戴智能文化设备制造	3961*	其他电子设备制造*	3990	新增，带*行业。原3990分解，删除行业	指由用户穿戴和控制，并且自然、持续地运行和交互的个人移动计算文化产品的制造。该小类包含在可穿戴智能设备制造行业小类中
		0954	其他智能文化消费设备制造	3969*			新增，带*行业	指虚拟现实设备智能制造活动。该小类包含在其他智能消费设备制造行业小类中

注：1. 根据国家统计局《文化及相关产业分类(2012)》《文化及相关产业分类(2018)》整理。
2. 国民经济行业代码后标有"*"的表示该行业类别仅有部分内容属于文化及相关产业。

总体来说，在本次修订中新型文化业态主要体现在文化核心领域，重点指向"互联网+"和"文化+"。其中，前者主要体现在"新闻信息服务""内容创作生产""文化传播渠道"大类；后者主要体现在"创意设计服务""文化娱乐休闲服务"大类。这一结论，与当前我国文化产业的发展状况以及新型文化业态的成长态势是高度吻合的。

（四）"大文化"视角下对新型文化业态的再解读

从文化生产的特点以及文化产业与国民经济的关联性出发，高书生（2015）将文化产业概括为不同板块并细分了不同类别，其具体内容包括"文化生产及再生产过程"板块，涵盖文化内容生产、文化传播渠道、文化生产服务等类别，据此体现文化产业作为独立系统的生产及再生产过程；"国民经济体系对文化产业的支撑"板块，体现在文化装备生产、文化消费终端生产等类别；"文化产业对国民经济体系的作用"板块，主要体现在生产性文化服务类别。上述后面两个板块，共同反映了文化产业与国民经济相辅相成、相互促进的互动关系。

结合国家统计局制定的《文化及相关产业分类（2018）》，将上述各板块对应的类别、行业及细目进行整理，进一步构建文化产业的分析框架，如表2-5所示。

表2-5 文化产业的分析框架

板块	类别	行业	细目
文化生产及再生产过程	文化内容生产	新闻信息服务	通讯社、广播电台、电视台、互联网相关经营活动
		出版服务	图书、期刊、音像制品、电子出版物、数字、其他出版
		广播影视节目制作	影视节目制作、录音制作
		创作表演服务	文艺创作与表演、群众文体活动、其他文化艺术业
		数字内容服务	动漫、游戏数字内容服务；互联网游戏服务；多媒体、游戏动漫和数字出版软件开发；增值电信文化服务；其他文化数字内容服务
		内容保存服务	图书馆、档案馆、文物及非物质文化遗产保护、博物馆、烈士陵园、纪念馆
		工艺美术品制造	雕刻工艺品、金属工艺品、漆器工艺品、花画工艺品、天然植物纤维编织工艺品、抽纱刺绣工艺品、地毯、挂毯、珠宝首饰及有关物品、其他工艺美术及礼仪用品制造
		艺术陶瓷制造	陈设艺术陶瓷、园艺陶瓷制造

续表

板块	类别	行业	细目
文化生产及再生产过程	文化传播渠道	出版物发行	图书、报刊、音像制品、电子和数字出版物的批发与零售；图书、音像制品的出租
		广播电视节目传输	有线和无线广播电视传输服务、广播电视卫星传输服务
		广播影视发行放映	电影和广播电视节目发行、电影放映
		艺术表演	艺术表演场馆
		互联网文化娱乐平台	互联网演出购票平台、娱乐应用服务平台、音视频服务平台、读书平台、艺术品鉴定拍卖平台和文化艺术平台
		艺术品拍卖及代理	艺术品、收藏品拍卖；艺术品代理
		工艺美术品销售	首饰、工艺品及收藏品批发；珠宝首饰零售；工艺美术品及收藏品零售
	文化生产服务	文化辅助用品制造	文化用机制纸及纸板、手工纸、油墨及类似产品、工艺美术颜料、文化用信息化学品制造
		印刷复制服务	书、报刊、包装装潢及其他印刷；本册印制；装订及印刷相关服务；记录媒介复制；摄影扩印服务
		版权服务	版权和文化软件服务
		会议展览服务	会议、展览及相关服务
		文化经纪代理服务	文化活动服务、文化娱乐经纪人、其他文化艺术经纪代理、婚庆典礼服务、文化贸易代理服务、票务代理服务
		文化设备（用品）出租服务	休闲娱乐用品设备、文化用品设备出租
		文化科研培训服务	社会人文科学研究、学术理论社会（文化）团体、文化艺术培训、文化艺术辅导
国民经济体系对文化产业的支撑	文化装备生产	印刷设备制造	印刷专用设备制造、复印和胶印设备制造
		广播电视电影设备制造及销售	广播电视节目制作及发射设备制造、广播电视接收设备制造、广播电视专用配件制造、专业音响设备制造、应用电视设备及其他广播电视设备制造、广播影视设备批发、电影机械制造
		摄录设备制造及销售	影视录放设备制造、娱乐用智能无人飞行器制造、幻灯及投影设备制造、照相机及器材制造、照相器材零售
		演艺设备制造及销售	舞台及场地用灯制造、舞台照明设备批发
		游乐游艺设备制造	露天游乐场所游乐设备制造、游艺用品及室内游艺器材制造、其他娱乐用品制造
		乐器制造及销售	中乐器、西乐器、电子乐器、其他乐器及零件制造；乐器批发与零售

续表

板块	类别	行业	细目
国民经济体系对文化产业的支撑	文化消费终端生产	文具制造及销售	文具制造、文具用品批发与零售
		笔墨制造	笔的制造；墨水、墨汁制造
		玩具制造	玩具制造
		节庆用品制造	焰火、鞭炮产品制造
		信息服务终端制造及销售	电视机、音响设备、可穿戴智能文化设备、其他智能文化消费设备制造；家用视听设备、其他文化用品的批发与零售
文化产业对国民经济体系的作用	生产性文化服务	广告服务	互联网广告服务、其他广告服务
		建筑设计服务	房屋建筑工程,体育、休闲娱乐工程,室内装饰和风景园林工程专项设计服务
		工业设计服务	独立于生产企业的工业产品和生产工艺设计,不包括工业产品生产环境设计、产品传播设计、产品设计管理等活动
		专业设计服务	时装、包装装潢、多媒体、动漫及衍生产品、饰物装饰、美术图案、展台、模型和其他专业设计服务
		文化娱乐休闲服务	娱乐服务、景区游览服务、休闲观光游览服务

表2-5所示的分析框架充分尊重并体现了文化生产及再生产的内在规律以及文化产业与国民经济体系的融合性。以此为基础，从研究目的出发，结合《文化及相关产业分类（2018）》及文化产业实践情况不难得到，与新型文化业态紧密相关的行业主要体现在"文化生产及再生产过程"板块中的"文化内容生产""文化传播渠道"类别（以"互联网+"为特征），以及"文化产业对国民经济体系的作用"板块中的"生产性文化服务"类别（以"文化+"为特征）。

从"大文化"的视角出发，将"文化内容生产""文化传播渠道"类别对应的新型文化业态概括为"互联网文化产业"，将"生产性文化服务"类别对应的新型文化业态概括为"文化创意和设计服务业"。上述两类行业分别主要对应但不限于《文化及相关产业分类（2012）》中的"文化信息传输服务""文化创意和设计服务"大类、《文化及相关产业分类（2018）》中的"新闻信息服务""内容创作生产""文化传播渠道"大类（与"互联网文化产业"对应）和"创意设计服务""文化娱乐休闲服务"大类（与"文化创意和设计服务业"对应）。互联网文化产业、文化创意和设计服务业是当前新型文化业态的主要类型和代表。

1. 文化内容生产、文化传播渠道→互联网文化产业

文化内容生产，是为直接满足人们的精神需要而进行的创作或制造文化产品及提供服务的生产活动，包括新闻信息服务、内容创作生产等具体活动。文化内容生产是文化消费的源头，因此成为文化产业的起点和核心。面对科学技术的日新月异和全球范围内工业革命的不断深化，互联网与经济社会各领域的融合加剧，极大地改变了传统的产业组织形态和经济增长方式，互联网成为具有广阔市场前景和重大发展潜力的战略生产要素。以"互联网+"为依托的文化生产方式不断涌现，推动文化组织创新和产业繁荣发展。以数字内容服务为例，运用数字化技术，基于互联网能够实现动漫、游戏、多媒体软件、数字出版软件等信息内容的加工、处理、制作及其整合应用，目前已成为文化内容生产活动中的重要方式。

文化传播渠道与文化内容生产相对接，是文化的载体，表现为文化传承和传播所需的渠道和终端。高速发展的数字信息技术与文化不断融合，加速了文化传播渠道的演化与革新，与此同时，也催生了新的文化业态。以互联网文化娱乐平台为例，在传统文化传播渠道的基础上，为了更加便捷、高效和经济地获取文化产品及服务，人们基于互联网开辟了该渠道。依据需要的服务，该渠道现已涉及互联网演出购票平台、娱乐应用服务平台、音视频服务平台、读书平台、艺术品鉴定拍卖平台、文化艺术平台等。

作为信息网络技术、数字技术与文化产业融合的产物，互联网文化产业既是传统文化产业的升级换代，又是信息网络技术、数字技术催生的新型产业，是信息时代文化产业的重要内容与组成部分。自20世纪90年代互联网普及以来，历经多年的成长，互联网文化产业已成为世界各国文化产业的新的增长点，初步形成了以网络游戏、新媒体动漫、网络视频、网络音乐、网络出版等为核心的产业格局。

在我国，学术界和业界对互联网文化产业的界定主要体现在对网络文化产业的认识，其内容包括以下四个方面。①信息说。田贵平（2008）指出，网络文化产业是利用网络技术及其设施，通过产业化方式生产文化产品和提供服务的信息经济，包括以数字终端为核心的信息技术产业、以信息服务为核心的信息服务产业、以电子通信为核心的信息通信产业、以数字内容为核心的信息内容产业。②内容说。朱长春（2008）认为，网络文

化产业包括两种形式：传统文化产业的数字化改造；以网络为载体，创新传统文化产业的形式和内容。刘广伟（2010）指出，网络文化产业强调文化内容的制作和传播，是必须基于网络平台的产业。③融合说。赵辰光等（2010）指出，网络文化产业是网络、文化、网络技术三者结合而形成的一种特殊文化产业。④技术说。刘绪义（2005）指出，网络文化产业是与新兴经济形态和技术形态相适应的新型文化产业形态，是以网络技术为基础、以数字化为核心从事网络文化产品的生产、流通和提供网络文化内容服务的经营性产业集合。

借鉴龙莉等（2016）的观点，我们认为，互联网文化产业是文化内容、信息技术、网络平台三者相结合而形成的一种特殊文化产业，是以信息技术为依托、以网络媒介为平台从事互联网文化产品生产与提供相关服务的经营性行业，是信息网络技术、数字技术与文化产业融合的产物，是信息时代文化产业的重要内容与组成部分。

2. 生产性文化服务→文化创意和设计服务业

生产性文化服务是"生产性服务业"的细分类别。1966年，美国经济学家格林菲尔德在研究服务业及其分类时，最早提出"生产性服务业"的概念。生产性服务业是以生产经营主体为服务对象，以专业服务、中介服务、金融服务、贸易服务等为主要产品，从企业内部分离并发展起来的产业。生产性服务业是企业生产活动向产业链上下游拓展的必然结果，其实质是一种中间投入。

伴随经济社会发展和产业组织变革，"生产性服务业"的内涵和外延不断发生变化。2006年3月出台的《中华人民共和国国民经济和社会发展第十一个五年规划纲要》就明确提出，拓展生产性服务业，大力发展主要面向生产者的服务业，细化并深化专业化分工，降低社会交易成本，提高资源配置效率。在"十一五"规划中，生产性服务业发展被确定为，优先发展交通运输业，大力发展现代物流业，有序发展金融服务业，积极发展信息服务业，规范发展商务服务业。2011年3月出台的《中华人民共和国国民经济和社会发展第十二个五年规划纲要》则提出，深化专业化分工，加快服务产品和服务模式创新，促进生产性服务业与先进制造业融合，推动生产性服务业加速发展。"十二五"规划明确提出，有序拓展金融服务业，大力发展现代物流业，培育壮大高技术服务业，规范提升商务服务业。2014年8月，国务院印发《关于加快发展生产性服务业促进产业结构调整升级的指导意见》，明确现阶段生产性服务业应重点发展研发设计、第三方物流、融资租赁、信息技术服务、节能环保服务、检验检测认证、电子商务、商务咨询、服务外包、售后服务、人力资源服务和品牌建设。[①] 2015年6月，国家统计局根据《国务院关于加快发展生产性服务业促进产业结构调整升级的指导意见》和《国务院关于印发服务业发展"十二五"规划的通知》的要求，将生产性服务业的范围进一步界定为生产活动提供的研发设计与其他技术服务、货物运输仓储和邮政快递服务、信息服务、金融服务、节能与环保服务、生产性租赁服务、商务服务、人力资源管理与培训服务、批发经纪代理服务、生产性支持服务。[②]

生产性文化服务是体现文化产业对国民经济体系作用的业态类别。由于文化产业领域广泛、种类丰富、关联性强，在与国民经济融合互动的过程中，文化产业与农业、制造业、现代服务业等各行业相互渗透、融合，通过创意策划、工艺设计、研发设计、信息技术服务、商务咨询、人力资源服务、品牌建设、娱乐休闲服务等，不断提升其行业竞争力与增加值，在国民经济中发挥着日益重要的支撑甚至引领作用。

文化创意和设计服务业是生产性文化服务与国民经济各行业相联系并发挥作用的行业载体，涉及农业、制造业、现代服务业等多个行业，具有关联性好、融合度高、带动性强等特点。加快发展文化创意和设计服务业，是推动传统产业转型、推进社会经济发展的重要措施，既可以有效满足文化消费需求、提升人民生活质量、促进社会就业和文明进步，也有利于消费结构和产业结构的优化升级、推进经济增长方式的转变。恰如英国文化学者贾斯廷·奥康纳（2004）所言："在全球经济中，如何把文化产业与制造业部门联系起来，将成为后十年区域发展战略的重要任务。其中，创造性、知识、文化等都将扮演核心角色，并发挥重要作用。"

[①] 新华社：《新闻背景：生产性服务业的"前世今生"》，http://www.gov.cn/xinwen/2014-08/06/content_2731151.htm，2014年8月6日。

[②] 国家统计局：《生产性服务业分类（2015）》，http://www.stats.gov.cn/tjsj/tjbz/201506/t20150604_1115421.html，2015年6月4日。

(五) 相关概念辨析

与"大文化"视角下新型文化业态所指向的"互联网文化产业""文化创意和设计服务业"相比较，以下概念在业界和学术界常常出现，但就内涵和外延而言，不尽相同。

1. 数字内容产业

1995 年，在西方七国信息会议上，首次提出了"数字内容产业"的概念。在中国，2003 年上海市政府工作报告中首次提及"数字内容产业"，并制定了一系列发展数字内容产业的目标和举措。此后，中国各级政府在产业扶持、政策引领等方面，对数字内容产业的发展给予了极大的支持和关注。在 2006 年 3 月发布的《中华人民共和国国民经济和社会发展第十一个五年规划纲要》中，"数字内容产业"首次在国家文件中正式出现。在 2011 年 3 月发布的《中华人民共和国国民经济和社会发展第十二个五年规划纲要》中，"数字内容产业"仍然被列入其中。在 2012 年 7 月国家统计局制定的《文化及相关产业分类（2012）》中，新增加了新型文化业态部分，主要包括"数字内容服务"小类中的数字动漫、游戏设计制作。2014 年 3 月，国务院发布的《国务院关于推进文化创意和设计服务与相关产业融合发展的若干意见》，提出加快数字内容产业发展。在 2018 年 4 月国家统计局新修订的《文化及相关产业分类（2018）》中，数字内容服务隶属"内容创作生产"大类，包括动漫、游戏数字内容服务；互联网游戏服务；多媒体、游戏动漫和数字出版软件开发；增值电信文化服务；其他文化数字内容服务等。

目前，世界各国对数字内容产业都有自己不同的提法，尚未形成统一的认识。张立等（2016）指出，数字内容产业是后工业化时代传统内容产业与信息技术融合发展的结果，它以文化相关产业为依托，覆盖范围非常广泛，而且还在随着数字技术的快速发展与应用不断拓展。数字内容产业是出版业、文化教育业、广播电视电影业等传统产业与通信产业、互联网产业、信息技术产业、电子信息产业等高新产业融合而成的新兴产业，其各细分领域分散在电信和其他信息传输服务业、新闻出版业、广播电视电影业和音像业等相关行业中，主要包括软件、互联网广告、动漫、网络游戏、在线教育、即时通信、手机出版、搜索引擎、网络视频、互联网期刊、电子书、数字报纸、在线音乐、博客、微博、音像制品等 16 个细分领域。"十二五"

时期末，中国数字内容产业总体收入规模已接近 5 万亿元，年均增长率达 29.4%，呈现强劲发展势头。

不难看出，与互联网文化产业相比，数字内容产业的载体更多元，因此其内涵更加丰富、外延更加广泛。互联网文化产业是数字内容产业的一部分。

2. 文化创意产业

美国经济学家约瑟夫·熊彼特（Schumpeter，1912）提出"创新理论"，指出创新是经济发展的根本动力，知识和信息的生产、传播和应用对于增加产出意义重大。美国经济学家保罗·罗默（Romer，1986）进一步指出，创意会衍生出无穷的新产品、新市场和创造财富的新机会，是推动一国经济增长的原动力。

作为国家产业政策的文化创意产业的概念，最早由英国的创意产业特别工作小组于 1998 年明确提出，该小组将其定义为"那些源于个体创造力、技能和才华，通过知识产权的开发和利用，可创造财富和发挥就业潜力的产业"。在此基础上，联合国教科文组织将其进一步定义为"按照工业标准生产、再生产、储存及分配文化产品和服务的一系列活动"。世界创意经济之父——英国经济学家约翰·霍金斯（2003）在其著作《创意经济——人们如何从思想中创造金钱》一书中指出，文化创意产业是"其产品都在知识产权法的保护范围之内的经济部门"，其中"版权、专利、商标和设计产业共同创建了创意产业和创意经济"。我国学者厉无畏（2012）将文化创意产业进一步定义为，"依靠创意人的智慧、技能和天赋，借助于高科技对文化资源进行创造与提升，通过知识产权的开发和运用，产生出高附加值产品，具有创造财富和就业潜力的产业"。

文化创意产业与文化产业概念接近，常常被业界和学术界替代使用。从文化的起源来看，文化本身可以体现人类创意的结果。为此，文化产业可以理解为文化创意产业，即强调文化产品生产过程中的创意转化，二者均指向广告、建筑、艺术、设计、音乐、广播、电影、电视、表演、出版、软件等行业。

然而深入来看，文化创意产业与文化产业并不等同。前者更加强调文化内容的创造性和自主知识产权的创意性。也就是说，文化产业侧重于文化产品的生产，而文化创意产业则更加突出创意在文化生产中的地位和作用。例如，书店、影院、电视台、互联网等行业经营文化产品、提供文化服务，但由于原创因素较少，属于文化产业；而动漫、影视、出版、软件等行业，由于其产品具有显著的创意特征，且能够形成知识产权，则属于文化创意产业。

新型文化业态界定中的文化创意和设计服务业与文化创意产业概念相近，但也不尽相同。二者的共同之处是都强调"创意"，即具备产业内容的创造性和自主知识产权的创意性，通过生产和销售创意，实现文化产业的增值。究其不同之处，主要体现在是否强调产业的生产性服务功能，即对国民经济体系的作用。文化创意产业不向第一、第二产业渗透，不具备生产性服务功能；而文化创意和设计服务业则是将文化和创意通过艺术与技术的手段与三次产业相互渗透、融合，从而形成更长的产业链条和更大的产业生态群，进而提升产品附加值、优化产业结构、推动国民经济发展，因而其具有典型的生产性服务功能。

第二节　新型文化业态的特征

新型文化业态从传统文化业态中脱胎而来，既继承了传统文化业态的某些特征，又具有不同于传统文化业态的新特点。了解这些特征，是认识和发展新型文化业态、推动文化繁荣发展的前提。

一　新型文化业态与传统文化业态的共性

从共性的角度看，新型文化业态与传统文化业态类似，具有文化产业的一般特征，主要表现为文化性、知识密集型和价值延伸性。

（一）文化性

从文化产业所提供的产品和服务的特征来看，无论是传统文化业态还是新型文化业态，其产品和服务都必须以一定的文化为基础。与传统意义上的物质生产活动强调以自然资源为基础不同，文化产品的生产过程是以知识创造为特征的文化符号的生产和流通过程。文化产业正是通过创造性思维对文化要素进行挖掘和加工，从而提高产品附加值，带来可观的社会效益和经济效益。

（二）知识密集型

从文化产品生产过程中投入要素的特征以及生产流程的特点来看，文化生产活动以文化资源为基础，以创新创造为核心，其产品和服务是生产者运用知识和智慧进行创意活动的直接结果。由此来看，人才是行业发展的关键要素，因而文化生产活动往往要求文化生产者具备较强的创意能力和创作才能。从这一意义上说，新型文化业态与传统文化业态并无二致，都属于知识密集型行业。

（三）价值延伸性

与制造业和服务业中的多数产品和服务相比，文化产业所提供的产品和服务往往具有让人们"看得见，摸不着"的隐性特征和价值难以量化评估的特点。例如，以书画、表演、音效、屏幕等不同形式表现出来的文化产品，其价值认同往往与个体的消费体验有关，因此结果往往因人而异，很难准确评估其市场价值和份额。更为重要的是，文化产业具有负向折旧的特点，即文化产品资产往往呈现逐年增值的态势，这一点在艺术品、版权等方面表现得尤为明显。文化品牌一旦培育成功，其价值就会表现出财富的裂变效应，即通过价值裂变使其知识产权和品牌得到无限延伸，从而带来巨大的经济效益。

二 新型文化业态异于传统文化业态的特性

新型文化业态异于传统文化业态的特性，主要表现在高附加值性、高新技术性、多向融合性、网络经济性以及高风险性。

（一）高附加值性

如前文所述，本书研究的新型文化业态主要指互联网文化产业、文化创意和设计服务业。从产业链、价值链角度看，这些行业往往处于链条的顶端，其自主创新和技术进步的含量高，产业关联度大、带动力好、影响力强，因此其产品和服务的附加值通常高于一般意义上的制造业、服务业以及传统文化业态。

（二）高新技术性

西班牙著名社会学家曼纽尔·卡斯特（2006）在其著作《网络社会的崛起》一书中指出，由信息经济创造的以信息技术为基础的新产业范式，极大地提高了工业革命所带来的潜在增长能力，扩大了工业经济的行业及其地域范围，在全球引发了经济、政治和社会秩序的全新调整。在信息技术时代，以互联网、云计算、大数据、物联网等为代表的新兴科学技术，推动了文化产业不断创新和变革，涌现了大批新型文化业态。这些业态以数字化技术为依托，以互联网为载体，不断革新生产方式和经营模式，并与其他产业进一步加剧融合，成为推动社会变革的新兴产业增长极。

（三）多向融合性

新型文化业态是高新技术与文化产业结合的产物。与传统文化业态相比，新型文化业态具有突出的产业融合、产业渗透以及产业联动等特征。以互联网文化产业、文化创意和设计服务业为主要内容的新型文化业态，能够与农业、制造业、现代服务业等各行业相互渗透、融合，通过创意策划、工艺设计、研发设计、信息技术服务、商务咨询、人力资源服务、品牌建设、娱乐休闲服务等，不断提升该行业竞争力与增加值，在国民经济中发挥着日益重要的支撑甚至引领作用。

（四）网络经济性

新型文化业态特别是互联网文化产业通常具有网络性、网络外部性、系统经济性等网络经济特征，即需要通过固定的传输网络来实现产品或服务（网络性），网络的价值取决于已连接到该网络的其他用户的数量（网络外部性），经济组织以经济系统的方式从事经济活动等（系统经济性）。借助于网络经济和现代资本市场的金融杠杆，互联网文化产业能够实现低成本扩张与快速整合，以及对传统文化产业的全面改造。

（五）高风险性

与传统产业提供满足人们基本需求的物质性产品不同，文化产业的产品和服务通常具有精神性消费特征。由于精神需求通常具有复杂性、多样性和多变性，这就决定了人们对文化产品的需求具有不确定性，其经营风险自然较高。此外，从产品生命周期的角度看，由于新型文化业态提供的产品往往具有高新科技属性，这一特征将大大缩短该产品的生命周期，由此也就减少了产品的盈利空间，从而加剧产业投资风险。

第三节　新型文化业态的类型

新型文化业态是与传统文化业态相对的概念，指伴随现代科学技术的进步及文化与相关产业的深度融合而催生的新兴文化产业经营形态。

根据国家统计局制定并颁布的《文化及相关产业分类（2018）》，新型文化业态主要体现在文化核心领域，重点指向"互联网+"和"文化+"。其中，前者主要体现在"新闻信息服务""内容创作生产""文化传播渠道"大类；后者主要体现在"创意设计服务""文化娱乐休闲服务"大类。

根据文化生产及再生产的特点以及文化产业与国民经济体系的相关性，结合《文化及相关产业分类（2018）》及文化产业实践情况分析得到，与新型文化业态紧密相关的行业主要体现在"文化生产及再生产过程"板块中的"文化内容生产""文化传播渠道"类别（以"互联网+"为特征），以及"文化产业对国民经济体系的作用"板块中的"生产性文化服务"类别（以"文化+"为特征）。从"大文化"的视角出发，我们将"文化内容生产""文化传播渠道"类别对应的新型文化业态概括为"互联网文化产业"，将"生产性文化服务"类别对应的新型文化业态概括为"文化创意和设计服务业"，二者是当前新型文化业态的主要类型和代表。

一　互联网文化产业

互联网文化产业是由文化内容、信息技术、网络平台三者相结合而形成的一种特殊文化产业，是以信息技术为依托、以网络媒介为平台从事互联网文化产品生产与提供相关服务的经营性行业。互联网文化产业是信息网络技术、数字技术与文化产业融合的产物，是信息时代文化产业的重要内容与组成部分。

自20世纪90年代互联网普及以来，历经多年的成长和市场积累，互联网文化产业已成为世界各国文化产业新的增长点，初步形成了以网络游戏、新媒体动漫、网络视频、网络音乐、网络出版等为核心的产业格局。

（一）网络游戏产业

网络游戏是通过信息网络提供、由信息数据和软件程序共同组成的游戏产品及服务。在网络游戏中，玩家通常通过操控游戏人物及其场景，实现与其他用户的交流、沟通与互动，从而达到娱乐的目的。

伴随互联网信息技术的加速发展和经济社会发展水平的持续提高，人们的现代化消费需求日益旺盛。兼具故事性、交际性和社会性的网络游戏产品逐渐成为人们的文化消费内容和重要娱乐方式。基于此，网络游戏产业的生产和投资规模不断扩大，市场前景可期。

根据不同的游戏终端，网络游戏主要分为三个类别：端游、页游、手游。端游，即客户端游戏，该服务必须基于互联网下载的软件客户端运行；页游，即网页游戏，该服务只需打开网页并借助相关插件即可运行；手游，即手机游戏或移动端游戏，该服务需借助手机、平板电脑等便携式移动设备运行。

概括来说，网络游戏产品大体包括五个类别：棋牌休闲产品、角色扮演产品、社区互动产品、休闲竞技产品、模拟策略产品。其中，棋牌休闲产品主要指棋牌和冒险类游戏；角色扮演产品主要包括角色扮演游戏（RPG）和大型多人在线角色扮演游戏（MMORPG）；社区互动产品往往要求相关游戏具备较强的交际属性；休闲竞技产品主要体现为球类、舞蹈、赛车等主题游戏；模拟策略产品则主要包括策略游戏（SLG）和集换式卡牌游戏（TCG）等。

2005年对于网络游戏产业发展是具有里程碑意义的一年。此后，网络游戏产业进入快速发展时期，大量优秀的网络游戏相继问世，如《传奇》《征途》《魔兽世界》等，由此带动了全行业前所未有的蓬勃发展。2013年，该行业市场规模同比增速高达38%。此后，该增速呈现逐年下滑趋势，2016年达到17.7%。这一现象，标志着网络游戏产业的发展已由高速增长阶段步入成熟稳定阶段。[①]

（二）新媒体动漫产业

动漫产业是以创意为核心，以动画、漫画为表现形式，包含动漫产品的制作、传播、销售，以及与动漫产品相关的实体衍生品和数字衍生品的生产与经营的产业。动漫产业是当今世界的朝阳产业，在推动文化创意产业和相关产业融合发展、支撑文化产业成为我国国民经济支柱性产业等方面发挥着重要作用。

长期以来，动漫产品的传播渠道主要是图书、报刊、电影、电视、音像制品、舞台剧等传统媒介。伴随互联网、移动通信、数字技术等信息技术的

---

① 中商产业研究院：《2018年中国网络游戏行业市场前景研究报告》，http://game.people.com.cn/n1/2018/0118/c48662-29771975.html，2018年1月18日。

兴起以及移动互联网终端如电子书、智能手机、平板电脑等相继出现并被广泛使用，基于手机、移动电视、网络、数字电视、数字电影、触摸媒体等传播渠道的新媒体动漫，为我国动漫产业的蓬勃发展翻开了新的篇章。

2016 年，我国动漫产业通过深化改革、创新发展、提质增效和融合协同等多种举措，保持了又好又快的发展态势。包含动画在内的整体动漫产业总产值突破 2000 亿元，年度增长率保持在 20% 以上，取得了自 2013 年启动转型升级以来的最高增速，以手机动画和移动游戏等为代表的新媒体动漫产业在移动互联网的助推下持续高速发展（牛兴侦等，2017）。

在泛娱乐产业跨界融合和协同发展的背景下，新媒体动漫产业以其强大的创意设计能力和较高的品牌版权价值日渐融入国民经济大循环，逐步形成了网络动漫内容产品与动漫衍生品、动漫主题公园、动漫授权等增值业务相互融合、相互促进、协同发展的良好局面。以二次元产业为例，二次元产业以动漫游戏文化为核心，以小说、漫画、动画、游戏为主要载体，涵盖内容创作、平台分享和衍生品开发等产业链节点，二次元文化正在通过各类互联网娱乐应用在青少年网民中快速渗透，在年轻群体中形成了一种独特的氛围。其中，二次元视频平台 AcFun 弹幕视频网和哔哩哔哩弹幕视频网在粉丝互动与用户黏性层面持续保持着独特的优势。

（三）网络视频产业

根据中国互联网络信息中心（CNNIC）的界定，网络视频指内容格式以 WMV、RM、RMVB、FLV 以及 MOV 等流媒体类型为主，能够在线播放和观看的文件内容。其中，在线播放包括两种形式：直接通过浏览器在线播放、通过终端软件在线播放。网络视频产业则是以网络为平台从事网络视频产品的生产与经营并提供相关服务的行业。网络视频产业链主要由内容提供商、视频运营商、终端用户等要素构成。

随着网络视频用户数量的增长，网络视听节目的数量和类型也在不断发展变化。2018 年 3 月，首都影视发展智库、清华大学影视传播研究院和 CC - Smart 新传智库联合发布的《2018 中国电视剧产业报告》显示，2017 年上半年电视剧类视频点击量达 4232.6 亿次，占全网视频点击总量的比重接近七成；"台网联动"逐步成为主要播出方式，并朝着"先网后台"的方向转化；手机移动端逐步成为主流观看平台。

网络视频产业在产量稳步增长中不断创新与升级，其发展规模和商业模式在重构中不断调整前进方向与转型路径。网络视听产品在政策指引与限制傍身的同时，产品质量逐渐并肩乃至赶超传统影视作品，成为我国文化产业发展和经济建设中的重要一环。网络视频产业热点主要体现在：网络大电影从"野蛮生长"转向"精耕细制"；网络剧实现精品化，"大剧"成为趋势；网络综艺遍地开花、垂直细分；台网联动2.0时代到来，共赢模式开启；付费会员趋向常态化；深挖IP价值，打造全产业链等（周逵、赵鹏菲，2017）。

2020年4月，CNNIC发布的第45次《中国互联网络发展状况统计报告》显示，截至2020年3月，网络视频（含短视频）用户规模达8.50亿人，占网民整体的94.1%。其中短视频用户规模为7.73亿人，占网民整体的85.6%。2020年初，受新冠肺炎疫情影响，网络视频应用的用户规模、使用时长均有较大幅度提升。

（四）网络音乐产业

2006年，文化部颁布的《关于网络音乐发展和管理的若干意见》首次对"网络音乐"做出界定，指出"网络音乐是音乐产品通过互联网、移动通信网等各种有线和无线方式传播的，其主要特点是形成了数字化的音乐产品制作、传播和消费模式"，同时进一步指出，网络音乐包括在线音乐（即用户利用电脑通过传统互联网下载、播放的网络音乐）和无线音乐（即用户利用手机等移动智能设备通过移动互联网和无线增值服务下载的无线网络音乐）。

与传统音乐产业相比，网络音乐产业以传统电信网络、移动互联网络和有线电视网络等为支撑，以数字化为核心，以多媒体技术为支持，强调利用所有网络平台提供音乐产品和服务的生产与经营活动。

2017年11月，中国音像与数字出版协会音乐产业促进工作委员会发布的《2017中国音乐产业发展报告》指出，2016年我国网络音乐产业规模达529.26亿元，同比增长6.2%，成为推动中国音乐产业快速增长的主要动力。其中，PC端与移动端总产值达143.26亿元，同比增长39.36%，主要动能来自快速增长的付费用户群体；电信音乐增值业务产值约386.66亿元，同比降低3%，但新增4G音乐的多媒体流量业务、数字音乐平台的多元化盈利模式成为亮点。

2020年4月，CNNIC发布的第45次《中国互联网络发展状况统计报告》显示，截至2020年3月，网络音乐用户规模达6.35亿人，占网民整体的70.3%；手机网络音乐用户规模达6.33亿人，占手机网民的70.5%。

随着产业格局的基本确立，网络音乐市场竞争将更加激烈，原创内容将得到大力扶持，版权竞争与泛娱乐生态融合将成为我国网络音乐产业未来发展的热点。

（五）网络出版产业

2016年，国家新闻出版广电总局、工业和信息化部联合发布《网络出版服务管理规定》，指出"网络出版服务是指通过信息网络向公众提供网络出版物。网络出版物是通过信息网络向公众提供的，是具有编辑、制作、加工等出版特征的数字化作品，范围主要包括：①文学、艺术、科学等领域内具有知识性、思想性的文字、图片、地图、游戏、动漫、音视频读物等原创数字化作品；②与已出版的图书、报纸、期刊、音像制品、电子出版物等内容相一致的数字化作品；③将上述作品通过选择、编排、汇集等方式形成的网络文献数据库等数字化作品；④国家新闻出版广电总局认定的其他类型的数字化作品"。

网络出版产业即指以互联网为载体，提供网络出版物产品及服务的生产与经营的行业。网络出版产业是互联网文化产业的重要环节和组成部分，担负着利用互联网传播文化、交流文化的历史使命。需要强调的是，由于本书单独研究网络游戏、新媒体动漫、网络视频、网络音乐等产业形态，因此这里的网络出版产业主要指电子图书、数字报纸、数字期刊、网络原创文学、在线教育、互联网广告等以数字化形式呈现并通过互联网传播的网络文化产品与服务的产业。

2019年8月，中国新闻出版研究院发布的《2018—2019中国数字出版产业年度报告》指出，2018年国内数字出版产业整体收入规模为8330.78亿元，比上年增长17.8%。其中，互联网期刊收入达21.38亿元，电子书收入达56亿元，数字报纸（不含手机报）收入达8.3亿元，博客类应用收入达115.3亿元，在线音乐收入达103.5亿元，网络动漫收入达180.8亿元，移动出版（移动阅读、移动音乐、移动游戏等）收入达2007.4亿元，网络游戏收入达791.1亿元，在线教育收入达1330亿元，互联网广告收入达3717亿元。

数字出版产业是在传统出版产业的基础上，基于先进的网络通信技术、信息存储和加工技术，利用二进制代码将信息统一存储在光盘或磁盘等介质上，并借助计算机或其他终端设备进行信息接收与处理的新型文化业态。从产品和服务的流程看，数字出版涉及内容生产环节（即传播内容数字化）、制造加工环节（即生产流程数字化）、信息传输环节（即传播载体数字化）以及消费服务环节（即学习形态数字化）等。囿于网络出版产业数据获取困难以及数字出版产业的主体是网络出版产业（以CD、VCD、DVD等为主要产品形态的离线数字出版产业仅占很小的比例），因此上述数据基本能够反映网络出版产业的发展概况。

《2018—2019中国数字出版产业年度报告》进一步分析了数字出版产业在发展过程中呈现的新特点，如出版单位转型创新能力显著增长、网络文学良性生态逐步构建、数字教育出版数字化与垂直化趋势凸显、报刊转型全面加速、知识付费分水岭逐步显现等。未来时期，数字出版产业将出现以下新趋势：一是数字内容精品化趋势日益明显；二是媒体融合迈向纵深发展；三是人工智能技术应用场景日益深化；四是5G将为出版融合创新提供广阔空间；五是知识付费将迎来发展拐点；六是数字内容产业将构建新的发展格局；七是业态复合化趋势渐显；八是电子竞技将成为产业融合新节点。

二 文化创意和设计服务业

文化创意和设计服务业是生产性文化服务与国民经济各行业相联系并发挥作用的行业载体。由于文化产业领域广泛、种类丰富、关联性强，在与国民经济融合互动的过程中，文化产业与农业、制造业、现代服务业等各行业相互渗透、融合，通过创意策划、工艺设计、研发设计、信息技术服务、商务咨询、人力资源服务、品牌建设、娱乐休闲服务等，不断提升行业竞争力与增加值，在国民经济中发挥着日益重要的支撑甚至引领作用。

根据生产性文化服务与国民经济相联系并发挥作用的行业属性，将文化创意和设计服务业划分为"文化创意+农业""文化创意+制造业""文化创意+现代服务业"三种类型。

（一）文化创意+农业

多年来，以农业、农村和农民为主题的中央一号文件对农村改革和农业发展做出的具体战略部署，是谋划"三农"发展的重要顶层设计，充分体现出"三农"工作在我国"重中之重"的战略地位。其中，文化创意与农业的渗透和融合被多次提及，成为推进"三农"发展的重要方向、愿景与要求。

2015年，中央一号文件《关于加大改革创新力度加快农业现代化建设的若干意见》明确提出，"推进农村一二三产业融合发展"，"积极开发农业多种功能，挖掘乡村生态休闲、旅游观光、文化教育价值"。2016年，中央一号文件《关于落实发展新理念加快农业现代化实现全面小康目标的若干意见》指出，"大力发展休闲农业和乡村旅游。依托农村绿水青山、田园风光、乡土文化等资源，大力发展休闲度假、旅游观光、养生养老、创意农业、农耕体验、乡村手工艺等，使之成为繁荣农村、富裕农民的新兴支柱产业"。2017年，中央一号文件《关于深入推进农业供给侧结构性改革加快培育农业农村发展新动能的若干意见》提出，"大力发展乡村休闲旅游产业。充分发挥乡村各类物质与非物质资源富集的独特优势，利用'旅游+''生态+'等模式，推进农业、林业与旅游、教育、文化、康养等产业深度融合"。2018年，中央一号文件《关于实施乡村振兴战略的意见》进一步指出，"实施休闲农业和乡村旅游精品工程，建设一批设施完备、功能多样的休闲观光园区、森林人家、康养基地、乡村民宿、特色小镇"，"发展乡村共享经济、创意农业、特色文化产业"。

关于文化创意与农业的渗透和融合，我国学术界最早提出的概念是"创意农业"，此概念发源于欧美发达国家。但在我国，创意产业最早由被誉为"中国创意产业之父"的著名学者厉无畏于2008年在"两会"上提出，引起各界高度关注。厉无畏指出，"创意农业以市场为导向，利用科技、文化、社会、人文的创造力，围绕农村的生产、生活和生态资源，对农业生产、加工、运输、销售和服务等产业，以及对农业的休闲、观光、度假、体验和娱乐等功能进行创意设计、改造与提升，从而形成创意农产品、特色农业文化和农业景观的产业活动"。

作为现代农业的高级形式，创意农业通过创意将市场需求与文化艺术活动、农业生产活动有机结合起来，构建了文化产业与农业协同共生、合作共赢的产业生态体系以及价值增值链条，从而颠覆性地改变传统农业的生产经营模式，拓展了农业新功能，提高了农产品附加值，为农业和农村发展开辟了全新的空间。创意农业为转变传统农业发展方式、实现农民持续增收提供了重要路径，目前已成为各地区提升农业软实力的战略选择。

（二）文化创意+制造业

党的十九大做出"我国经济已由高速增长阶段转向高质量发展阶段"的重大论断，强调建设现代化经济体系，必须把发展经济的着力点放在实体经济上，加快建设制造强国。2018年，中央经济工作会议在部署重点工作时明确提出，"紧紧抓住制造业这个根基不放松"，"把供给侧结构性改革推向深入，推进中国制造向中国创造转变、中国速度向中国质量转变、制造大国向制造强国转变"。这些重要论断和指示，都为当前和今后一定时期内着力发展实体经济特别是制造业指明了前进方向，为加快新旧动能转换、做强做优"中国制造"提供了根本遵循。在我国跃居世界制造业第一大国、工业化发展进入中后期阶段的关键历史时期，制造业在三次产业结构中的重要地位及其在拉动经济增长中的核心作用将更为突出，制造业已成为制约经济发展质量、提升经济发展潜力的关键因素。

从世界工业发展的总体历程看，继机械化革命、电气化革命、信息化革命后，由新一代信息通信技术引领的新一轮工业革命正在加速深化。以智能、共享、低碳、泛在为特征的新一轮工业革命改变了制造业的现有生产方式，促使全球范围内的产业分工发生调整，并推动了经济结构不断优化升级。当前，具有中国特色的新型工业化已步入发展的攻坚时期，致力于由量的积累转化为质的飞跃、由点的突破转化为系统能力的提升，这将成为未来发展道路的必然选择。在此过程中，创新驱动无疑是提升制造业竞争优势的核心战略。

2016年5月，中共中央、国务院印发《国家创新驱动发展战略纲要》，强调科技创新是提高社会生产力和综合国力的战略支撑，科技创新要与制度创新、管理创新、商业模式创新、业态创新和文化创新相结合，推动发展方式向依靠持续的知识积累、技术进步和劳动力素质提升转变，促进经济向形态更高级、分工更精细、结构更合理的阶段演进。在战略任务部署中，该纲要特别提出，"加快推进工业设计、文化创意和相关产业融合发展，提升我国重点产业的创新设计能力"。

2017年1月，工业和信息化部、财政部联合发布《关于推进工业文化发展的指导意见》（以下简称《意见》）。《意见》指出，工业文化对推动工业由大变强具有基础性、长期性、关键性的影响。大力发展工业文化，是提升中国工业综合竞争力的重要手段，是塑造中国工业新形象的战略选择，是推动中国制造向中国创造转变的有力支撑。《意见》明确，要传承和培育中国特色工业精神，树立工业发展新理念，提高全民工业文化素养，打造经济增长新动能。《意见》提出，经过5~10年的工业文化发展，涌现一批体现时代精神的大国工匠和优秀企业；工业产品的文化元素充分展现，工业文化产业成为经济增长的新亮点；中国制造的品质内涵和美誉度显著提升。

概括来说，推进文化创意和制造业融合发展，提升制造业竞争优势，主要途径和方式包括以下内容。

1. 促进工业设计创新发展

强调文化要素在工业设计中的创新引领作用，积极推进工业设计向高端综合服务方向转型。打造资源丰富、开放高效的公共服务平台，在全球范围内促进创新设计要素流动，建设相关产业集群。推动企业设计中心与社会设计机构协同创新、合作共赢。支持融入中国文化元素的工业产品设计，提升中国工业设计的国际知名度、美誉度及影响力。

2. 推动工艺美术的特色与品牌发展

在保护与传承传统工艺美术的基础上，积极开展相关工艺、技术、材料及设计的创新、创造工作。全力打造工艺美术珍品，创新产业经营形态。通过一批工艺美术创意创业园区的建设以及相关特色项目的培育，塑造并推出一定数量的具有鲜明区域特色的工艺美术品牌。

3. 推进工业遗产保护和利用

通过全面和深入的调查，探索发现濒危工业文化资源，整理相关遗产名录。构建科学合理、分工明确的工业遗产分级保护机制。积极鼓励保护工业遗产的社会化经营活动。支持在旧厂房和设备等现有工业遗存基础上进行工业遗产保护。

4. 积极发展工业旅游

充分挖掘并积极利用工厂、园区、遗址、博物馆等工业文化资源，开发特色鲜明的工业旅游产品与服务。与此同时，积极推进传统旅游、科普活动与工业旅游融合发展、协同创新。依托企业生产车间、体验中心等有形载体，积极发展工业旅游。

5. 鼓励工业文化新业态发展

充分发挥科技创新在工业生产中的地位和作用，积极利用以网络技术、数字技术为代表的现代科技手段，促进机器人、可穿戴设备等高科技领域与工业文化充分融合、协同发展。通过研发新技术、开发新产品、打造新业态、建设新园区、开发特色小镇等方式，不断推进工业文化创新发展。

（三）文化创意＋现代服务业

服务业在三次产业中的产值和就业比重持续上升、产业结构由工业经济主导向服务经济主导转型，已成为当前全球经济发展的重要趋势和主要特征。"十二五"以来，我国服务业进入加速成长时期，继2011年吸纳就业人数最多、2012年超过制造业增加值后，2015年服务业增加值占GDP的比重已超过50%。

大力促进服务业创新发展，对于推动经济增长和社会进步意义重大。首先，加快服务业创新发展有利于满足人们日益增长的物质和精神消费需求，进而有助于改善民生和增进人民福祉；其次，加快服务业创新发展能够通过其生产性服务功能，有效促进农业和制造业发展，进而带动产业结构升级，促进经济社会协调发展；最后，加快服务业创新发展有助于建设创新型国家，进而提升综合国力以及可持续发展能力。

伴随科学技术的飞速发展以及三次产业融合程度的不断加深，现代服务业在发展过程中呈现以下特征：技术先进，即大数据、云计算、物联网等新一代信息技术为服务业的发展提供了全新的生产工具和经营手段，行业前景广阔；跨界融合，即伴随科学技术在生物、能源、材料等领域的突破，现代服务业与农业、制造业的融合不断加速并深化，进而衍生出以数字医疗、云制造等为代表的多元新型产业形态；纵深发展，即在全球范围内整合相关产业资源、开展专业化竞争将成为未来服务业发展的主要方向；模式创新，即未来服务业经营的商业模式将重点体现融合、集成、定制等特点。

建设社会主义文化强国和增强文化软实力，要求现代服务业必须加速文化与科技融合，着力驱动文化创新。"十三五"期间，科技进步为文化发展注入了新的增长活力、提供了新的产业范式，从而促进了文化生产方式、消费方式及发展模式加速变革。以科学技术为核心竞争力的一大批新型文化业态应运而生，全面助推文化服务运营和文化产业链整合的大繁荣。在文化生产、文化传播、文化交流等领域，加快科技与文化深度融合，必将不断解放文化生产力，促进文化产业与现代服务业的协同发展、共同繁荣。

2017年4月，科技部印发《"十三五"现代服务业科技创新专项规划》（以下简称《规划》）。根据《国家文化科技创新工程纲要》（国科发高〔2012〕759号）和《国务院关于推进文化创意和设计服务与相关产业融合发展的若干意见》（国发〔2014〕10号），《规划》选择民族民间文化资源服务、文化艺术展演服务、内容知识服务、影视媒体服务、文化旅游服务和文化创意设计服务等六大领域进行重点布局。在具体部署上，重点开展三维成像与智能交互、声光电一体控制与多维综合展演、数字版权管理与服务技术等关键技术和共性应用技术研发，建设开放式专业内容资源知识服务的众智运营平台、开放式文化旅游综合服务云平台、文化创意设计电子商务交易服务平台等集成服务平台，实施文化艺术展演技术集成应用示范、线上线下数字文化旅游综合服务集成应用示范等示范工程。《规划》在注重"互联网+"、虚拟现实等数字化新技术的同时，加强文化领域技术集成创新、模式创新与应用推广，继续统筹整合文化科技创新资源，推进文化科技创新战略重大研究，建立文化科技创新体系，支撑文化科技深度融合，推动文化科技创新合力提升。

2017年6月，国家发展改革委印发《服务业创新发展大纲（2017—2025年）》，其中多次提及文化因素，内容涉及媒体融合以及文化旅游业、服务业的文化内涵提升等方面，进一步明确了文化创意在优化结构、提高质量、提升效率方面对于现代服务业发展的重要意义。

概括来说，推进文化创意和现代服务业融合发展，提升服务业竞争优势，主要途径和方式包括以下内容。

1. 丰富服务业文化内涵，增强服务业发展动能

鼓励企业提升服务产品的文化价值。鼓励采用更多文化元素进行服务产品的设计与创新。提升研发设计、商务咨询等服务的文化创意含量，将传统文化、民俗风情和民族区域特色注入旅游休闲、文化娱乐、体育健身、健康养老等服务。鼓励用文化提升品牌价值，打造具有文化内涵的服务品牌。

提升中国服务业的文化影响力。发挥中华文化博大精深、兼容并蓄的优势，吸收借鉴国外优秀文化成果，发展具有独特文化魅力和吸引力的服务产品及服务模式，提升中国服务业的国际竞争力。推动"服务走出去"与"文化走出去"有机结合，在服务业国际化发展中展示中华文化风采。

2. 增加文化服务有效供给，促进服务业转型升级

针对当前文化服务有效供给不足的情况，从人民群众现实消费需求出发，加快构建门类齐全、结构合理、创意性高、附加值高、竞争力高的现代文化产业体系。积极促进网络游戏、新媒体动漫、网络视频、网络音乐、网络出版等为核心的互联网文化产业发展，加快推进三网融合。通过支持联合、重组甚至兼并的方式，构建大型文化企业集团。对于传统的服务业经营方式，应注重挖掘相关文化资源的经济价值，通过推进文化内容及其形式创新，带动相关服务业转型升级。例如，将实体书店打造成复合式文化场所。支持艺术品、演出、娱乐市场线上与线下融合发展。

3. 鼓励文化产业与现代服务业相互融合，构建产业协同发展体系

推动文化产业与现代服务业生产要素优化配置和服务系统集成，创新文化服务供给，拓展增值空间。支持文化产业与现代服务业多业态融合发展。

支持服务企业拓展经营领域，加快业态和模式创新，构建产业生态圈。顺应消费升级和产业升级趋势，促进设计、旅游、养老等服务业跨界融合发展。培育文化产业与服务业融合发展新载体。发挥平台型、枢纽型服务企业的引领作用，带动创新创业和小微企业发展，共建"平台+模块"产业集群。

第四节 新型文化业态的意义

创新是文化的本质特征，是推动文化繁荣发展、提高国家文化软实力的不竭动力。大力推进新型文化业态发展，是建设国家创新体系的迫切需要，是解放和发展文化生产力、全面提升文化产业竞争力的迫切需要，是新时代推动传统产业转型和促进经济结构升级、解决人民日益增长的美好生活需要和不平衡不充分的发展之间矛盾的迫切需要。大力发展新型文化业态，已经成为国家培育文化产业新的增长点，是提升文化软实力、实现文化强国战略目标的重要途径。

一 建设国家创新体系的迫切需要

面对世界政治经济发展的新形势,加快建设创新型国家是党中央、国务院做出的重大战略部署。创新文化业态有助于倡导创新创业理念、培育自主创新意识、营造社会创新氛围、激发全民创造活力、完善产业创新机制、建设创新创业队伍,对于推进国家创新体系建设发挥着至关重要的作用。积极推动新型文化业态发展,有利于在社会全员中树立开拓、进取、拼搏、创新的精神,进而引导全民积极投身创新创业实践,即通过社会氛围的营造与构建,极大地推进了国家创新体系建设。

二 解放和发展文化生产力、全面提升文化产业竞争力的迫切需要

解放和发展文化生产力、全面提升文化产业竞争力,是实现文化强国战略目标的必然途径和重要举措。随着我国社会主义市场经济体制的不断完善、国际贸易市场的不断扩大以及对外开放水平的持续提高,培育与我国经济实力相适应的文化生产力及完善文化体制成为当务之急。深化文化体制改革重点是实现文化创新,即文化市场主体创新、文化产业格局创新、文化市场体系创新、文化管理体制创新。在此过程中,创新文化业态是抓手。只有坚持创新文化业态,才能不断地解放和发展文化生产力、全面提升文化产业的竞争力。

三 新时代推动传统产业转型和促进经济结构升级、解决人民日益增长的美好生活需要和不平衡不充分的发展之间矛盾的迫切需要

首先,推进新型文化业态发展对于新时代推动传统产业转型和促进经济结构升级意义重大。提高经济发展质量、转变经济增长方式是新一轮经济改革的重要任务。其中,实现产业结构高度化是工作核心。新型文化业态是智能化、知识化的高附加值产业,具有很强的渗透力和辐射力,其融合性能够将技术、文化、制造、服务等融为一体,从而有效地克服大城市土地、资源等生产要素的瓶颈约束,提升制造业附加值。发达国家经验表明,在工业化和城市化进程完成后,优先发展新型文化业态有助于加速经济转型、提升发展质量。

其次，推动新型文化业态发展是解决当前人民日益增长的美好生活需要和不平衡不充分的发展之间矛盾的迫切需要。当前，我国经济发展水平持续提高，人们对于精神文化消费的需求显著增长。新型文化业态领域广泛、种类丰富、关联性强，在与国民经济融合互动的过程中，文化产业能够与农业、制造业、现代服务业等各行业相互渗透、融合，通过创意策划、工艺设计、研发设计、信息技术服务、商务咨询、人力资源服务、品牌建设、娱乐休闲服务等，不断提升其行业竞争力与增加值，因此在国民经济发展中发挥着日益重要的支撑甚至引领作用。积极推动新型文化业态发展，必将有助于全面提高文化产品和服务的供给能力，进一步缓解人民日益增长的美好生活需要和不平衡不充分的发展之间的矛盾，使经济社会持续健康发展。

第二部分　历时篇

　　本篇将从文化业态的演化与创新规律入手，剖析文化业态的演化与创新形态、文化业态的演化与创新动力、文化业态的演化与创新路径；进一步地，运用系统科学、产业经济学等理论与方法，剖析新型文化业态形成的内在机理；在此基础上，从系统自组织与他组织角度研究新型文化业态形成的微观机制；最后，从动态角度阐释文化业态的演进趋势——产业系统集成。

第三章
文化业态的演化与创新规律

本章运用系统科学和产业经济学理论,通过追溯和梳理文化业态的发展历程,概括总结其演化与创新过程中遵循的一般规律。研究内容包括:文化业态的演化与创新形态,即文化组织新旧交替、不断更新的产业系统结构特征;文化业态的演化与创新动力,即推动新型文化业态形成的序参量;文化业态的演化与创新路径,即文化业态演化与创新过程中产业系统结构关系改变的特征。

第一节 文化业态的演化与创新形态

2012年,国家统计局以《国民经济行业分类》(GB/T 4754—2011)为基础,借鉴联合国教科文组织的《文化统计框架—2009》中的分类方法,将"文化及相关产业"定义为"为社会公众提供文化产品和文化相关产品的生产活动的集合"。根据系统科学和产业经济学观点,"文化及相关产业"构成了一个产业经济学意义上的文化经济系统,广播、电视、报纸、杂志和互联网等传播媒介都是它的子系统。随着媒介之间的交叉、融合乃至跨媒体行业和部门的出现,这些不同的子系统间的界限越来越模糊,它们之间相互交叉覆盖,不断发生产业经济学意义上的组织创新,即业态创新。

研究文化业态的演化与创新形态,就是要剖析文化组织新旧交替、不断更新的产业系统结构特征。本书从研究目的出发,遵循实证研究需具备的严谨性、科学性、可比性与可操作性原则,以国家统计局社会科技和文化产业统计司、中宣部文化体制改革和发展办公室联合发布的 2013~2019 年《中国文化及相关产业统计年鉴》相关数据为基础，进行我国文化业态演化与创新形态的描述性统计分析。描述性统计分析的主要目的是，通过时间序列和截面数据，展现文化及相关产业总量及其结构的变化，从中梳理出新型文化业态的演化轨迹、变动特征及发展现状。

一 我国文化及相关产业演化的描述性统计分析

（一）文化及相关产业演化的总量特征

近年来，随着我国经济发展水平和综合国力的稳步提升，文化产业得到了飞速发展。2004~2018 年，我国文化及相关产业的增加值、增长率及产业增加值占 GDP 比重如表 3-1 所示。

表 3-1 我国文化及相关产业的增加值、增长率及产业增加值占 GDP 比重（2004~2018 年）

单位：亿元，%

年份	产业增加值	增长率	占 GDP 比重
2004	3440	—	2.13
2005	4253	23.63	2.27
2006	5123	20.46	2.33
2007	6455	26.00	2.39
2008	7630	18.20	2.39
2009	8786	15.15	2.52
2010	11052	25.79	2.68
2011	13479	21.96	2.76
2012	18071	34.07	3.36
2013	21870	21.02	3.69
2014	24538	12.20	3.83
2015	27235	10.99	3.97
2016	30785	13.03	4.16
2017	34722	12.79	4.23
2018	38737	11.56	4.30

资料来源：①2004~2011 年数据按 2004 年颁布的《文化及相关产业分类》测算，2012~2016 年数据按《文化及相关产业分类（2012）》测算，2017~2018 年数据按《文化及相关产业分类（2018）》测算，下同；②2009~2012 年数据仅包括法人单位数据，其他年份包括个体经营户在内的全口径数据；③在"占 GDP 比重"计算中，2004~2017 年使用的 GDP 是最终核实数，2018 年使用的是初步核算数。

根据表 3-1，可绘制我国文化及相关产业增加值的折线图、文化及相关产业增加值的增长率及其占 GDP 比重的折线图，分别如图 3-1、图 3-2 所示。

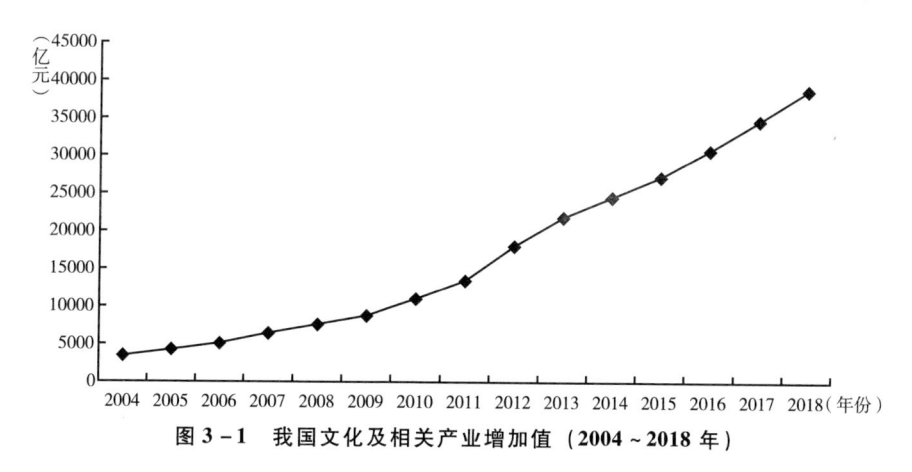

图 3-1 我国文化及相关产业增加值（2004~2018 年）

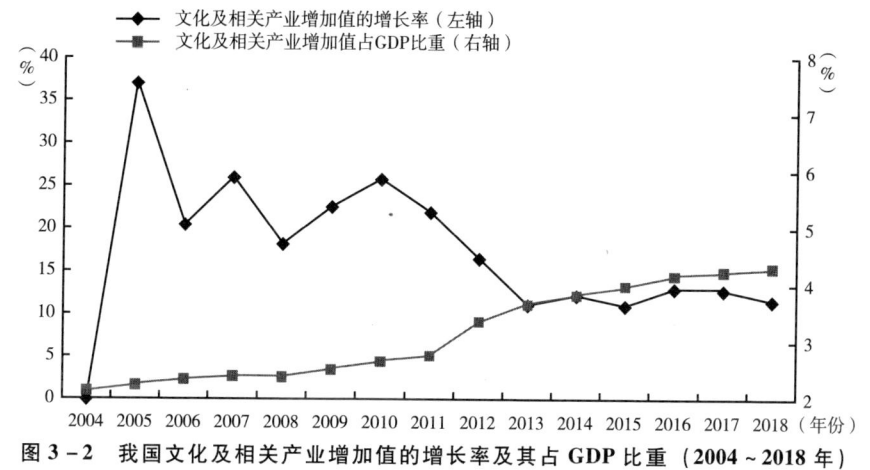

图 3-2 我国文化及相关产业增加值的增长率及其占 GDP 比重（2004~2018 年）

根据表 3-1 的数据，2004 年我国文化及相关产业的增加值为 3440 亿元，占当年 GDP 的 2.13%；到 2018 年，我国文化及相关产业的增加值为 38737 亿元，占当年 GDP 的 4.30%，十余年间比重提高 1 倍多。由图 3-1 和图 3-2 也可以看出，2004 年以来文化及相关产业增加值的增长率尽管有高有低，呈现波动的态势，但产值规模始终呈现增长的趋势。在经历了 2005 年的井喷式增长后，文化及相关产业增加值的增长幅度渐趋理性，2013 年之后趋于稳定。与此同时，文化及相关产业增加值占 GDP 的比重也呈现平稳且逐年增加的趋势。以上数据都说明，十余年来，随着我国经济发展水平和综合国力的稳步提升，文化消费需求潜力释放，文化产业得到了飞速发展。

（二）文化及相关产业演化的结构特征

伴随我国文化产业整体规模的快速增长，文化产业结构也发生重大变化。根据国家统计局制定的《文化及相关产业分类》标准，对文化及相关产业演化的结构特征进行分析。

1. "三分法"下我国文化及相关产业演化的结构特征（2004~2018年）

根据国家统计局颁布的《文化及相关产业分类（2012）》《文化及相关产业分类（2018）》，文化及相关产业涉及文化制造业、文化批发和零售业、文化服务业三大类别。文化及相关产业演化的结构特征，可通过上述类别的法人单位数和法人单位增加值等统计指标体现出来。

（1）法人单位数

2004~2018年，"三分法"下我国文化及相关产业法人单位数及构成如表3-2所示。

表3-2　"三分法"下我国文化及相关产业法人单位数及构成（2004~2018年）

单位：万个，%

年份	法人单位数 文化及相关产业	文化制造业	文化批发和零售业	文化服务业	构成 文化制造业	文化批发和零售业	文化服务业
2004	31.79	6.89	5.11	19.79	21.67	16.07	62.25
2008	46.07	8.88	5.53	31.66	19.28	12.00	68.72
2012	66.30	13.30	11.34	41.66	20.06	17.10	62.84
2013	91.85	16.25	13.99	61.61	17.69	15.23	67.08
2014	99.62	17.26	15.28	67.08	17.33	15.34	67.33
2015	114.03	19.16	17.73	77.14	16.80	15.55	67.65
2016	130.02	18.33	16.77	94.92	14.10	12.90	73.00
2017	139.84	17.95	17.47	104.42	12.84	12.49	74.67
2018	210.31	21.99	30.94	157.38	10.46	14.71	74.83

资料来源：①2004年和2008年数据分别来自第一次、第二次全国经济普查，统计范围为2004年《文化及相关产业分类》规定的行业范围；②2012年数据来自国家统计局2012年文化及相关产业法人单位核查认定结果，统计范围为《文化及相关产业分类（2012）》规定的行业范围；③2013年数据来自第三次全国经济普查，统计范围为《文化及相关产业分类（2012）》规定的行业范围；④2014~2017年数据来源于《中国文化及相关产业统计年鉴2019》；⑤2018年数据来自第四次全国经济普查，统计范围为《文化及相关产业分类（2018）》规定的行业范围。

根据表3-2，可绘制"三分法"下我国文化及相关产业法人单位数的柱状图，如图3-3所示。

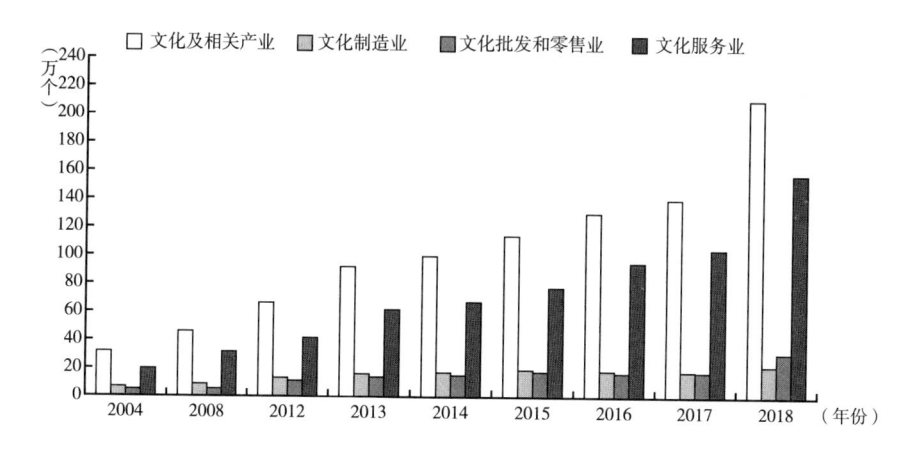

图3-3 "三分法"下我国文化及相关产业法人单位数（2004~2018年）

根据表3-2和图3-3可以看出，2004~2018年，"三分法"下我国文化及相关产业法人单位数呈现逐年上升趋势，由31.79万个上升到210.31万个，涨幅达561.56%。其中，文化制造业法人单位数由6.89万个上升到21.99万个，涨幅达219.16%；文化批发和零售业法人单位数由5.11万个上升到30.94万个，涨幅达505.48%；文化服务业法人单位数由19.79万个上升到157.38万个，涨幅达695.25%。在各细分类别中，文化服务业法人单位数涨幅最大。

从"三分法"下我国文化及相关产业法人单位数的构成看，2004~2018年，文化及相关产业法人单位数总体呈现"两降一升"态势，即文化制造业、文化批发和零售业的法人单位数所占比重下降，分别由2004年的21.67%和16.07%下降到2018年的10.46%和14.71%；而文化服务业法人单位数所占比重上升，由2004年的62.25%上升到2018年的74.83%，且所占比重始终最大。

综上可知，从法人单位数及构成看，文化服务业在文化及相关产业中占据首要地位，是我国文化产业的支柱行业，也是新型文化业态的主要类别。

（2）法人单位增加值

2004~2017年，"三分法"下我国文化及相关产业法人单位增加值及构成如表3-3所示。

表3-3 "三分法"下我国文化及相关产业法人单位增加值及构成（2004~2017年）

单位：亿元，%

年份	法人单位增加值				构成		
	文化及相关产业	文化制造业	文化批发和零售业	文化服务业	文化制造业	文化批发和零售业	文化服务业
2004	3102	1481	328	1293	47.7	10.6	41.7
2008	7167	2945	527	3695	41.1	7.4	51.5
2009	8786	3555	522	4709	40.5	5.9	53.6
2010	11052	4391	638	6023	39.7	5.8	54.5
2011	13479	5123	725	7631	38.0	5.4	56.6
2012	18071	7253	1187	9631	40.1	6.6	53.3
2013	21871	9418	2146	10307	43.1	9.8	47.1
2014	24539	10201	2386	11952	41.6	9.7	48.7
2015	27235	11053	2542	13640	40.6	9.3	50.1
2016	30785	11889	2872	16024	38.6	9.3	52.1
2017	34722	12094	3328	19300	34.8	9.6	55.6

注：自2013年起，法人单位增加值数据包括个体经营户在内的全口径数据。

根据表3-3，可绘制"三分法"下我国文化及相关产业法人单位增加值的柱状图，如图3-4所示。

根据表3-3和图3-4可以看出，2004~2017年，"三分法"下我国文化及相关产业法人单位增加值呈现逐年上升趋势。其中，文化及相关产业法人单位增加值由3102亿元上升到34722亿元，涨幅达1019.34%；文化制造业法人单位增加值由1481亿元上升到12094亿元，涨幅达716.61%；文化批发和零售业法人单位增加值由328亿元上升到3328亿元，涨幅达914.63%；文化服务业法人单位增加值由1293亿元上升到19300亿元，涨幅达1392.65%。在各细分类别中，文化服务业法人单位增加值涨幅最大。

从"三分法"下我国文化及相关产业法人单位增加值的构成看，2004~2017年，除个别年份外，文化及相关产业法人单位增加值大体呈现"一降一稳一升"的态势，即文化制造业的法人单位增加值所占比重下降，由

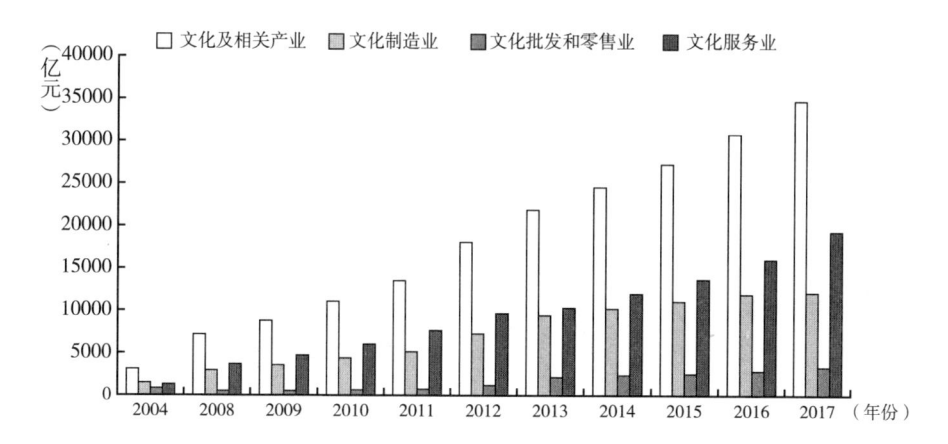

图 3-4 "三分法"下我国文化及相关产业法人单位增加值（2004~2017年）

2004年的47.7%下降到2017年的34.8%；文化批发和零售业的法人单位增加值所占比重经历波动后趋于稳定，由2004年的10.6%调整至2017年的9.6%；而文化服务业法人单位增加值所占比重上升，由2004年的41.7%增加到2017年的55.6%，且所占比重始终最大。

从法人单位增加值及构成看，上述数据再次说明，文化服务业在文化及相关产业中占据首要地位，是我国文化产业的支柱行业，也是新型文化业态的主要类别。

2. "十分法"下我国文化及相关产业演化的结构特征（2012~2016年）

根据国家统计局颁布的《文化及相关产业分类（2012）》，文化及相关产业包括新闻出版发行服务、广播电视电影服务、文化艺术服务、文化信息传输服务、文化创意和设计服务、文化休闲娱乐服务、工艺美术品的生产、文化产品生产的辅助生产、文化用品的生产、文化专用设备的生产十大类别。基于该分类标准，为分析文化及相关产业演化的结构特征，此处主要采用2013~2017年的《中国文化及相关产业统计年鉴》相关数据。

文化及相关产业演化的结构特征，可以通过上述类别的法人单位数和固定资产投资额等统计指标体现出来。

（1）法人单位数

2016年，"十分法"下我国文化及相关产业法人单位数及构成如表3-4所示。

表3-4 "十分法"下我国文化及相关产业法人单位数及构成（2016年）

单位：个，%

类别	法人单位数	构成
新闻出版发行服务	27298	2.1
广播电视电影服务	28932	2.2
文化艺术服务	185436	14.3
文化信息传输服务	37399	2.9
文化创意和设计服务	374993	28.8
文化休闲娱乐服务	219387	16.9
工艺美术品的生产	106843	8.2
文化产品生产的辅助生产	172806	13.3
文化用品的生产	132374	10.2
文化专用设备的生产	14746	1.1
合计	1300214	100.0

根据表3-4，可以绘制"十分法"下我国文化及相关产业法人单位构成的饼状图，如图3-5所示。

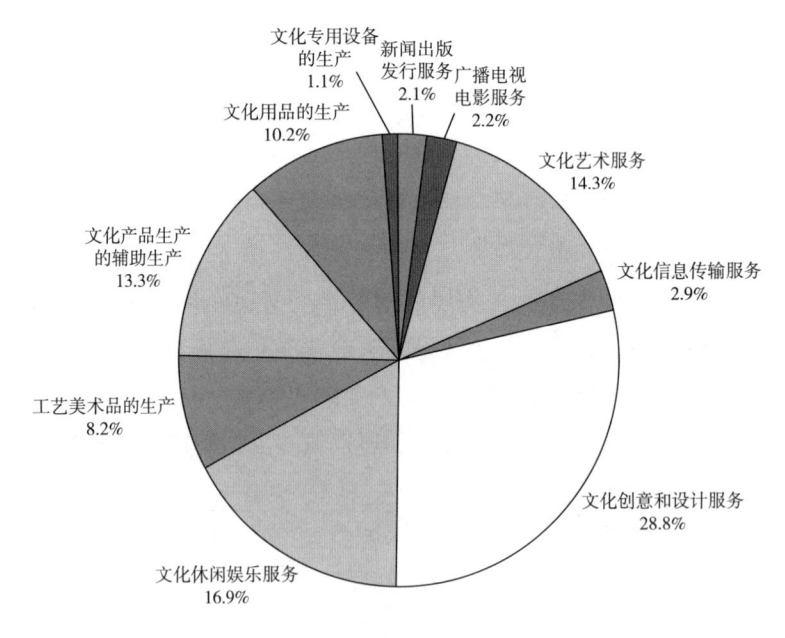

图3-5 "十分法"下我国文化及相关产业法人单位构成（2016年）

根据表3-4和图3-5可以看出，在2016年"十分法"下我国文化及相关产业法人单位构成中，文化创意和设计服务的占比最大，为28.8%；之后依次为文化休闲娱乐服务、文化艺术服务、文化产品生产的辅助生产、文化用品的生产和工艺美术品的生产，占比分别为16.9%、14.3%、13.3%、10.2%和8.2%。上述六个类别的法人单位数之和，占我国文化及相关产业法人单位数总和的91.7%。

综上可知，在上述各类别中，占比最高的文化创意和设计服务，是新型文化业态的主要类型和代表。

（2）固定资产投资额

2012~2016年，"十分法"下我国文化及相关产业固定资产投资额及构成如表3-5所示。

根据表3-5，可以绘制"十分法"下我国文化及相关产业固定资产投资额的柱状图，如图3-6所示。

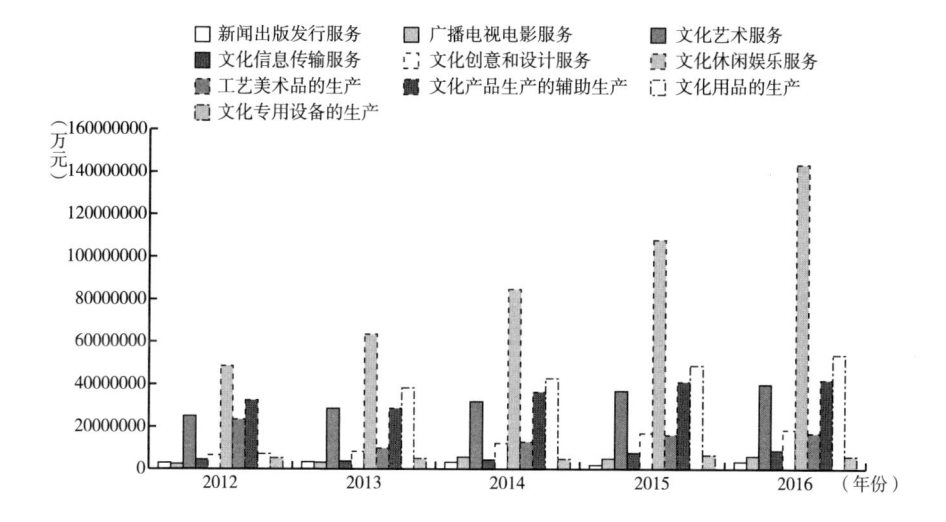

图3-6 "十分法"下我国文化及相关产业固定资产投资额（2012~2016年）

根据表3-5和图3-6可以看出，2012~2016年，"十分法"下我国文化及相关产业固定资产投资额总体呈现上升趋势，由156426250万元上升到337129263万元，涨幅达115.52%。其中，文化艺术服务、文化创意和设计服务、文化休闲娱乐服务、文化用品的生产四个类别的固定资产投资额稳步

表 3-5 "十分法"下我国文化及相关产业固定资产投资额及构成（2012～2016 年）

单位：万元，%

类别	2012 年 固定资产投资额	2012 年 构成	2013 年 固定资产投资额	2013 年 构成	2014 年 固定资产投资额	2014 年 构成	2015 年 固定资产投资额	2015 年 构成	2016 年 固定资产投资额	2016 年 构成
新闻出版发行服务	1022953	0.65	1453146	0.76	1353446	0.57	1902887	0.66	1544561	0.46
广播电视电影服务	2428226	1.55	3110935	1.63	5650320	2.38	4919705	1.70	6191075	1.84
文化艺术服务	25067226	16.02	28628135	15.03	31827433	13.43	36786353	12.73	39846552	11.82
文化信息传输服务	4500535	2.88	3713577	1.95	4387147	1.85	7770801	2.69	8854973	2.63
文化创意和设计服务	6570059	4.20	8383587	4.40	12298235	5.19	16994508	5.88	18564635	5.51
文化休闲娱乐服务	48576816	31.05	63441259	33.31	84712558	35.75	107842684	37.32	143449969	42.55
工艺美术品的生产	23467237	15.00	9943253	5.22	12926890	5.46	16171100	5.60	16944070	5.03
文化产品生产的辅助生产	32469892	20.76	28632752	15.03	36319273	15.33	41099460	14.22	41877218	12.42
文化用品的生产	7104424	4.54	38197957	20.06	42682360	18.01	48703945	16.85	53752307	15.94
文化专用设备的生产	5218882	3.34	4955472	2.60	4792677	2.02	6788131	2.35	6103903	1.81
合计	156426250	100.00	190460073	100.00	236950339	100.00	288979574	100.00	337129263	100.00

递增。文化艺术服务的固定资产投资额由25067226万元上升到39846552万元，涨幅达58.96%；文化创意和设计服务的固定资产投资额由6570059万元上升到18564635万元，涨幅达182.56%；文化休闲娱乐服务的固定资产投资额由48576816万元上升到143449969万元，涨幅达195.31%；文化用品的生产的固定资产投资额由7104424万元上升到53752307万元，涨幅达656.60%。在各细分类别中，文化用品的生产的固定资产投资额涨幅最大，文化休闲娱乐服务次之。

2012~2016年，在"十分法"下我国文化及相关产业固定资产投资额构成中，文化休闲娱乐服务的占比始终最大。2016年文化休闲娱乐服务的占比达到42.55%，之后依次是文化用品的生产、文化产品生产的辅助生产、文化艺术服务、文化创意和设计服务等类别，占比分别为15.94%、12.42%、11.82%、5.51%等。上述五个类别的固定资产投资额之和，占我国文化及相关产业固定资产投资总额的88.24%。

3. "九分法"下我国文化及相关产业演化的结构特征（2017~2018年）

根据国家统计局颁布的《文化及相关产业分类（2018）》，文化及相关产业包括新闻信息服务、内容创作生产、创意设计服务、文化传播渠道、文化投资运营、文化娱乐休闲服务、文化辅助生产和中介服务、文化装备生产、文化消费终端生产九大类别。基于该分类标准，为分析文化及相关产业演化的结构特征，此处主要采用2018~2019年的《中国文化及相关产业统计年鉴》相关数据。

文化及相关产业演化的结构特征，可以通过上述类别的法人单位数和固定资产投资增速等统计指标体现出来。

（1）法人单位数

2018年，"九分法"下我国文化及相关产业法人单位数及构成如表3-6所示。

表3-6　"九分法"下我国文化及相关产业法人单位数及构成（2018年）

单位：个，%

类别	法人单位数	构成
新闻信息服务	67105	3.19
内容创作生产	343004	16.31
创意设计服务	620232	29.49
文化传播渠道	146727	6.98

续表

类别	法人单位数	构成
文化投资运营	14519	0.69
文化娱乐休闲服务	190541	9.06
文化辅助生产和中介服务	488028	23.20
文化装备生产	30250	1.44
文化消费终端生产	202720	9.64
合计	2103126	100.00

根据表3-6，可以绘制"九分法"下我国文化及相关产业法人单位构成的饼状图，如图3-7所示。

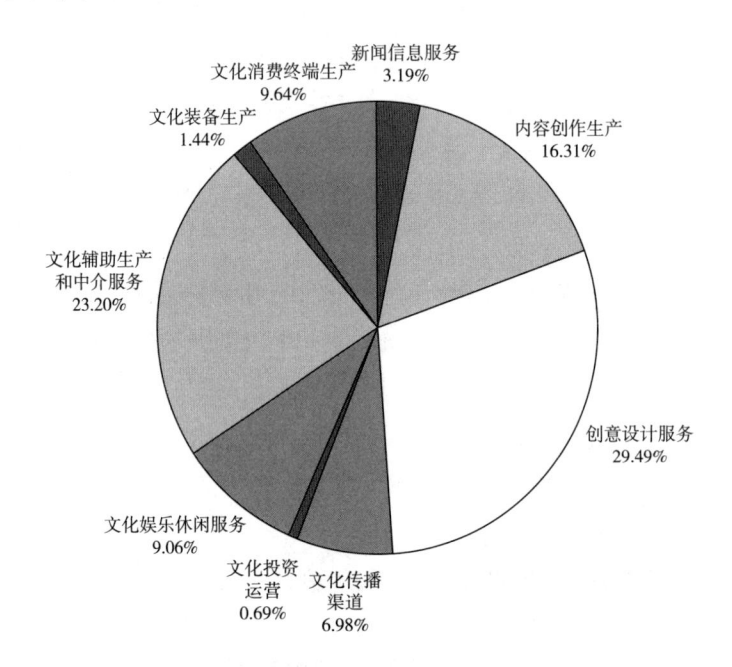

图3-7 "九分法"下我国文化及相关产业法人单位构成（2018年）

根据表3-6和图3-7可以看出，在2018年"九分法"下我国文化及相关产业法人单位构成中，创意设计服务的占比最大，为29.49%；之后依次为文化辅助生产和中介服务、内容创作生产、文化消费终端生产、文化娱乐休闲服务、文化传播渠道，占比分别为23.20%、16.31%、9.64%、

9.06%、6.98%。上述六个类别的法人单位数之和,占我国文化及相关产业法人单位数总和的94.68%。

综上可知,在上述各类别中,占比最高的创意设计服务,是当前新型文化业态的主要类型和代表。作为生产性文化服务与国民经济各行业相联系并发挥作用的载体,文化创意和设计服务业与农业、制造业、现代服务业等各行业相互渗透、融合,通过创意策划、工艺设计、研发设计、信息技术服务、商务咨询、人力资源服务、品牌建设、娱乐休闲服务等,不断提升行业竞争力与增加值,在国民经济中发挥着日益重要的支撑甚至引领作用。

(2) 固定资产投资增速

2017~2018年,"九分法"下我国文化及相关产业的固定资产投资增速如表3-7所示。

表3-7 "九分法"下我国文化及相关产业固定资产投资增速(2017~2018年)

单位:%

类别	固定资产投资增速
新闻信息服务	1.77
内容创作生产	-3.63
创意设计服务	16.05
文化传播渠道	-18.52
文化投资运营	14.25
文化娱乐休闲服务	19.15
文化辅助生产和中介服务	1.31
文化装备生产	-28.59
文化消费终端生产	-11.15
文化及相关产业	7.05

根据表3-7,可以绘制"九分法"下我国文化及相关产业固定资产投资增速的柱状图,如图3-8所示。

根据表3-7和图3-8可以看出,2017~2018年,"九分法"下我国文化及相关产业固定资产投资额总体呈现上升趋势,增速达7.05%。其中,文化娱乐休闲服务、创意设计服务、文化投资运营三个类别的固定资产投资增速较快,分别为19.15%、16.05%、14.25%。

从研究目的出发,结合上述分析不难看出,从固定资产投资增速看,文

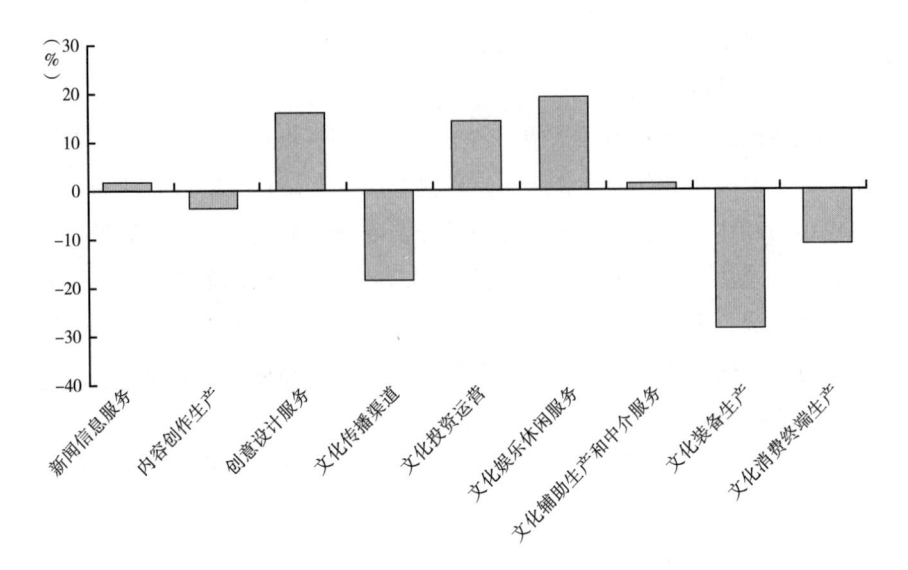

图 3-8 "九分法"下我国文化及相关产业固定资产投资增速（2017~2018 年）

化娱乐休闲服务、创意设计服务近年来投资规模大幅扩大，所占比重也稳步提高。这一点恰与快速发展的新型文化业态呼应，相得益彰。

二 我国新型文化业态演化的描述性统计分析

新型文化业态是与传统文化业态相对的概念，指伴随现代科学技术的进步及文化与相关产业的深度融合而催生的新兴文化产业经营形态。在《文化及相关产业分类（2012）》《文化及相关产业分类（2018）》的基础上，根据文化生产及再生产的特点以及文化产业与国民经济体系的相关性，从"大文化"视角出发，将互联网文化产业、文化创意和设计服务业界定为当前新型文化业态的主要类型和代表。以下分别根据不同的《文化及相关产业分类》标准，对新型文化业态的演化轨迹、变动特征进行分析。

（一）新型文化业态演化的描述性统计分析（2012~2016 年）

根据《文化及相关产业分类（2012）》，文化及相关产业包括新闻出版发行服务、广播电视电影服务、文化艺术服务、文化信息传输服务、文化创意和设计服务、文化休闲娱乐服务、工艺美术品的生产、文化产品生产的辅助生产、文化用品的生产、文化专用设备的生产十大类别。与新型文化业态密切相关的文化及相关产业主要体现在文化信息传输服务、文化创意和设计服务两大类别中。结合前文对新型文化业态的界定，根据《文化及相关产业分类（2012）》对新型文化业态的主要类别与内容进行整理，如表3-8所示。

表3-8 新型文化业态的主要类别与内容

类型名称	文化生产活动的内容
一、文化信息传输服务	
（一）互联网信息服务	
互联网信息服务	包括互联网搜索服务、互联网游戏服务、互联网其他信息服务
（二）增值电信服务（文化部分）	
其他电信服务*	包括手机报、个性化铃音、网络广告等业务服务
—增值电信服务（文化部分）	
二、文化创意和设计服务	
（一）文化软件服务	
软件开发*	包括应用软件开发及经营中的多媒体软件和动漫游戏软件开发及经营活动
—多媒体、动漫游戏软件开发	
数字内容服务*	包括数字动漫制作和游戏设计制作等服务
—数字动漫、游戏设计制作	
（二）建筑设计服务	
工程勘察设计*	
—房屋建筑工程设计服务	包括房屋（住宅、商业用房、公用事业用房、其他房屋）建筑工程设计服务
—室内装饰设计服务	包括住宅室内装饰设计服务和其他室内装饰设计服务
—风景园林工程专项设计服务	包括各类风景园林工程专项设计服务
（三）专业设计服务	
专业化设计服务	除工程设计、软件设计、集成电路设计以外的专业设计服务

注：根据国家统计局《文化及相关产业分类（2012）》、《国民经济行业分类》（GB/T 4754—2011）整理。

基于数据的权威性、可得性与可对比性，以国家统计局社会科技和文化产业统计司、中宣部文化体制改革和发展办公室联合发布的2013~2017年《中国文化及相关产业统计年鉴》数据为基础，以表3-8涉及的主要类别为对象，对我国新型文化业态演化进行描述性统计分析。其目的是通过时间序列和截面数据，梳理出新型文化业态的演化轨迹、变动特征及发展现状。

1. 新型文化业态演化的时间序列分析（2012~2016 年）

新型文化业态的演化轨迹、变动特征，可以通过互联网信息服务、增值电信服务（文化部分）、文化软件服务、建筑设计服务、专业设计服务等类别的时间序列数据体现出来。以企业单位数、年末从业人员数、资产总计、营业收入为主要指标，2012~2016 年我国新型文化业态演化的时间序列数据如表 3-9 所示。

表 3-9 我国新型文化业态演化的时间序列数据（2012~2016 年）

类别	企业单位数（个）				
	2012 年	2013 年	2014 年	2015 年	2016 年
互联网信息服务	467	622	762	952	1279
增值电信服务（文化部分）	202	133	126	98	126
文化软件服务	2478	1648	1672	2088	2522
建筑设计服务	1957	2255	2638	2804	2984
专业设计服务	394	680	890	934	1121

类别	年末从业人员数（人）				
	2012 年	2013 年	2014 年	2015 年	2016 年
互联网信息服务	127100	159770	199747	263812	310850
增值电信服务（文化部分）	52159	26683	37217	19614	40116
文化软件服务	439269	330551	347652	427275	472165
建筑设计服务	324398	352920	432403	442870	463043
专业设计服务	35571	79704	112989	113019	128519

类别	资产总计（万元）				
	2012 年	2013 年	2014 年	2015 年	2016 年
互联网信息服务	18045166	24746973	43150159	72970654	116865127
增值电信服务（文化部分）	6803999	1981595	3177196	4085595	5685843
文化软件服务	30238630	23432675	28935572	46212198	63199498
建筑设计服务	24925459	25326942	31607572	39228578	44159543
专业设计服务	3801742	8003296	13229343	12324633	15312755

类别	营业收入（万元）				
	2012 年	2013 年	2014 年	2015 年	2016 年
互联网信息服务	12541814	17273487	25875864	35756289	49186395
增值电信服务（文化部分）	2970071	1544052	2068166	1868237	2625497
文化软件服务	22793722	17594643	19529684	31525061	43993462
建筑设计服务	20807308	19217700	23704389	26067971	30370857
专业设计服务	2095941	6384591	14068401	16263915	17301471

根据表3-9，可以绘制我国新型文化业态企业单位数、年末从业人员数、资产总计、营业收入等演化的时间序列折线图，分别如图3-9、图3-10、图3-11、图3-12所示。

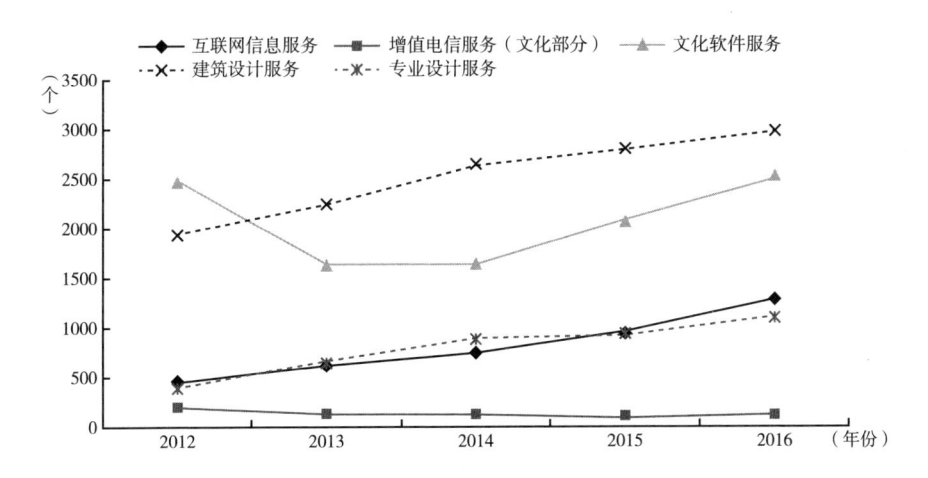

图3-9 我国新型文化业态企业单位数演化的时间序列（2012~2016年）

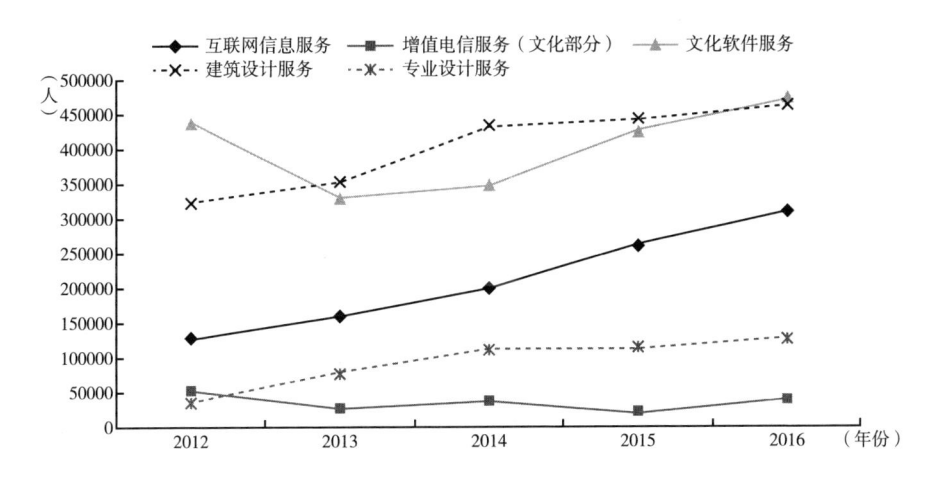

图3-10 我国新型文化业态年末从业人员数演化的
时间序列（2012~2016年）

由表3-9和图3-9、图3-10、图3-11、图3-12可以分析得到，除个别年份外，2012~2016年我国新型文化业态演化的时间序列基本呈现一致的结论，即互联网信息服务、建筑设计服务和专业设计服务这三大类别各

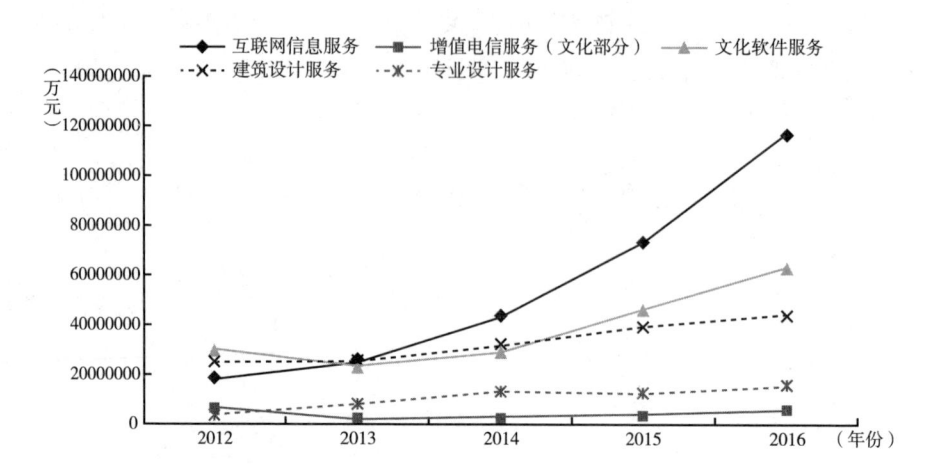

图 3-11　我国新型文化业态资产总计演化的时间序列（2012~2016 年）

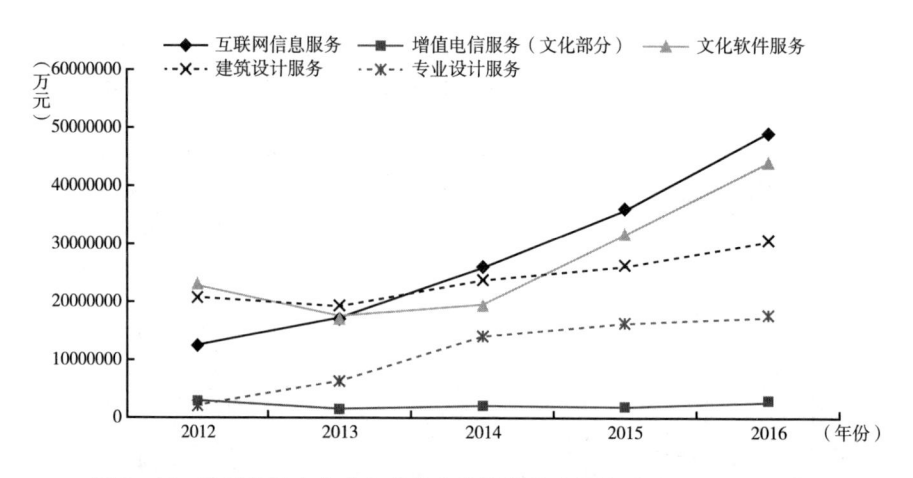

图 3-12　我国新型文化业态营业收入演化的时间序列（2012~2016 年）

指标总体上逐年递增，其中尤其以互联网信息服务增长最为迅猛，其资产总计增长 5.48 倍，营业收入增长 2.92 倍；增值电信服务（文化部分）稳中有升；文化软件服务则呈现先下降后快速上升的发展态势。

2. 新型文化业态演化的截面数据分析（2016 年）

新型文化业态的发展现状，可以通过互联网信息服务、增值电信服务（文化部分）、文化软件服务、建筑设计服务、专业设计服务等类别的截面数据体现出来。依据《中国文化及相关产业统计年鉴 2017》数据，以企业单位数、年末从业人员数、资产总计、营业收入为主要指标，2016 年我国新型文化业态演化的截面数据如表 3-10 所示。

表 3-10　我国新型文化业态演化的截面数据（2016 年）

类别	企业单位数（个）	年末从业人员数（人）	资产总计（万元）	营业收入（万元）
互联网信息服务	1279	310850	116865127	49186395
增值电信服务（文化部分）	126	40116	5685843	2625497
文化软件服务	2522	472165	63199498	43993462
建筑设计服务	2984	463043	44159543	30370857
专业设计服务	1121	128519	15312755	17301471

根据表 3-10，可以绘制我国新型文化业态相关指标演化的截面数据占比饼状图，分别如图 3-13、图 3-14、图 3-15、图 3-16 所示。

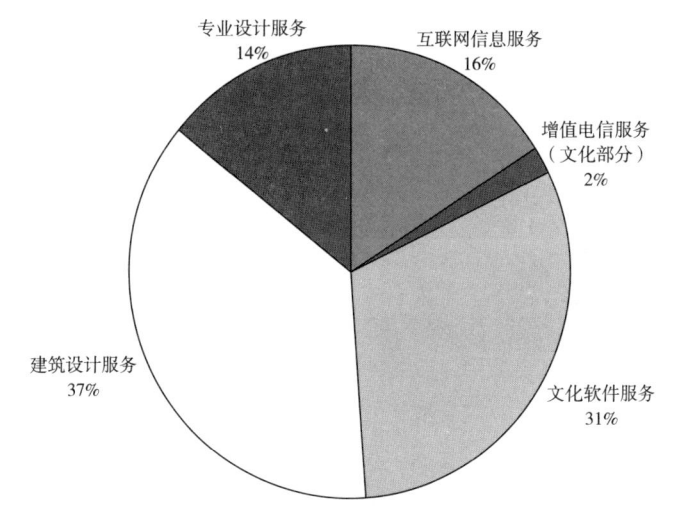

图 3-13　我国新型文化业态企业单位数演化的截面数据占比（2016 年）

根据表 3-10 和图 3-13、图 3-14、图 3-15、图 3-16 可以分析得到：2016 年，以企业单位数为主要指标，我国新型文化业态占比由高到低依次为建筑设计服务、文化软件服务、互联网信息服务、专业设计服务、增值电信服务（文化部分）；以年末从业人员数为主要指标，我国新型文化业态占

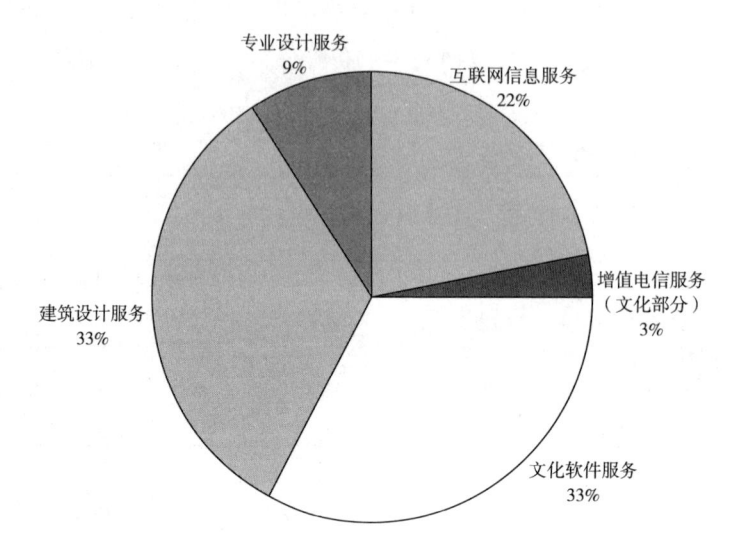

图 3-14　我国新型文化业态年末从业人员数演化的
截面数据占比（2016 年）

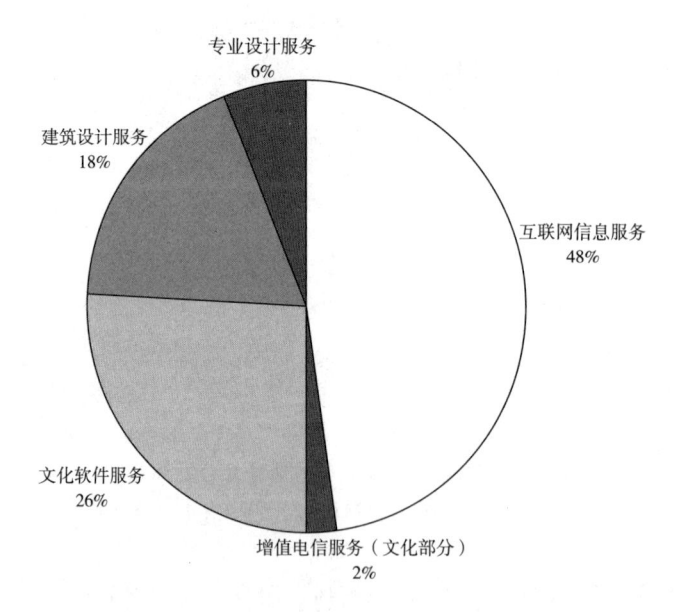

图 3-15　我国新型文化业态资产总计演化的
截面数据占比（2016 年）

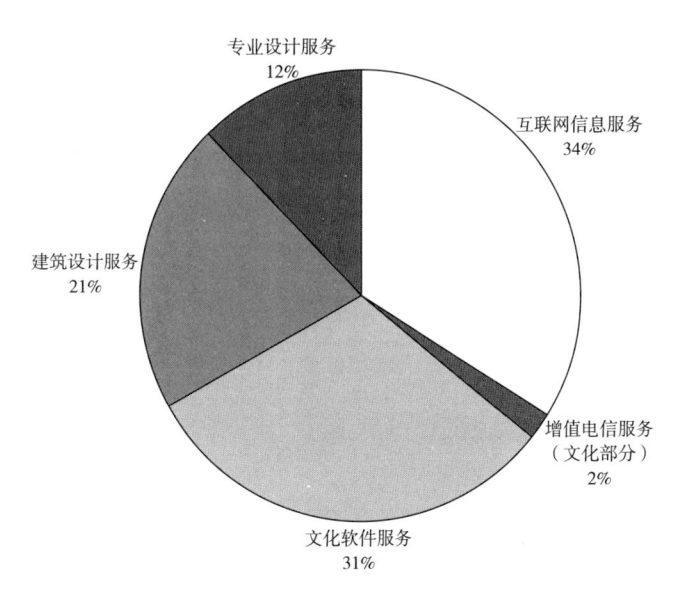

图 3-16 我国新型文化业态营业收入演化的
截面数据占比（2016 年）

比由高到低依次为文化软件服务、建筑设计服务、互联网信息服务、专业设计服务、增值电信服务（文化部分）；无论是以资产总计还是以营业收入为主要指标，我国新型文化业态演化的截面数据均呈现一致结论，即占比由高到低依次为互联网信息服务、文化软件服务、建筑设计服务、专业设计服务、增值电信服务（文化部分）。

综上所述，近年来，以互联网信息服务为主体、以文化软件服务和建筑设计服务为支撑、以文化创意和设计服务为主要类别、以文化服务业为主要形态的新型文化业态不断加速崛起。

(二) 新型文化业态演化的描述性统计分析（2017~2018 年）

根据国家统计局颁布的《文化及相关产业分类（2018）》，文化及相关产业包括新闻信息服务、内容创作生产、创意设计服务、文化传播渠道、文化投资运营、文化娱乐休闲服务、文化辅助生产和中介服务、文化装备生产、文化消费终端生产九大类别。与新型文化业态密切相关的文化及相关产业主要体现在文化核心领域，重点指向"互联网 +"和"文化 +"。其中，前者主要体现在"新闻信息服务""内容创作生产""文化传播渠道"大类；后者主要体现在"创意设计服务""文化娱乐休闲服务"大类。

基于数据的权威性、可得性与可对比性，以国家统计局社会科技和文化产业统计司、中宣部文化体制改革和发展办公室联合发布的 2018~2019 年《中国文化及相关产业统计年鉴》数据为基础，对我国新型文化业态演化进行描述性统计分析。其目的是通过时间序列和截面数据，梳理出新型文化业态的演化轨迹、变动特征及发展现状。

需要说明的是，由于 2018~2019 年的《中国文化及相关产业统计年鉴》仅提供了《文化及相关产业分类（2018）》所涉及的大类对象的统计数据，而均未提供该分类标准所涉及的中类和小类对象的统计数据，故本研究将以大类对象为依据来说明近年来新型文化业态的演化轨迹、变动特征。

1. 新型文化业态演化的时间序列分析（2017~2018 年）

新型文化业态的演化轨迹、变动特征，可以通过新闻信息服务、内容创作生产、文化传播渠道、创意设计服务、文化娱乐休闲服务等类别的时间序列数据体现出来。以企业单位数、年末从业人员数、资产总计、营业收入为主要指标，2017~2018 年我国新型文化业态演化的时间序列数据如表 3-11 所示。

表 3-11　我国新型文化业态演化的时间序列数据（2017~2018 年）

类别	企业单位数(个) 2017 年	2018 年	年末从业人员数(人) 2017 年	2018 年	资产总计(万元) 2017 年	2018 年	营业收入(万元) 2017 年	2018 年
新闻信息服务	2195	2070	525158	545608	179583412	153939644	69817504	95173674
内容创作生产	12069	12266	1942156	1898480	218032635	240287256	196551679	180721348
文化传播渠道	7414	7424	670058	696581	118308206	135619642	92578531	104613965
创意设计服务	10523	9890	955560	957525	123753630	139931701	107721924	120247812
文化娱乐休闲服务	5388	5089	526457	517174	99397701	116256957	16099605	16229557

根据表 3-11，可以绘制我国新型文化业态企业单位数、年末从业人员数、资产总计、营业收入等演化的时间序列折线图，分别如图 3-17、图 3-18、图 3-19、图 3-20 所示。

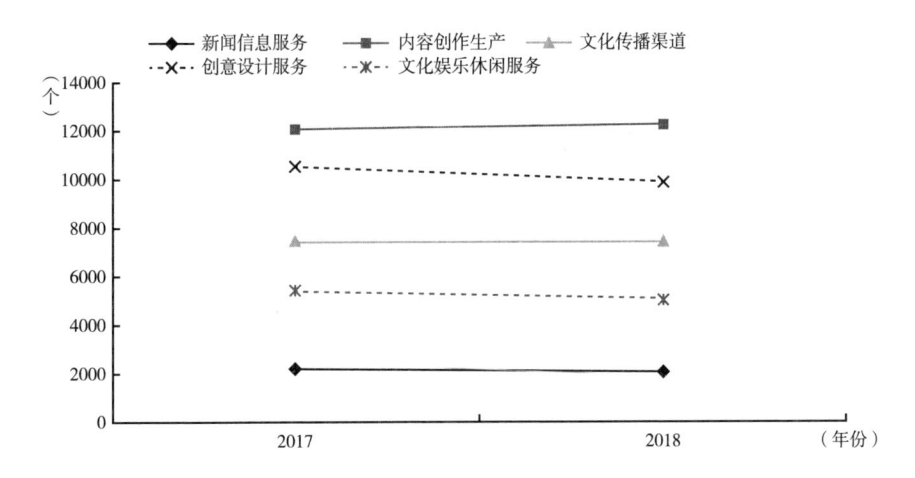

图 3-17　我国新型文化业态企业单位数演化的时间序列（2017~2018 年）

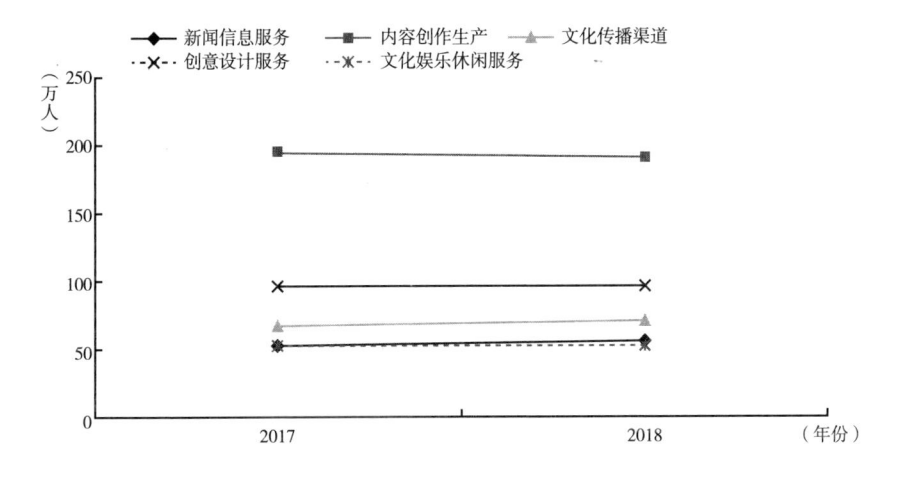

图 3-18　我国新型文化业态年末从业人员数演化的时间序列（2017~2018 年）

由表 3-11 和图 3-17、图 3-18、图 3-19、图 3-20 可以分析得到，排除个别指标的波动，2017~2018 年我国新型文化业态演化的时间序列基本呈现一致的结论，即文化传播渠道、创意设计服务这两大类别各指标基本上逐年递增，其中尤其以文化传播渠道增长最为迅猛，其资产总计增长 15%，营业收入增长 13%；创意设计服务资产总计增长 13%，营业收入增长 12%。此外，从单一指标看，文化娱乐休闲服务资产总计涨幅最高，达 17%；新闻信息服务营业收入涨幅最高，达 36%。

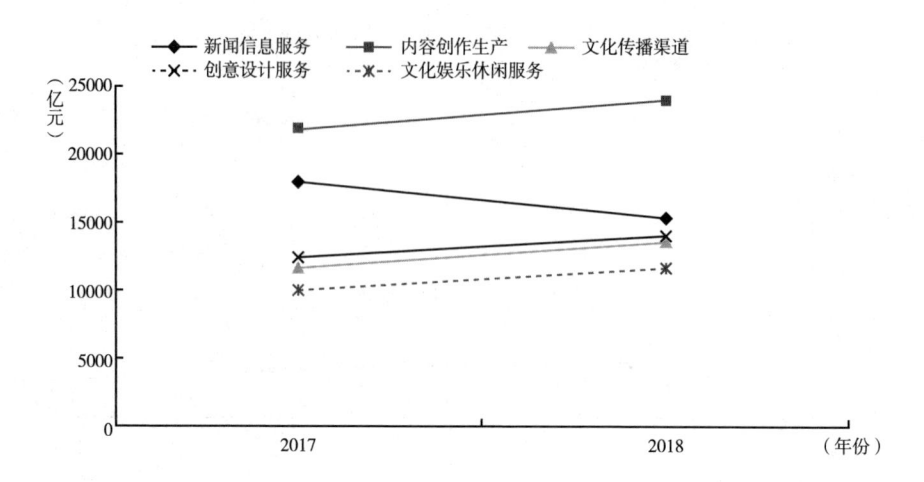

图 3-19　我国新型文化业态资产总计演化的时间序列（2017~2018 年）

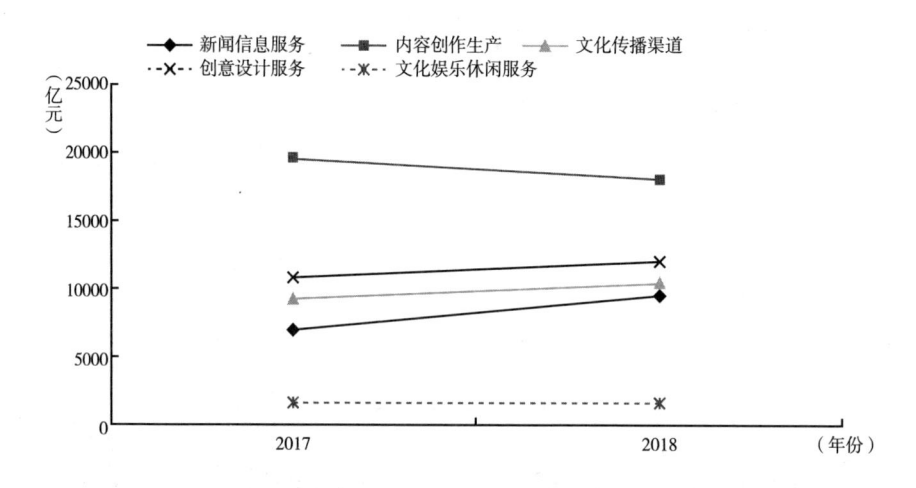

图 3-20　我国新型文化业态营业收入演化的时间序列（2017~2018 年）

2. 新型文化业态演化的截面数据分析（2018 年）

新型文化业态的发展现状，可以通过新闻信息服务、内容创作生产、文化传播渠道、创意设计服务、文化娱乐休闲服务等类别的截面数据体现出来。依据《中国文化及相关产业统计年鉴 2019》数据，以企业单位数、年末从业人员数、资产总计、营业收入为主要指标，2018 年我国新型文化业态演化的截面数据如表 3-12 所示。

表 3-12 我国新型文化业态演化的截面数据（2018 年）

类别	企业单位数（个）	年末从业人员数（人）	资产总计（万元）	营业收入（万元）
新闻信息服务	2070	545608	153939644	95173674
内容创作生产	12266	1898480	240287256	180721348
文化传播渠道	7424	696581	135619642	104613965
创意设计服务	9890	957525	139931701	120247812
文化娱乐休闲服务	5089	517174	116256957	16229557

根据表 3-12，可以绘制我国新型文化业态相关指标演化的截面数据占比的饼状图，分别如图 3-21、图 3-22、图 3-23、图 3-24 所示。

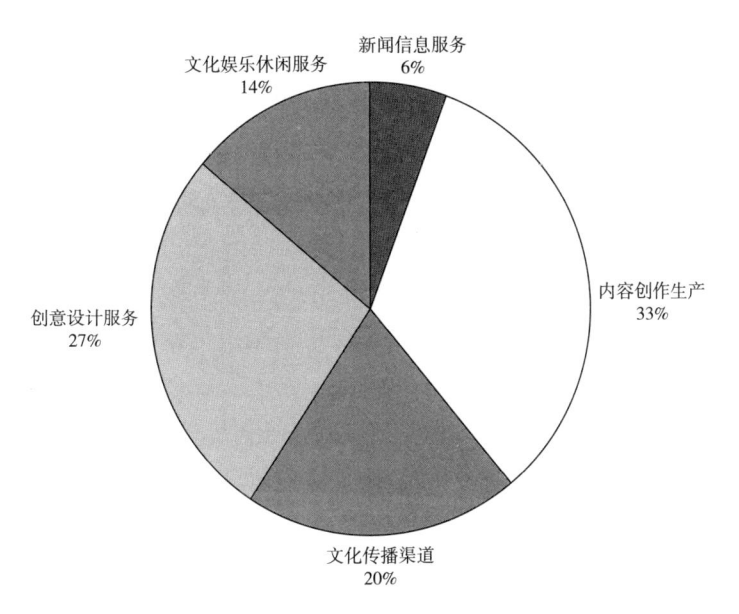

图 3-21 我国新型文化业态企业单位数演化的
截面数据占比（2018 年）

根据表 3-12 和图 3-21、图 3-22、图 3-23、图 3-24 可以分析得到：2018 年，以企业单位数为主要指标，我国新型文化业态占比由高到低依次为内容创作生产、创意设计服务、文化传播渠道、文化娱乐休闲服务、新闻信息服务；以资产总计为主要指标，我国新型文化业态占比由高到低依次为内容创作生产、新闻信息服务、创意设计服务、文化传播渠道、文化娱乐休闲

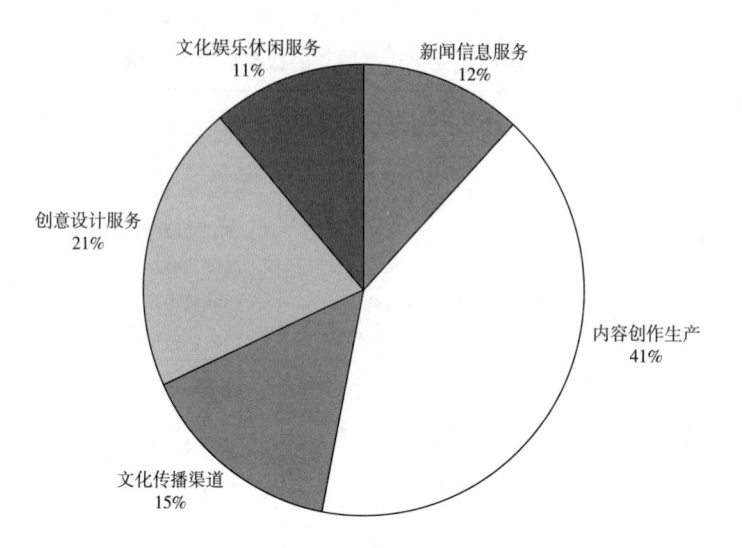

图 3-22 我国新型文化业态年末从业人员数演化的
截面数据占比（2018 年）

文化娱乐休闲服务 11%
新闻信息服务 12%
创意设计服务 21%
内容创作生产 41%
文化传播渠道 15%

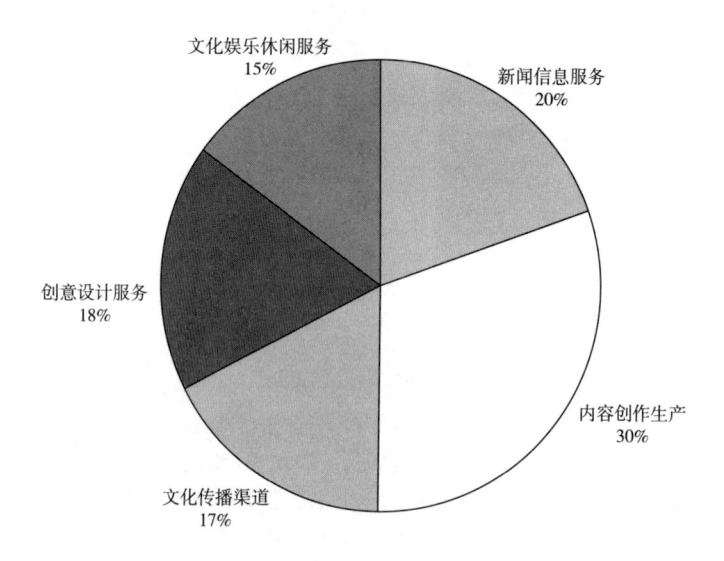

图 3-23 我国新型文化业态资产总计演化的
截面数据占比（2018 年）

文化娱乐休闲服务 15%
新闻信息服务 20%
创意设计服务 18%
内容创作生产 30%
文化传播渠道 17%

服务；无论是以年末从业人员数还是以营业收入为主要指标，我国新型文化业态演化的截面数据均呈现一致结论，即其占比由高到低依次为内容创作生产、创意设计服务、文化传播渠道、新闻信息服务、文化娱乐休闲服务。

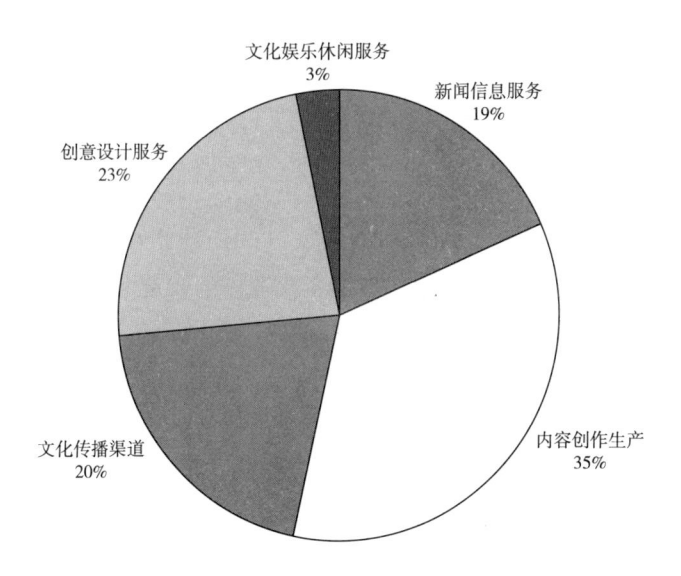

图 3-24 我国新型文化业态营业收入演化的
截面数据占比（2018 年）

综上所述，以内容创作生产为主体、以创意设计服务和文化传播渠道为支撑、以"互联网+"和"文化+"为主要理论的新型文化业态正在蓬勃发展。

第二节 文化业态的演化与创新动力

根据系统科学和产业经济学观点，文化及相关产业构成了一个产业经济学意义上的文化经济系统。研究文化业态的演化与创新动力，就是要剖析推动新型文化业态形成的序参量，即决定和支配文化经济系统结构演化与新型文化业态形成的关键参量。

本书从系统动力学出发，在哈肯模型和因子分析方法的基础上，尝试建立文化业态演化与创新的动力模型，并以中国 31 个省区市（除港澳台地区）文化产业数据为样本展开实证分析。

一 相关文献综述

当前，关于文化产业结构演化的理论文献并不多，主要文献包括许梦博和许罕多（2009）认为，文化产业结构调整要以技术创新、组织创新和制度创新为核心，以产业集群化发展为动力，实现我国文化产业结构的合理化和高度化；陈少峰（2013）指出，数字化的平台与传媒正在成为文化产业的核心，我国发展文化产业的主要模式是重点发展具有科技与文化融合特征的内容产业与平台产业；王国平和刘凌云（2013）指出，新型文化业态的核心因素是互联网和数字化技术，新型文化业态的兴起和发展是文化产业结构调整和优化升级的先导；沈继松和胡惠林（2016）认为，资源禀赋结构、比较优势战略与制度创新共同构成文化产业的内在动力系统及其运作机制。

综合现有文献，在研究我国文化产业结构调整升级的过程中，发现为数不多的相关文献所涉及的影响因素相对集中。由于产业结构演化过程是从简单到复杂、从无序到有序以及有序程度不断提高的过程，所以推动产业结构演化升级的影响因素很多，包括产业供给、市场需求等多个方面。此外，在研究方法上，现有文献多采用规范分析的方法，因而缺少采用实证分析方法对文化产业结构的演化及其影响因素进行探讨的文献。

二　基于哈肯模型的文化业态演化与创新动力分析

考虑到文化产业结构是一个处于不断运动和变化的动态复合系统，从一种形态演变到另一种形态往往受到诸多因素影响，因此，本书拟从产业供给、市场需求、产业间协同等多角度入手，运用系统动力学理论，在哈肯模型和因子分析方法的基础上，建立文化业态演化与创新的动力模型，并以中国31个省区市文化产业数据为样本进行实证分析，从中寻求推动新型文化业态形成的序参量。

（一）哈肯模型概述

哈肯（1989）指出，如果系统在获得时间、空间和结构的过程中没有外界的特定干预，我们就说系统是自组织的。复杂系统内部的各子系统之间既相互影响又相互配合，在一定环境条件下，这种相互作用会使系统形成具有一定功能的自组织结构。对于任何一个系统来讲，如果某个参量在系统演化过程中发生从无到有的变化，并且能够指示新结构的形成、反映新结构的有序程度，该参量就称为序参量。

序参量是系统内部大量子系统集体运动（相互竞争和协同）的产物，

反映了系统宏观状态或整体行为的有序程度。系统的整个运动过程就是序参量与系统内部大量子系统相互作用形成的伺服过程,即各子系统之间相互竞争、相互配合产生序参量,序参量反过来支配子系统,子系统伺服序参量的过程。序参量一旦形成,就起着支配或役使子系统的作用,主宰着系统的整体演化过程。

哈肯模型主要运用于系统参量间的序参量识别。通过确定系统主要作用参量,构造参量两两间的运动方程,识别出系统的序参量并评估整个系统的协同水平。具体模型如下:

$$\dot{q}_1 = -\lambda_1 q_1 - aq_1 q_2 + \mu_1 \quad (3-1)$$

$$\dot{q}_2 = -\lambda_2 q_2 + bq_1^2 + \mu_2 \quad (3-2)$$

其中,q_i($i=1,2$)为状态变量;a、b是状态系数;λ_i($i=1,2$)是阻尼系数;μ_i($i=1,2$)为随机涨落项,反映系统演化过程随机涨落力的作用。式(3-1)和式(3-2)反映了q_1与q_2的相互作用;状态系数a反映了q_1与q_2的相互作用对q_1的影响,而状态系数b反映了q_1对q_2的影响。

令$\mu_i=0$,则系统的一个定态解是$q_1=q_2=0$。如果子系统q_1不存在,则子系统q_2是阻尼的,要求$\lambda_2>0$,表示负反馈机制。根据绝热近似条件,即$\lambda_2 \gg |\lambda_1|$,或者当$\lambda_2<0$、$|\lambda_2|>|\lambda_1|$时,$q_2$为迅速衰减的快变量,采用绝热消去法,令$\dot{q}_2=0$,式(3-2)转化为:

$$q_2 = \frac{b}{\lambda_2} q_1^2 \quad (3-3)$$

式(3-3)表示子系统q_1支配子系统q_2,即q_2随着q_1的变化而变化。由此可知,q_1为慢变量,也即系统的序参量,它通过支配子系统协同运动促使系统向更高层次演化。将式(3-3)代入式(3-1),得到序参量方程:

$$\dot{q}_1 = -\lambda_1 q_1 - \frac{ab}{\lambda_2} q_1^3 \quad (3-4)$$

式(3-4)表明,在序参量作用下,系统具有从一种状态向另一种状态转变的能力。对式(3-4)的相反数求积分,可得到势函数:

$$V(q_1) = \frac{\lambda_1}{2} q_1^2 + \frac{ab}{4\lambda_2} q_1^4 \quad (3-5)$$

在实际应用中，一般将模型离散化为：

$$q_1(t+1) = (1-\lambda_1)q_1(t) - aq_1(t)q_2(t) \quad (3-6)$$
$$q_2(t+1) = (1-\lambda_2)q_2(t) + bq_1^2(t) \quad (3-7)$$

（二）文化业态演化与创新的动力模型

1. 指标选择

尽管影响文化业态演化与创新的因素很多，但是根据协同学的支配原理和序参量原理，主宰系统演化的是少数序参量。因此，要建立文化业态演化与创新的动力模型，必须选取能够支配文化业态演化与创新过程的少数状态变量，即选取能够推动新型文化业态形成的序参量。这样既有利于简化问题，又能够将文化产业结构演化的动力机制表现出来。

（1）自变量指标

产业结构的演化升级，往往受市场需求、产业供给等多方面因素的共同影响。本书拟从市场需求、产业供给以及产业协同（即融合创新）的角度，选择以下指标对自变量进行描述。

①市场需求类

市场需求类指标包括：地区生产总值（X_1）、城镇居民人均可支配收入（X_2）、农村居民人均可支配收入（X_3）、城镇居民人均消费支出（X_4）、农村居民人均消费支出（X_5）、城镇居民人均文化娱乐消费支出（X_6）、农村居民人均文化娱乐消费支出（X_7）。

②产业供给类

产业供给类指标包括：地方一般公共预算收入（X_8）、地方一般公共预算支出（X_9）、地方一般公共预算文化体育与传媒支出（X_{10}）、文化及相关产业固定资产投资额（X_{11}）、规模以上文化制造业企业R&D经费内部支出（X_{12}）、规模以上文化制造业企业专利申请数（X_{13}）、规模以上文化制造业企业有效发明专利数（X_{14}）、文化及相关产业法人单位数（X_{15}）、规模（限额）以上文化及相关产业从业人员数（X_{16}）。

③产业协同类

产业协同类指标包括：规模（限额）以上文化及相关产业营业收入的赫芬达尔指数（X_{17}）；规模（限额）以上文化及相关产业从业人员数的赫芬达尔指

数（X_{18}）；规模（限额）以上文化及相关产业营业收入与农林牧渔业、工业、建筑业、批发和零售业、交通运输业、仓储和邮政业、住宿和餐饮业、金融业、房地产业、其他行业增加值的赫芬达尔指数（X_{19}）。

需要特别指出的是，本书采用文化及相关产业营业收入的赫芬达尔指数，规模（限额）以上文化及相关产业从业人员数的赫芬达尔指数，规模（限额）以上文化及相关产业营业收入与农林牧渔业、工业、建筑业、批发和零售业、交通运输业、仓储和邮政业、住宿和餐饮业、金融业、房地产业、其他行业增加值的赫芬达尔指数，分别衡量文化及相关产业的产业内市场融合、产业内要素融合以及产业间融合的程度。赫芬达尔指数 HI 的计算公式为：

$$HI = \sum \left(\frac{x_i}{x}\right)^2 \qquad (3-8)$$

其中，x 表示各地区在文化及相关行业的营业收入、从业人员数或行业增加值；i 表示不同的子行业，设 i 取值为1、2和3，分别表示文化制造业、文化批发和零售业、文化服务业。HI 越大，表明产业内市场融合、要素融合程度以及产业间融合程度越低；反之，HI 越小，表明产业内市场融合、要素融合程度以及产业间融合程度越高。

（2）因变量指标

产业结构的演变是一个不断趋于高级化的过程，具有较强的阶段性和有序性，主要体现在产值比重上升、劳动力转移、技术水平提高、生产规模扩大，以及新业态的收入比重、就业比重持续上升等。基于这一考虑，选择以下指标对因变量进行描述。

①文化产业整体类

文化产业整体类指标包括：产值结构（Y_1）、就业结构（Y_2）、技术结构（Y_3）、规模结构（Y_4）。其中，产值结构（Y_1）为规模（限额）以上文化及相关产业营业收入占该地区第三产业产值的比重；就业结构（Y_2）为规模（限额）以上文化及相关产业从业人员数占该地区第三产业从业人员数的比重；技术结构（Y_3）为规模（限额）以上文化及相关产业的营业收入与其从业人员数的比值；规模结构（Y_4）为文化及相关产业法人单位数与该地区规模（限额）以上文化及相关产业营业收入的比值。

②文化新业态类

由于文化新业态结构指标数据难以获取，以及新业态以文化服务业为主要形态，故选择文化服务业收入比重（Y_5）、文化服务业就业比重（Y_6）来反映文化新业态的结构变化。其中，文化服务业收入比重（Y_5）为规模以上文化服务业营业收入占规模（限额）以上文化及相关产业营业收入的比重；文化服务业就业比重（Y_6）为规模以上文化服务业从业人员数占规模（限额）以上文化及相关产业从业人员数的比重。

2. 方法介绍与数据说明

由于影响文化业态演化与创新的因素较多，一些指标之间可能存在一定的相关性，因此首先采用因子分析方法进行降维处理，将多个指标综合成少数指标，并尽量减少信息的损失；随后在此基础上，运用哈肯模型对影响文化业态演化与创新的序参量予以识别。

研究中使用的原始数据主要来自国家统计局发布的 2013~2019 年《中国文化及相关产业统计年鉴》《中国统计年鉴》《中国第三产业统计年鉴》等，个别指标经过计算后得到相应指标的数值。

3. 指标数据的处理

根据上述各变量的指标数据，运用 SPSS 软件，采用因子分析方法对影响文化业态演化与创新的各指标进行线性组合，以形成新的综合指标。

首先，对影响初始态文化业态演化与创新的自变量指标进行主成分分析。根据研究需要选择主要输出结果，如表 3-13、表 3-14、表 3-15 所示。

表 3-13 解释的总方差

单位：%

自变量	初始特征值			提取平方和载入		
	合计	方差贡献率	累计方差贡献率	合计	方差贡献率	累计方差贡献率
X_1	10.494	55.230	55.230	10.494	55.230	55.230
X_2	4.019	21.154	76.384	4.019	21.154	76.384
X_3	1.598	8.413	84.797	1.598	8.413	84.797
X_4	0.918	4.832	89.629			
X_5	0.587	3.090	92.719			
X_6	0.508	2.671	95.390			
X_7	0.243	1.278	96.668			

续表

自变量	初始特征值			提取平方和载入		
	合计	方差贡献率	累计方差贡献率	合计	方差贡献率	累计方差贡献率
X_8	0.204	1.076	97.744			
X_9	0.144	0.760	98.504			
X_{10}	0.095	0.502	99.006			
X_{11}	0.053	0.277	99.283			
X_{12}	0.045	0.236	99.519			
X_{13}	0.034	0.179	99.698			
X_{14}	0.021	0.113	99.811			
X_{15}	0.017	0.091	99.902			
X_{16}	0.009	0.045	99.947			
X_{17}	0.006	0.030	99.977			
X_{18}	0.003	0.015	99.992			
X_{19}	0.002	0.008	100.000			

注：提取方法为主成分分析法。

由表3-13可知，前3个因子的方差贡献率已经占到累计方差贡献率的84.797%，即前3个因子基本反映了原始指标的大部分信息。这样，就由原来的19个自变量指标转化为3个自变量指标，起到了显著的降维作用。

但是，由于目前获得的3个因子的实际经济意义并不明显，因此需要将因子进行旋转以获得较好的经济学解释。利用极大方差旋转法，得到因子载荷矩阵（见表3-14）。

表3-14　旋转成分矩阵[a]

自变量	成分		
	因子 F_1	因子 F_2	因子 F_3
X_1 地区生产总值（亿元）	0.932	0.138	0.268
X_2 城镇居民人均可支配收入（元）	0.231	0.949	-0.034
X_3 农村居民人均可支配收入（元）	0.217	0.918	0.026
X_4 城镇居民人均消费支出（元）	0.192	0.965	-0.096
X_5 农村居民人均消费支出（元）	0.173	0.936	0.038
X_6 城镇居民人均文化娱乐消费支出（元）	0.161	0.895	-0.106
X_7 农村居民人均文化娱乐消费支出（元）	0.308	0.835	0.138

续表

自变量	成分 因子 F_1	因子 F_2	因子 F_3
X_8 地方一般公共预算收入(亿元)	0.896	0.398	0.095
X_9 地方一般公共预算支出(亿元)	0.907	0.082	0.194
X_{10} 地方一般公共预算文化体育与传媒支出(亿元)	0.784	0.368	0.228
X_{11} 文化及相关产业固定资产投资额(万元)	0.642	-0.188	0.544
X_{12} 规模以上文化制造业企业R&D经费内部支出(万元)	0.917	0.163	0.154
X_{13} 规模以上文化制造业企业专利申请数(件)	0.869	0.270	0.056
X_{14} 规模以上文化制造业企业有效发明专利数(件)	0.918	0.211	0.046
X_{15} 文化及相关产业法人单位数(个)	0.769	0.520	0.180
X_{16} 规模(限额)以上文化及相关产业从业人员数(人)	0.880	0.261	0.173
X_{17} 产业内市场融合	0.164	-0.099	0.916
X_{18} 产业内要素融合	0.231	0.293	0.784
X_{19} 产业间融合	0.116	-0.082	0.605

注：提取方法为主成分分析法。采用具有Kaiser标准化的正交旋转法。

a. 旋转在5次迭代后收敛。

根据表3-14，可以得出如下结论。

因子F_1在地区生产总值(X_1)、地方一般公共预算收入(X_8)、地方一般公共预算支出(X_9)、地方一般公共预算文化体育与传媒支出(X_{10})、文化及相关产业固定资产投资额(X_{11})、规模以上文化制造业企业R&D经费内部支出(X_{12})、规模以上文化制造业企业专利申请数(X_{13})、规模以上文化制造业企业有效发明专利数(X_{14})、文化及相关产业法人单位数(X_{15})、规模(限额)以上文化及相关产业从业人员数(X_{16})等指标上载荷量较大。由于这些指标多从产业供给的角度反映文化业态演化与创新的内在动力，所以将其定义为产业供给因子。

因子F_2在城镇居民人均可支配收入(X_2)、农村居民人均可支配收入(X_3)、城镇居民人均消费支出(X_4)、农村居民人均消费支出(X_5)、城镇居民人均文化娱乐消费支出(X_6)、农村居民人均文化娱乐消费支出(X_7)等指标上载荷量较大。由于这些指标多从市场需求的角度反映文化业态演化与创新的外在动力，所以将其定义为市场需求因子。

因子F_3在产业内市场融合(X_{17})、产业内要素融合(X_{18})和产业间融合（X_{19}）等指标上载荷量较大，这表明因子 F_3 是反映文化及相关产业内部，以及文化及相关产业与其他产业之间融合状况的公共因子。由于这些指标多从产业协同的角度反映文化业态演化与创新的复合动力，所以将其定义为产业协同因子。

表 3-15 进一步给出了因子 F_1、因子 F_2、因子 F_3 的得分系数。据此，可以分别得到产业供给因子、市场需求因子、产业协同因子的得分函数，如下所示。

$F_1 = 0.141X_1 + 0.135X_8 + 0.154X_9 + 0.092X_{10} + 0.069X_{11} + 0.154X_{12} + 0.148X_{13} + 0.167X_{14} + 0.081X_{15} + 0.133X_{16}$

$F_2 = 0.182X_2 + 0.18X_3 + 0.185X_4 + 0.189X_5 + 0.173X_6 + 0.158X_7$

$F_3 = 0.46X_{17} + 0.401X_{18} + 0.302X_{19}$

将上述各变量指标的原始数据代入，即可计算出每个因子的综合评价值。

进行同样的过程，可以分别得到影响中间态、终态文化业态演化与创新的自变量指标的综合评价值，以及相应时期因变量指标的综合评价值。

表 3-15 成分得分系数矩阵

自变量	成分		
	因子 F_1	因子 F_2	因子 F_3
X_1 地区生产总值(亿元)	0.141	-0.051	0.002
X_2 城镇居民人均可支配收入(元)	-0.044	0.182	-0.001
X_3 农村居民人均可支配收入(元)	-0.053	0.180	0.032
X_4 城镇居民人均消费支出(元)	-0.044	0.185	-0.027
X_5 农村居民人均消费支出(元)	-0.066	0.189	0.046
X_6 城镇居民人均文化娱乐消费支出(元)	-0.042	0.173	-0.032
X_7 农村居民人均文化娱乐消费支出(元)	-0.043	0.158	0.072
X_8 地方一般公共预算收入(亿元)	0.135	-0.001	-0.070
X_9 地方一般公共预算支出(亿元)	0.154	-0.065	-0.037
X_{10} 地方一般公共预算文化体育与传媒支出(亿元)	0.092	0.012	0.017
X_{11} 文化及相关产业固定资产投资额(万元)	0.069	-0.077	0.179
X_{12} 规模以上文化制造业企业 R&D 经费内部支出(万元)	0.154	-0.051	-0.056
X_{13} 规模以上文化制造业企业专利申请数(件)	0.148	-0.028	-0.094
X_{14} 规模以上文化制造业企业有效发明专利数(件)	0.167	-0.046	-0.111

续表

自变量	成分		
	因子 F_1	因子 F_2	因子 F_3
X_{15} 文化及相关产业法人单位数(个)	0.081	0.044	0.002
X_{16} 规模(限额)以上文化及相关产业从业人员数(人)	0.133	-0.024	-0.034
X_{17} 产业内市场融合	-0.102	0.014	0.460
X_{18} 产业内要素融合	-0.107	0.085	0.401
X_{19} 产业间融合	-0.064	0.005	0.302

注：提取方法为主成分分析法。采用具有 Kaiser 标准化的正交旋转法。

4. 序参量方程及势函数求解

通过以上因子分析的过程，最终将影响文化业态演化与创新的动力因素转化为三类指标，即产业供给、市场需求以及产业协同。由于哈肯模型是通过构造参量两两间的运动方程来识别系统的序参量的，所以必须对自变量与因变量进行两两分析，即分别对"产业供给与产业结构""市场需求与产业结构""产业协同与产业结构"进行分析。

具体分析过程为：分别假设产业供给、市场需求、产业协同是影响文化业态演化与创新即产业结构变动的序参量，利用 EViews 软件对哈肯模型离散化方程式进行估计，将输出结果进行整理，如表 3-16 所示。

表 3-16 文化业态演化与创新的动力模型估计结果

	λ_1	a	拟合优度检验	λ_2	b	拟合优度检验
产业供给 MS 为 q_1 产业结构 IS 为 q_2	0.015 (0.000)	-0.101 (0.274)	$R^2 = 0.975$ adj. $R^2 = 0.974$	-0.052 (0.000)	-0.006 (0.433)	$R^2 = 0.979$ adj. $R^2 = 0.978$
市场需求 MD 为 q_1 产业结构 IS 为 q_2	0.009 (0.000)	-0.022 (0.339)	$R^2 = 0.990$ adj. $R^2 = 0.989$	-0.009 (0.000)	0.012 (0.214)	$R^2 = 0.980$ adj. $R^2 = 0.979$
产业协同 II 为 q_1 产业结构 IS 为 q_2	0.026 (0.000)	0.029 (0.792)	$R^2 = 0.916$ adj. $R^2 = 0.913$	-0.052 (0.000)	0.020 (0.112)	$R^2 = 0.981$ adj. $R^2 = 0.980$

注：括号内的数字为相应系数对应的概率值。

根据表 3-16 以及绝热近似条件（$\lambda_2 < 0$，$|\lambda_2| > |\lambda_1|$）可以得出，在文化业态演化与创新即产业结构由低级向高级演化的过程中，产业供给、产业协同是阻尼小、衰减慢的慢变量，即模型的序参量。由此表明，产

业供给、产业协同是推动新型文化业态形成的序参量，是决定和支配文化经济系统结构演化与新型文化业态形成的关键参量。

接下来，分别阐述产业供给、产业协同与产业结构演化之间的关系。

（1）产业供给与产业结构

根据表 3-16 可知，$b = -0.006$，$\lambda_2 = -0.052$，将其代入哈肯模型式（3-3）可以得到两者的关系式 $IS = 0.115MS^2$，表明文化产业结构随着产业供给的变化而变化，而且二者呈同方向变化趋势。

将相关变量系数代入哈肯模型式（3-4）中，可得到产业供给作为序参量的系统演化方程 $\dot{MS} = -0.015MS + 0.012MS^3$，对该式的相反数求积分，得到势函数：

$$V(MS) = 0.0075MS^2 - 0.0029MS^4$$

令 $\dot{MS} = 0$，根据系统演化方程求出序参量的三个定态解：$MS_1 = 0$；$MS_2 = \pm 1.135$。当 $MS_1 = 0$ 时，此时势函数的二阶导数大于 0，说明在该处势函数取得极小值（0）；当 $MS_2 = \pm 1.135$ 时，此时势函数的二阶导数小于 0，说明在该处势函数取得极大值（0.149）。相关数据如图 3-25 所示。

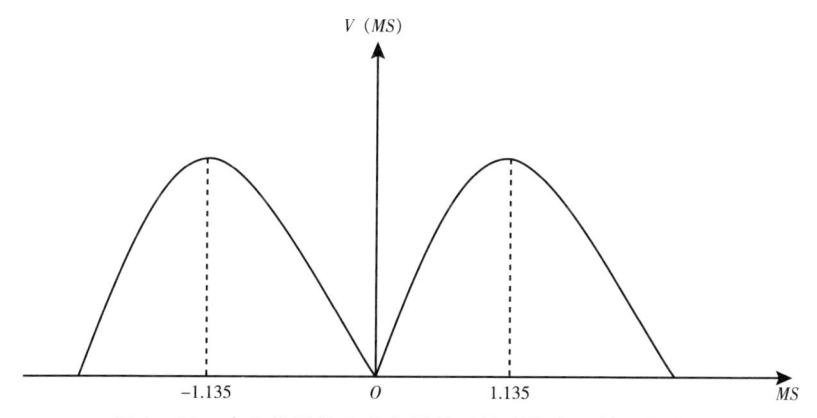

图 3-25 产业供给作为序参量的系统演化方程势函数曲线

势函数的结构特征反映了产业结构演化的自组织机制。根据图 3-25，在控制参数的作用下，文化产业供给与文化产业结构通过系统中的非线性作用机制发生非零作用，促使产业系统形成新的定态解，即产业结构达到新的有序状态。当状态变量 IS、MS 和控制参数 a、b、λ_1、λ_2

发生变化时，以产业供给作为序参量的势函数也会发生相应变化，如从初始稳定状态（当 $MS_1 = 0$ 时）演化到新的稳定状态（当 $MS_2 = \pm 1.135$ 时），甚至从一种稳定状态（当 $MS_2 = -1.135$ 时）转向另一种稳定状态（当 $MS_2 = 1.135$ 时）。由此说明，文化产业结构演化的过程取决于产业供给的变化，产业供给是决定和支配文化产业结构演化与促使新型文化业态形成的序参量。

（2）产业协同与产业结构

采用同样的方法，根据表 3-16 可知，$b = 0.020$，$\lambda_2 = -0.052$，将其代入哈肯模型式（3-3）可以得到两者的关系式 $IS = -0.385II^2$，表明文化产业结构随着产业协同的变化而变化，而且二者呈反方向变化趋势。

将相关变量系数代入哈肯模型式（3-4）中，得到产业协同作为序参量的系统演化方程 $\dot{II} = -0.026II + 0.011II^3$，对该式的相反数求积分，得到势函数：

$$V(II) = 0.013II^2 - 0.0028II^4$$

令 $\dot{II} = 0$，根据系统演化方程求出序参量的三个定态解：$II_1 = 0$；$II_2 = \pm 1.527$。当 $II_1 = 0$ 时，此时势函数的二阶导数大于 0，说明在该处势函数取得极小值（0）；当 $II_2 = \pm 1.527$ 时，此时势函数的二阶导数小于 0，说明在该处势函数取得极大值（0.897）。相关数据如图 3-26 所示。

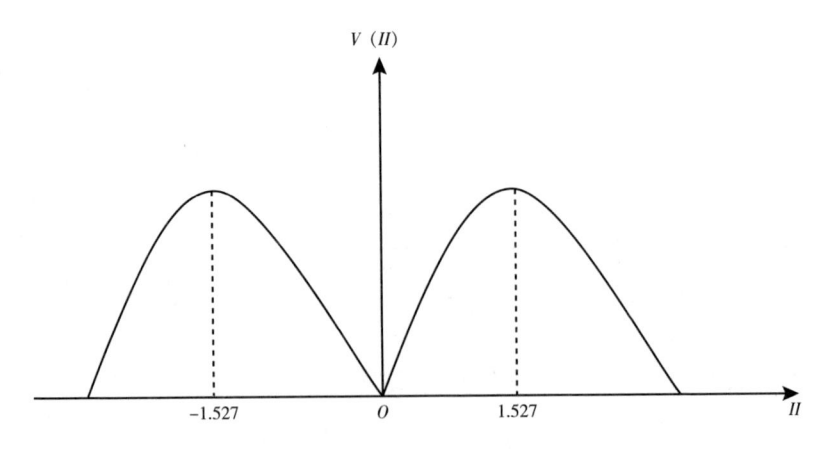

图 3-26 产业协同作为序参量的系统演化方程势函数曲线

同样地，在控制参数的作用下，文化产业协同与文化产业结构通过系统中的非线性作用机制发生非零作用，促使产业系统形成新的定态解，即产业结构达到新的有序状态。当状态变量 IS、II 和控制参数 a、b、λ_1、λ_2 发生变化时，以产业协同作为序参量的势函数也会发生相应变化，如从初始稳定状态（当 $II_1 = 0$ 时）演化到新的稳定状态（当 $II_2 = \pm 1.527$ 时），甚至从一种稳定状态（当 $II_2 = -1.527$ 时）转向另一种稳定状态（当 $II_2 = 1.527$ 时）。由此说明，文化产业结构演化的过程取决于产业协同的变化，产业协同是决定和支配文化产业结构演化与促使新型文化业态形成的序参量。

（三）研究结论及展望

1. 产业供给、产业协同是文化业态演化与创新的序参量

根据协同论中系统演化机制的观点，系统中存在一个或多个慢变量即序参量，这些序参量控制着系统演化的结构、功能和方向。分析表明，产业供给、产业协同是决定和支配文化产业结构演化与促使新型文化业态形成的序参量，二者共同推动文化产业结构演化和有序升级。

2. 优化产业供给与产业协同，促进产业结构演化正反馈机制的建立

在文化业态演化与创新的动力模型估计结果中，无论是"产业供给与产业结构"，还是"产业协同与产业结构"，λ_1 的取值均大于 0，由此说明当前产业供给、产业协同尚处于文化产业结构演化的负反馈机制之中，还没有建立起使文化产业结构有序演化程度不断提高的正反馈机制。也就是说，目前我国文化产业供给与产业协同的整体程度不高，尚不能有效发挥促进文化产业结构有序演化的自增强作用。

为促进文化产业结构演化的正反馈机制建立，应针对当前我国文化产业的发展现状，在做好顶层设计、积极推进文化产业供给侧改革的同时，细化文化产业专业分工，促进文化产业内部以及文化产业与其他产业之间开展合作竞争，从而提高文化产业供给与产业协同的整体水平，进一步实现文化产业结构有序演化的目的。

3. 进一步强化文化产业结构有序演化的自反馈机制

在文化业态演化与创新的动力模型估计结果中，无论是"产业供给与产业结构"，还是"产业协同与产业结构"，λ_2 的取值均小于 0，由此说明在

文化产业结构演化的过程中,已建立起产业结构有序演化程度不断提高的自反馈机制。也就是说,当文化产业结构的有序演化程度不断提高时,文化产业结构的升级会进一步加速,文化产业结构将得到进一步优化,进而带动文化产业结构有序演化程度再次提高。

未来时期,应通过产业供给与产业协同的共同作用,进一步促进文化产业结构有序演化程度提高,进而强化文化产业结构有序演化的自反馈机制,使文化产业结构不断优化升级。

第三节　文化业态的演化与创新路径

一般认为,相对论、量子力学和控制论是20世纪人类科学发展的主要成就,而发端于控制论相关研究的系统科学则被誉为20世纪人类社会所取得的最重大进展和最突出成果。鉴于系统科学的前沿性、普适性、先进性及其在研究系统元素关系方面所特有的优势,以系统科学思想为指导开展文化业态的演化与创新研究将是积极而有益的尝试。

系统科学将世界视为系统与系统的集合。根据系统论创始人贝塔朗菲的观点:所谓系统,是指一组相互联系、相互影响的元素所构成的一个有机整体;所谓系统化,则是指趋向于形成系统的过程。

"系统深化"与"系统广化"是系统科学中"系统化"概念的延伸与推广,分别反映了系统内部各元素之间关系及其关系转化的不同方面。具体来说,系统深化指系统内部各元素之间关系不断加强的过程;系统广化则指系统和外界环境之间联系范围不断拓宽的过程(昝廷全,2002)。

文化业态的演化与创新历程在其路径上,遵循系统深化与系统广化的内在规律,二者分别表现为产业化过程中相伴而生的产业链、价值链延伸以及跨媒体、跨区域、跨行业扩张的现象。

一　系统深化:产业链、价值链延伸

根据研究需要,我们将"文化及相关产业"构成的有机整体定义为文化产业经济系统。系统深化反映了在文化业态演化与创新过程中,文化产业经济系统内部各经济元之间关系不断强化的过程。

系统深化的自然结果主要是专业化经营，专业化经营即由文化产业经济系统内部各经济元之间关系不断强化而形成的，例如互联网文化产业目前已形成以网络游戏、新媒体动漫、网络视频、网络音乐、网络出版等为核心的产业分工格局。从文化产业经济系统内部各经济元之间关系的变动情况看，文化产业经济系统在发展过程中相伴而生的产业链、价值链延伸现象，反映了系统深化的过程。

首先，文化产业经济系统在发展过程中产业链、价值链上节点的数量不断增加，反映了文化产业分工不断细化、竞争主体不断丰富的过程。以广播电视业为例，日益细化的产业分工促使广播电视业的价值链不断分化出制作、播出、广告、衍生服务等多个节点和环节，并且随着模块化产业结构的发展，这些节点和环节进行进一步的派生和细化，从而形成多元化的、多层次的、连续的、具有复合价值的链条。在这一价值链条上，新节点或新环节的产生往往意味着新行业（子系统）的产生或生产迂回程度的加强，即"新的中间产品的出现，初始投入与最终产出之间的链条拉长"（Young，1928）。

产业链或价值链的延伸或拉长，必然导致产业系统内部构成元素的复杂化，从而增进产业系统内部各经济元之间的关联。在此过程中，新型文化业态得以不断产生和发展。由此来看，文化产业经济系统在发展过程中产业链、价值链上节点的丰富和细化过程，即为新型文化业态形成和发展的过程，也对应了系统深化的过程。

其次，文化产业经济系统在发展过程中产业链、价值链上各节点之间的相互关系不断加耦，反映了产业系统内部各经济元之间的合作竞争关系不断加强。一般而言，各经济元之间相互关系的加耦和解耦是系统深化的两个相反方向。简单地说，加耦表示经济元之间关系的增强，解耦表示经济元之间关系的减弱。

对于文化产业经济系统而言，不断发展壮大合作竞争行为，必将导致经济主体即参与合作竞争的各子系统之间的相互联系得到加强。在此过程中，新型文化业态产生并发展。由此来看，文化产业经济系统在发展过程中产业链、价值链上各节点之间相互关系不断加耦的过程，即为新型文化业态形成和发展的过程。这也正是系统深化的题中之义。

二 系统广化：跨媒体、跨区域、跨行业扩张

与系统深化相对应，系统广化指系统与外界环境之间联系范围不断拓宽的过程。从本质上说，系统广化促进了文化产业经济系统潜在关系的显化和细分以及与文化产业经济系统相联系的外部环境范围的不断扩大，从而能够进一步导致文化产业经济系统规模的扩大。

由于文化产业领域广泛、种类丰富、关联性强，在与国民经济融合互动的过程中，文化产业与农业、制造业、现代服务业等各行业相互渗透、融合，形成了以"文化创意+农业""文化创意+制造业""文化创意+现代服务业"等为代表的内容丰富、形式多样的新型文化业态，通过创意策划、工艺设计、研发设计、信息技术服务、商务咨询、人力资源服务、品牌建设服务等，不断提升其行业竞争力与增加值，在国民经济中发挥着日益重要的支撑甚至引领作用。

文化创意和设计服务业是生产性文化服务与国民经济各行业相联系并发挥作用的行业载体，具有关联性好、融合度高、带动性强等特点，是新型文化业态的主要类型和代表。从业态特征来看，该业态是由文化产业经济系统内部不同子系统或文化部门与其他部门开展合作竞争而形成的，具有跨媒体、跨区域、跨行业扩张的特点。

作为文化业态演化与创新的主要形式以及未来演进的趋势与方向，跨业型业态即跨媒体、跨区域、跨行业的扩张，反映了文化产业经济系统内部资源以及产业系统内部与外部资源的整合过程，也即系统广化的过程。在此过程中，文化产业经济系统与外界环境之间的联系范围不断拓宽，内部子系统或文化产业经济系统与其他行业系统的潜在经济关系不断显现，文化部门规模不断扩大。相关产业经济元通过借用或整合外部资源，不断地提高自身的资源占有、利用和管控水平。与此同时，参与竞争的各经济主体通过价值链接、资源互补等多种方式，实现双赢或多赢的目标。

第四章
新型文化业态形成的内在机理

进入21世纪以来，数字信息技术与知识经济的融合不断催生新型文化业态，导致各类文化业态之间相互交错、相互影响。新型文化业态不断涌现是文化发展的客观规律，也是文化生产和传播的重要表现。

新型文化业态的内在机理，即生成与运作原理，旨在从理论上探讨新型文化业态是如何形成的。由于新型文化业态具有系统性、开放性、跨业性、复杂性与广泛性，因此从研究方法上很难将其归入某一学科方法论中，抑或难以用某一特定方法对其进行研究。本书拟从跨学科视角，分别运用系统科学、产业经济学理论与方法展开分析，具体包括自组织理论、耗散结构理论、系统经济学理论、产业价值链理论等，以说明新型文化业态形成的理论实质。

第一节 系统科学角度

自组织理论、耗散结构理论、系统经济学理论等表明，文化产业的渗透、交叉与重组必然导致产业边界的突破与重构。在此过程中，产业结构和功能实现优化；产业系统正熵增加受到抑制，即从无序走向有序；产业资源位获得有效提升，从而形成新型文化业态。

一 自组织理论视角

哈肯（1989）指出，如果系统在获得时间、空间和结构的过程中，没有外界的特定干预，可以认为系统是自组织的。自组织理论认为，开放性、非平衡性、非线性和涨落是系统自组织的前提条件和动因。经济系统演化过程的外在表现即为经济现象，经济系统的开放性、非平衡性、非线性和涨落是导致经济现象呈现复杂性与多样性的源泉。

（一）开放性

系统能够与环境进行物质、能量和信息交换的属性称为开放性。开放性是文化业态自组织演化的前提和必要条件。

任何经济系统若要组织有效的生产，都离不开环境提供的生产原料和生产手段。要想避免生产的盲目性并使生产持续下去，就必须从环境中获取信息。同时，经济系统也会不断地向环境输出信息和物质资源（如产品）。以文化产业经济系统为例，某一文化产业部门总是从上游产业部门获取生产资料进行生产活动，向下游产业部门或消费市场提供商品或服务，并与其他相关产业部门在资本、技术、信息、人力等诸多方面存在联系和交流。无论是以文化企业为基本元素来研究的文化产业经济系统，还是以文化产业为组成单元（子系统）来分析的文化产业经济系统，都具有开放性。

（二）非平衡性

非平衡是相对于平衡而言的。经济系统的平衡态是指与环境没有任何广义资源交流的定态。当经济系统处于平衡态时，经济系统既与环境没有任何交流，状态变量也不随时间发生变化。在现实社会经济活动中，经济系统往往是非平衡的。文化产业经济系统远离平衡态，不仅是文化业态自组织演化的必要条件，而且是对开放文化产业系统的进一步说明。

以文化产业作为组成单元（子系统）来考虑的文化产业经济系统，无论是产业系统之间要素（劳动和资本等）的收益率还是产业之间的增长速度、需求状况和作用地位都存在差异，说明该系统是非平衡的。为适应需求的变化和更有效地对技术加以利用，劳动和资本总是从生产率较低的文化产业部门向生产率较高的文化产业部门转移。从这个意义上讲，竞争均衡是一种理想状态，结构非平衡才是文化产业经济系统的常态。

在非平衡状态下，并不是所有文化产业部门的要素收益率都相等或等于其边际生产率。同样，在以文化企业为基本元素的文化产业经济系统中，文化企业之间也是非平衡的。文化企业间生产要素的质量和收益率存在差异，文化企业在信息获取、市场占有率等方面也存在差别。因此，生产要素在文化企业间的流动并不是朝着均衡方向发展，而是由劳动生产率低、效益差的文化企业向劳动生产率高、效益好的文化企业流动。这些都说明非平衡是文化产业经济系统的常态。在开放条件下，由于内外因素的共同作用，开放逐渐加大，非平衡的作用逐步加强，文化产业系统逐渐从近平衡区走向远离平衡的非线性区，使产业系统远离平衡态。

（三）非线性

所谓非线性，指系统组成单元之间相互作用的数量特征具有不可叠加性。根据经济系统各经济元相互作用的数量特征，将经济系统划分为线性系统、非线性系统两大类。线性系统，指各经济元的共同作用等于各经济元单独作用的机械叠加；否则，即为非线性系统。设 X_i ($i=1, 2, \cdots, m$) 表示经济系统的状态变量，则经济系统的一般演化方程可表示为：

$$dX_i/dt = f_i(X_1, X_2, \cdots, X_m, C_1, C_2, \cdots, C_n)$$

其中，C_i ($i=1, 2, \cdots, n$) 为控制参数。如果 f_i 均为线性函数，则经济系统为线性系统；如果 f_i 中至少有一个是非线性函数，则经济系统为非线性系统。

文化产业经济系统内各组成单元之间和各状态变量之间相互作用的机制通常是非线性的。例如，文化产业经济系统连续增加资本、劳动等生产要素的投入，则系统产出率可能不会相应递增；相反，当投入超过一定界限后可能出现产出率递减的情况。文化业态的演化情况往往是复杂的，可能对应多个状态，甚至出现分岔和混沌现象。

非线性是系统形成有序结构和产生复杂性的内在动因。在文化业态自组织演化的过程中，非线性发挥着突出作用。以文化产业或企业间的合作竞争行为为例，在文化产业或企业的横向合作关系中，一个产业或企业与第三者之间关系的发展会影响到其与伙伴产业或企业的关系；而在文化产业或企业的纵向合作关系中，存在一种连锁效应，这种效应类似于供应链中的"牛鞭效应"。上游文化产业或企业之间关系的微小变化经过逐级放大，会对下游文化产业或企业间的关系产生巨大影响，而且这种影响的结果不能根据纵向关系的现状加以预测。由此，与复杂性相伴，文化产业结构的有序演化程度不断提高，新型文化业态得以发展。

（四）涨落

哈肯（1984）指出，实际上所有系统都在涨落，它推动系统远离不稳定点而到达新的稳定点，正是这种因素导致自组织现象的发生。

从系统的存在状态看，涨落是相对于系统宏观平均状态的偏离或波动而言的。从系统的演化看，这种偏差是系统发展过程中的非平衡因素。经济系统的涨落可以表示为：

$$X(t) = Xs + x(t)$$

其中，Xs 是经济系统瞬时状态变量的平均值，$x(t)$ 称为涨落。

涨落是文化业态自组织演化的重要动因。现实中，尽管一段时间内文化产业经济系统从整体上看是稳定的，其内部各种比例关系相对不变或变化甚小，但更为实际的情况是文化产业经济系统内部经常出现波动。劳动力、资金等要素不断地在经济系统内不同产业部门之间流动，使产值不断变化。产业内的企业有兴有衰，一方面有企业产生或其规模扩大，另一方面又有企业倒闭或其规模缩小。当涨落不影响文化产业整体的稳定而仅表现为产业内部的一种起伏时，即为文化产业演变过程中的微涨落。微涨落现象贯穿于文化产业经济系统的整个演化过程之中，从未停止。

普利高津（1986）描述了系统演化过程中结构、功能与涨落之间的关系，如图 4-1 所示。概括来说，结构、功能与涨落之间相互联系、相互制约。随机性的涨落引起系统功能的局部改变，在一定条件下又引起系统结构的局部改变，而这一改变将决定未来涨落的范围。在文化产业经济系统中，这一演化过程以渗透、交叉、重组等融合形式表现出来，其结果必然导致文化产业边界的突破以及突破后产业边界的重构，而边界重构体现的则是文化产业结构和功能的优化。

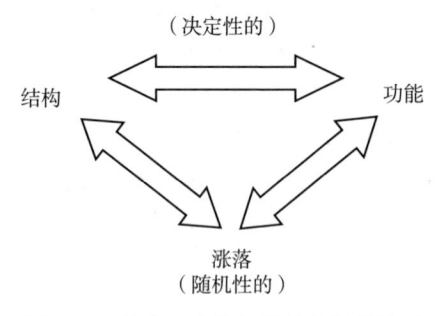

图 4-1 结构、功能与涨落之间的关系

二 耗散结构理论视角

耗散结构理论创始人普利高津（1986）考察了由大量要素组成的复杂开放系统，指出"熵"是系统无序程度的度量，系统熵的变化由两部分组成：

$$ds = d_e s + d_i s$$

其中，$d_e s$ 代表系统从外界进行物质（产品、技术、信息、资金等）和能量交换过程而吸收的熵，即系统外熵，它是系统趋于协同的外在根源，能够阻止系统趋于混沌；$d_i s$ 代表系统由于自身演化而产生的熵，即系统内熵，它是系统趋于混沌的内在根源。要使系统获得自组织（序化），必有 $ds = d_e s + d_i s \leq 0$ 及 $d_e s < 0$，即系统必须从环境中获得负熵流。在系统远离平衡态时，系统不断地从外界环境中获取物质和能量，这些物质和能量给系统带来负熵，结果使整个系统有序度的增加大于无序度的增加。在一定条件下，系统就能自发地形成新的有序结构和新的组织。

耗散结构理论对于研究新型文化业态形成同样给予了人们重要启发。系统的开放程度决定系统的生存和发展能力，只有当系统与外界存在相互作用并进行物质、能量的彼此交换时，才能形成新的有序状态。作为耗散系统，文化产业经济系统内部必然存在正熵（混乱和无序度）自然增加的过程。例如，行业管制和保护主义引起子产业间条块分割、界限分明、资源整合障碍，进而形成行业垄断、重复建设，最终则导致社会福利水平的下降以及行业无序度的增加。从整体优化和系统科学的观点看，新型文化业态的形成则有利于文化产业通过渗透、交叉、重组等方式从无序走向有序，从而有效地抑制文化产业经济系统正熵增加，推动文化产业结构实现合理化与高度化。

三 系统经济学理论视角

作为系统科学、经济学、管理学等多学科的交叉研究学科，系统经济学在其成长岁月中彰显出蓬勃向上的生命力。鉴于系统科学的前沿性、普适性、先进性以及系统经济学理论在研究经济系统元素关系方面所特有的优势，以系统科学思想为指导、以系统经济学理论为方法展开新型文化业态研究将是积极而有益的尝试。

诺贝尔奖获得者普利高津指出，人类社会正处于一个大转变的年代，我们正向一个新的综合前进。在信息化进程中，新闻出版业、广播电影电视业、电信业等部门从传统的分立状态走向以数字融合为基础的融合创新时代，从而使传统工业时代的固定化产业边界趋于模糊甚至消失。与此同时，信息技术的飞速发展和用户需求的日益增多进一步促使原本独立运营的文化产业部门通过合作竞争相互渗透、相互融合。以产业边界漂移为主要形式，文化产业的不断渗透、交叉与重组推动了产业资源位有效提升，在此过程中新型文化业态不断发展。

（一）产业边界概述

边界是系统理论中的基本概念。通常来说，边界的存在范围非常广泛。例如，系统与环境之间、子系统与整体系统之间、一个子系统与其他子系统之间都存在边界。简而言之，边界广泛地存在于具有不同质的结构、功能或行为的集合之间。

根据系统经济学理论，产业边界是指由产业经济系统诸多子系统构成的与其外部环境相联系的界面。当前，跨越组织界限的市场游戏及其规则正在被人们发现和利用，产业之间已形成单纯的竞争、合作或供应关系，共生的共同体和互动的生态经济正在不断加速形成。在此情形下，产业边界不仅具有过滤、传感和"胞饮胞吐"等功能，还具备将外来压力、信息和能量内推并化解为产业内部各有关方面的能力。

周振华（2003）从理论抽象角度将产业边界细化为四种基本类型：技术、业务、运作和市场。具体来说，技术边界即每一个产业用一种特定的技术手段、装备及与此相适应的工艺流程来生产某一种产品；业务边界即每一个产业通过不同的投入产出方式向消费者提供产品或服务，并形成自身独特的价值链；运作边界即每一个产业的活动有其特定基础平台及其配套条件；市场边界即每一个产业的交易在一个特定市场（包括其规模、区域等）通过不同的环节与流转方式进行。

（二）产业边界漂移的动因

多年来，国内外学者对以产业边界漂移为主要表现的产业融合现象给予了充分关注，形成了一批具有代表性的学术成果。其中，关于产业边界漂移的研究集中表现为对产业融合现象的成因分析，代表性观点包括：植草益（2001）认为，产业融合是通过技术革新和放宽限制来打破行业间的壁垒，加强各行业企业的竞争合作关系；Porter（2001）提出新经济与旧经济日益结合、IT企业与传统企业界限会消失进而走向融合的"合一论"，并认为新经济的本质是使用新技术的旧经济，信息技术革命使原有产业重新整合，原本专于一个行业的企业能够走向混业经营；马健（2002）认为，由于技术进步和放松管制，发生在产业边界和交叉处的技术融合改变了原有产业产品的特征和市场需求，导致企业之间竞争合作关系发生改变，从而导致产业界限的模糊化甚至重划产业界限；朱瑞博（2003）将价值模块整合和产业融合问题有机联系起来，认为产业融合离不开具有通用界面标准的模块作为其实现载体，在互联网、数字融合和系统级芯片三大动力推动下，计算机、通信与消费电子产业逐渐融合；吴颖等（2004）综合上述观点，将产业融合的主要因素即产业边界漂移的理论动因归纳为四个方面，即市场需求的推动力、管制放松的支撑力、技术创新和扩散的拉力、企业间竞争合作的压力；单元媛和赵玉林（2012）对国外产业融合的相关文献进行梳理，指出管制的放松、技术创新和扩散、商业模式创新是产业融合的主要驱动力，市场需求、知识扩散、科学技术交叉渗透是产业融合的路径主线。

综合上述观点不难看出，现有的理论研究大多集中于产业融合现象的背景描述，而缺乏关于产业边界漂移动因的深层次理论研究。从系统经济学的观点看，产业边界漂移的动因可归纳为以下方面。

1. 合作竞争中形成的软资源特征

系统经济学认为，产业合作竞争过程中形成的软资源的经济学特征，是导致产业边界漂移的根本动因。

以"三网融合"为例，在三网融合，即电信网、广播电视网、互联网向宽带通信网、数字电视网、下一代互联网演进的过程中，三大网络通过技术改造，其技术功能趋于一致，业务范围趋于相同，网络互联互通、资源共享，能为用户提供语音、数据和广播电视等多种服务。

电信网、广播电视网、互联网进行合作竞争的基础，是以网络为核心的共享软资源。然而，该资源的边际成本为零（增加一个消费者的成本几乎为零）、边际效用递增（梅特卡夫法则，即网络价值与其用户数量的平方成正比）等特征决定了三网合作竞争中的产业规模具有开放性和不确定性，即产业边界具有动态性和模糊性，由此进一步导致产业边界的漂移。在此过程中，新型文化业态不断发展。边际成本曲线和边际收益曲线如图4-2所示。

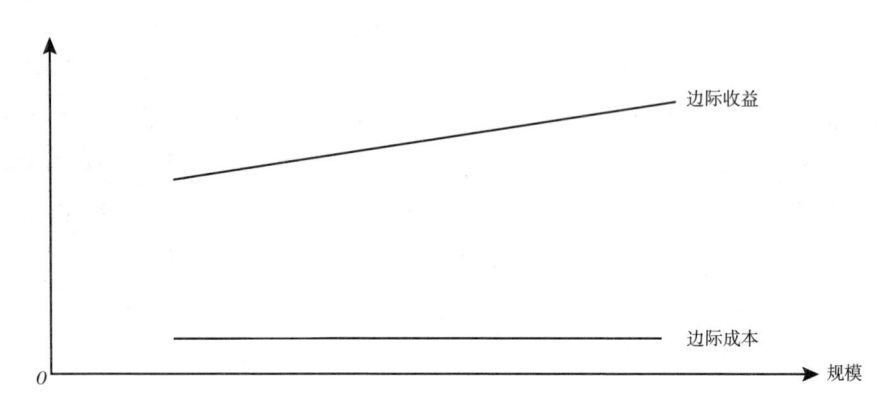

图4-2　边际成本曲线和边际收益曲线

2. 提升产业资源位

系统经济学中的资源位理论也是分析产业边界漂移的有力工具。受生态位概念的启发，昝廷全（2002）详细研究了产业资源位及其数学模型，同时给出经济系统资源位的一般性定义：在广义资源空间中，能够被某经济系统实际和潜在利用、占据或适应的部分，称为该经济系统的资源位。进一步地，设 $G = \{g_i \mid i = 1, 2, \cdots, m\}$ 为不同经济系统组成的集合，$R = \prod R_i$ 为广义资源空间即由广义资源因子所撑起的高维空间，经济关系 $f \subset R \times G$，则对经济系统 $g_i \subset G$ 来讲，$f \cdot g_i$ 即为经济系统 g_i 的资源位数学模型。

以企业经济系统为例，企业资源位是指在广义资源空间中，能够被该企业经济系统实际和潜在利用、占据或适应的部分。企业资源位的内容包含很多方面，通俗地说，可以有消费者资源，包括客户、市场份额和品牌忠诚度等；供应链资源，包括供应商、供应的产品、原材料或服务以及供应商间的关系等；知识信息资源，包括人力资源、知识、信息、企业文化等；物质资本资源，包括设备、土地、厂房、资金等。

从单个产业系统看，建立在企业集团、战略联盟等多种形式基础上的合作竞争关系，促使文化产业经济系统的生存发展空间突破了不同行业的原始边界，通过产业系统间的资源整合，构成更高层次的经济系统即新型文化业态，产业资源位获得了有效提升，从而更有利于文化产业经济系统的可持续发展。

第二节 产业经济学角度

面对科学技术的日新月异和全球范围内工业革命的不断深化，互联网与经济社会各领域的融合加剧，极大地改变了传统文化产业的组织形态和经济增长方式，互联网成为具有广阔市场前景和重大发展潜力的战略生产要素。"互联网+"持续深入并不断融入文化生产和生活的全领域，以动漫游戏、网络音乐、网络文学、网络视频等为代表的数字创意产品日益走进人民群众的文化消费生活。新冠肺炎疫情暴发以来，在线教育、网络直播、数字旅游、智慧博物馆等互联网文化业态更以迅雷不及掩耳之势冲击文化消费市场，并不断创新文化业态布局。

与此同时，伴随文化企业的跨媒体、跨区域、跨行业持续扩张，生产性文化服务在国民经济中的应用领域不断拓展，文化产业服务化程度持续提高，产业组织的"泛文化"特征日益显著。通过横向拓展、纵向延伸，文化创意与特色农业、装备制造业、城乡旅游、数字内容等深度融合，并不断地向国民经济第一、第二、第三产业和上、中、下游全产业链拓展。从田园综合体到创意农业，从工业旅游到特色小镇，从节庆会展到品牌城市，文化的力量无处不在。以创意为要素、以文化为引擎，越来越多的地区选择将文化产业作为地方经济的支柱性产业。通过资源整合、跨界融合和打破行业壁垒等方式，文化产业与相关行业形成了开放、共生、协同的产业生态体系和生产格局。

一 "互联网+"催生新型文化业态

（一）"互联网+"概述

2020年4月，CNNIC发布的第45次《中国互联网络发展状况统计报告》显示，截至2020年3月，中国网民规模达9.04亿人，互联网普及率达64.5%。互联网在基础服务、商务交易、网络金融、网络娱乐、公共服务、政务服务等领域的应用持续深入，衍生出内容丰富、形式多样的产品形态和服务类型，包括即时通信、搜索引擎、网络新闻、网络购物、网上外卖、旅行预订、互联网理财、网络支付、网络音乐、网络文学、网络游戏、网络视频、网络直播、网约车、在线教育、融媒体、政府网站、政务新媒体等。

"互联网+"是把互联网创新成果与经济社会各领域深度融合，推动技术进步、效率提升和组织变革，提升实体经济创新力和生产力，形成更广泛的以互联网为基础设施和创新要素的经济社会发展新形态。2015年，国务院明确提出"互联网+"战略并发布《关于积极推进"互联网+"行动的指导意见》。在经济进入新常态、亟须有力和持久支撑的背景下，部署推进"互联网+"行动，有利于重塑创新体系、激发创新活力、形成经济发展新动能。2017年，基于互联网的现代信息技术加速发展，《中国制造2025》行动纲领全面推进，工业互联网建设步伐加快，"互联网+"在推动传统产业升级方面的作用日益突出。以云计算、大数据、物联网、人工智能、区块链、5G网络等为代表的新兴技术形态与实体经济的融合日趋紧密，数字经济逐步成为推动产业结构升级和经济增长的新引擎。由信息基础设施建设、互联网普及所带来的公共服务信息化水平的提高，极大地改善了人们的生产生活方式，并由此大幅度地提高了人们的物质和精神消费水平。

由于互联网与文化均具有强辐射性、高渗透性等特征，这决定了互联网能够与文化紧密结合，推动文化及相关产业发展，并提高其价值。2014年，国务院发布《国务院关于推进文化创意和设计服务与相关产业融合发展的若干意见》，强调在生产、传播、消费等环节推动文化产品和服务的数字化、网络化进程，加快培育双向深度融合的新业态。2016年，国务院发布《"十三五"国家战略性新兴产业发展规划》，将数字创意产业列为重点培育的5个产值规模达10万亿元级的新支柱性产业之一。2017年，文化部发布《关于推动数字文化产业创新发展的指导意见》，进一步明确了数字文化产业的发展方向和重点领域。

深入研究并大力推进互联网与文化产业的深度融合，是促进文化产品和服务创新、解决人民日益增长的美好生活需要和不平衡不充分的发展之间矛盾的重要途径，是推进数字化、网络化、智能化，释放文化消费潜力，促进文化产业发展，实现从文化大国向文化强国迈进的重大举措,是加快转变经济发展方式、推动经济结构战略性调整、促进创新创业的内在要求。

(二)"互联网+"对文化产业的冲击与影响

由于"互联网+"综合性强、内涵丰富,且文化产业具有系统性、开放性与波动性,所以"互联网+"对文化产业的冲击与影响将是长期的、动态的、复杂的,以下主要从产业生态体系、传统商业模式与生产方式、经济主体与产品市场、产业组织形态等角度进行尝试性分析。

1. 开放、共生、协同的产业生态体系

产业生态体系描述了产业赖以生存、发展的所有利益相关者及其外部环境通过相互作用而形成的动态平衡关系。

在"互联网+"背景下,文化产业生态体系具有典型的"链圈式"结构特征,即垂直整合的闭环生态链与横向拓展的开放生态圈,其中前者对应文化产业链上下游部门形成的纵向联系,强调节点共生;后者对应闭环生态链上各节点引入外部资源后的动态开放过程,重在协同。"链圈式"文化产业生态体系如图4-3所示。

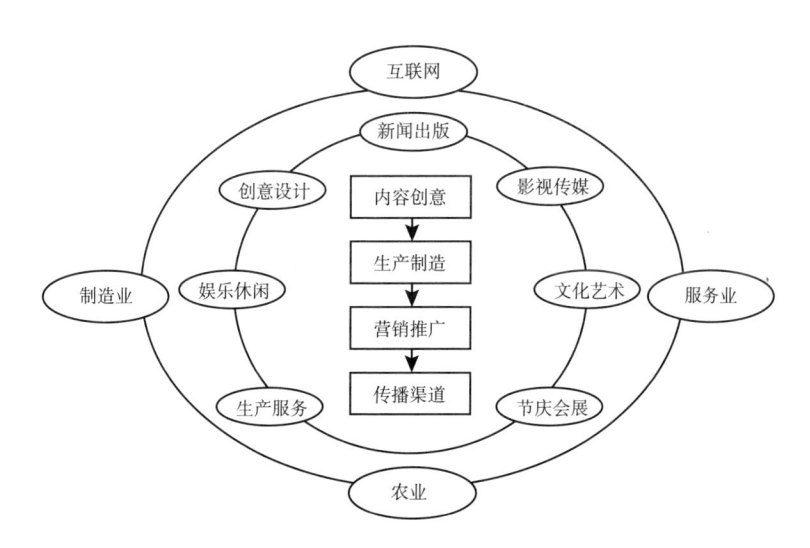

图4-3 "链圈式"文化产业生态体系

例如,文化产品(服务)的"泛娱乐"战略是在创意、制造、推广、传播等环节(闭环生态链)基础上,强调以互联网平台为基础,进行跨媒体扩张（开放生态圈）。

2. 传统商业模式与生产方式的颠覆

与多数产业相同，文化产业的传统商业模式与生产方式均强调了生产者在市场中的主导地位，即 B2C 模式。而互联网技术的飞速崛起使消费者的需求能够实现定制，如 3D 打印，同时消费者不断向生产者方向转变，从而出现 C2B 模式及其基础上的共享经济模式，这一切都为文化产业在未来的发展提供了无限可能。

3. 经济主体大众化与产品市场小微化

在"互联网+"提供的数字化经济环境中，消费者能够以接近零边际成本的方式制作并分享自己的文化产品、服务、信息、娱乐或其他资源，消费者与生产者加速融合，从而产生了以众筹、众创、众包、众销、共享等为主要内容和表现方式的商业模式与生产方式，经济主体大众化特征十分显著。

另外，互联网技术使文化产品的生产与传播工具迅速普及，从而大大降低了供给与需求的连接成本，以"大众共享、小众细播"为特征的大量利基产品和市场快速凸显，需求曲线的长尾效应十分显著。未来时期，主张"多品种、小批量"范围经济和"小众品牌"的小微化文化企业将大行其道。

4. 产业组织形态集成化

在"互联网+"深入文化产业的过程中，互联网产业与文化产业不断开展竞合与融合，相关产业组织通过与拥有互补性资源和能力的经济组织建立更为紧密的合作与交易关系从而获取协作收益，产业组织结构日趋网络化，产业边界日趋开放化，新型产业组织形态的出现成为必然。

根据系统科学观点，文化产业系统是由文化产业不同子系统（部门）以及它们之间的经济关系共同构成的有机整体。站在更为宏观的角度来看，文化产业系统涵盖了新闻出版、影视传媒、文化艺术、节庆会展、创意设计、娱乐休闲、生产服务等不同产业子系统，并由它们之间的经济关系共同构成。随着"互联网+"不断深入，文化产业发展的规模与结构日趋庞大和复杂，市场力量将促使文化企业在原有基础上依据资源、地域、行业等因素自发竞合与融合，这些新型产业组织将通过复数主体联结产生系统经济效应，即实现产业系统集成。关于产业系统集成，详见第六章"文化业态的演进趋势"论述。

(三)"互联网+"背景下新型文化业态的形成

"互联网+"深入文化产业的过程，也是互联网产业与文化产业合作竞争、跨界融合的过程。在该过程中，通过文化产业链的分化、衍生与重构，增强了生产与传播技术，拓宽了产品与业务范围，扩大了企业与市场规模，催生了以数字创意产业为代表的多样化新型文化业态。作为信息网络技术、数字技术与文化产业的融合产物，数字创意产业既是传统文化产业的升级换代，又是信息网络技术、数字技术催生的新型产业，是信息时代文化产业的重要内容与组成部分。

1. 产业链概述

Kaplinsky（2000）指出，所谓产业链，指产业内部的各类参与企业分别承担不同的价值创造功能，产业链上下游各类企业共同向用户提供产品和服务而形成的分工合作关系。

以广播电视业为例，广播电视业的产业链包括内容生产、内容集成、平台运营和技术服务。其中，内容生产涉及所有的内容制作部门；内容集成涉及拥有集成、包装、销售内容的所有部门；平台运营以有线网络运营商为主，同时涉及卫星及微波网络运营商；技术服务涉及与音频、视频业务相关的所有硬件和软件公司。

2. 产业链的分化、衍生与重构

（1）产业链分化

产业链分化，即把文化产业链中的部分环节剥离出去，交由互联网部门完成，或将文化产业链中的部分环节与互联网部门关联起来，形成新型文化业态。

例如，文化产业链上的内容创意、生产制造、营销推广、传播渠道等环节能够分别通过IP（知识产权）、3D打印、电子商务、网络点播等"互联网+"行动实现。

（2）产业链衍生

产业链衍生，即在原有文化产业链的基础上建立与互联网有关的、新的垂直或平行链条，形成新型文化业态。

例如，众筹融资可成为位于文化产业链上游的垂直链条，形成文化服务产业链；大数据战略既可成为位于文化产业链下游的垂直链条，也可成为原有文化产业链各节点的平行链条。

（3）产业链重构

产业链重构，即在引入互联网部门的前提下，重新构建文化产业链的节点及其分工合作关系，形成新型文化业态。

例如，移动互联网终端（手机、平板电脑等）通过操作系统及App设置引导相关产品和服务供给，从而对原有文化产业链进行反向整合。

二 "文化+"引领新型文化业态

（一）"文化+"概述

所谓"文化+"，即把文化作为生产要素或创新要素，将文化成果（含已有成果和创新成果）应用到现实经济中，通过发挥文化要素的创造性与生产力，促使文化与各领域充分融合，由此促进文化传承、组织变革和效益提升的经济社会发展新形态。简而言之，"文化+"强调文化与经济社会的深度融合，以促进文化大繁荣大发展以及相关产业转型升级和经济增长为目的。其中，文化是基础，融合是关键。

当前，"文化+"更加直接地融入了国民经济中更广泛的领域。通过横向拓展、纵向延伸，文化创意与特色农业、装备制造业、城乡旅游、数字内容等深度融合，并不断地向国民经济第一、第二、第三产业和上、中、下游全产业链拓展。从创意农业到特色小镇、从文化节庆到城市品牌、从故事挖掘到创意策划，无不体现出文化的内涵和精神。在很多地区，文化旅游成为发展的新引擎，特色文化产业成长为新的支柱性产业。通过资源整合和跨界融合，突破行业壁垒，创造产业发展新空间，文化产业与其他行业形成了协调配合、开放共享的产业生态体系和生产格局。

积极推进"文化+"战略、加快发展文化创意和设计服务业，是推动传统产业转型升级、推进社会经济发展的重要措施，有利于扩大消费需求、拉动经济增长、促进社会就业、推动产业结构实现高度化与合理化。

（二）"文化+"背景下新型文化业态的形成

由于文化产业领域广泛、种类丰富、关联性强，其在与国民经济融合互动的过程中能够与农业、制造业、现代服务业等各行业相互渗透、融合，通过创意策划、工艺设计、研发设计、信息技术服务、商务咨询、人力资源服务、品牌建设、娱乐休闲服务等环节的价值链协同，形成了包括"文化创意＋农业""文化创意＋制造业""文化创意＋现代服务业"等在内的多样化新型文化业态。

1. 价值链概述

所谓价值链，是指企业在生产产品或提供服务时，各价值链环节分别承担一定的价值创造功能，上下游各价值链环节之间分工协作，共同向用户提供价值的一系列活动。价值链描述了企业为生产最终交易的产品或服务所经历的增加价值的活动过程，涵盖了产品或服务在创造过程中所经历的从原材料到最终消费品的所有阶段。

波特（1997）认为，企业的各种生产经营活动都是围绕企业创造价值最大化这一目标而展开的，企业的主要价值实际来自价值链上某些特定的经济活动，这些经济活动即为企业价值链上的"战略环节"。

以广播电视业为例，广播电视业的价值链环节主要包括内容制作、节目播出、广告经营和衍生服务。其中，内容制作涉及广播电台、电视台的总编室和其他社会性的内容生产部门；节目播出涉及广播电台、电视台的节目播出机构；广告经营涉及广播电台、电视台的广告部以及其他社会性广告代理公司和机构；衍生服务涉及与产品价值增值相关的所有衍生部门，如音像、软件、旅游、娱乐、玩具、服装等。

为便于分析和研究，这里对产业链与价值链进行进一步区分和界定。概括地说，产业链与价值链既彼此联系，又相互区别。二者的关系主要体现在两个方面：第一，产业链各参与者与价值链各环节经常不一一对应，产业链中的企业可能只对应一个价值链环节，也可能对应多个价值链环节；第二，价值链上的单一环节可能分解为几个子环节，某个价值链环节可能由产业链上的几类企业共同完成。

2. 价值链协同

价值链协同，即将文化产业与相关产业内部各参与企业的不同价值创造功能及其分工合作关系按照协同方式进行整合，使产业共生系统产生"1＋1＞2"的系统经济效应，从而形成新型文化业态。

以"文化创意+农业"为例,作为现代农业的高级形式,创意农业通过创意将市场需求与文化艺术活动、农业生产活动有机结合起来,构建了文化产业与农业协同共生、合作共赢的产业生态体系以及价值增值链条,从而颠覆性地改变了传统农业的生产经营模式,拓展了农业新功能,提高了农产品附加值,为农业和农村发展开辟了全新的空间。

第五章
新型文化业态形成的微观机制

在现实经济背景下,研究如何推动新型文化业态的形成对于培育新型文化业态、促进文化产业发展非常重要。本章运用系统科学理论,根据产业组织运行是否受到外界干预的影响,将新型文化业态形成的微观机制划分为自组织机制、他组织机制两种类型。在此基础上,选取企业单位数、年末从业人员数、资产总计、营业收入等指标为状态变量,构建新型文化业态自组织与他组织复合演化的 Logistic 模型,以期发现新型文化业态演化历程的特征和规律,并就当前演化阶段的具体情况进行分析。

第一节 自组织与他组织

从系统科学理论的角度,根据产业组织运行是否受到外界干预的影响,新型文化业态形成的微观机制可分为自组织机制、他组织机制两种类型。

一 自组织机制

(一)自组织机制的内涵与特征

如前文所述,如果系统在获得时间、空间和结构的过程中没有外界的特定干预,可以认为该系统是自组织的(哈肯,1989)。自组织理论认为,开放性、非平衡性、非线性和涨落是系统自组织的前提条件和动因,也是经济现象复杂性与多样性的源泉。

新型文化业态的形成过程具有典型的自组织特征,即其在获得时间、空间和结构的过程中，没有外界的特定干预。这主要体现在通过文化产业经济系统的内部机制，新型文化业态能够自发地调整其产业结构和实现产业结构的升级。在此过程中，新型文化业态得以形成和发展。

通常来说，新型文化业态自组织机制的特征体现在三个方面。

第一，文化产业经济系统的各个子系统自我调整、自我组织，似乎有一只"看不见的手"在操纵。另外，正是通过这些不同子系统之间的协同作用才导致这只"看不见的手"的产生。实质上，这只"看不见的手"就是序参量。换句话说，子系统之间的协同作用导致序参量的产生，序参量又反过来支配着各个子系统的行为。这种关系的交叉、发展、放大，最后形成了文化产业经济系统的有序结构。

第二，文化产业经济系统新结构的形成或旧结构的升级往往由少数几个序参量主宰。例如，互联网的出现使全球经济面临一次重要的产业结构调整，文化产业也不例外。此时，起关键作用的影响因素包括因特网的适应性、便利性和安全性等。

第三，在文化产业经济系统新结构的出现或其结构调整的临界点上，涨落起到触发作用。由于这时文化产业经济系统处于高度不稳定状态，任何微小的涨落都可能被放大，从而使其向与新结构相对应的状态演化。

（二）自组织机制的影响因素

系统经济学中的资源位理论是分析新型文化业态自组织机制的重要工具。粗略地讲，资源位是反映经济主体与广义资源空间特定关系的一个概念。如前文所述，在广义资源空间中，能够被某经济系统实际和潜在利用、占据或适应的部分，称为该经济系统的资源位。进一步地，设 $G = \{g_i \mid i = 1, 2, \cdots, m\}$ 为不同经济系统组成的集合，$R = \Pi R_i$ 为广义资源空间即由广义资源因子所撑起的高维空间，经济关系 $f \subset R \times G$，则对经济系统 $g_i \subset G$ 来讲，$f \cdot g_i$ 即为经济系统 g_i 的资源位数学模型（昝廷全，2002）。

通过深入分析资源位概念，不难发现，新型文化业态的自组织机制往往指由于文化产业经济系统各子产业的资源位及功能的差异，各子产业之间相互作用，进而实现业态创新。自组织机制的典型表现就是市场的自组织，它反映了市场的演进是一个自发的过程，通过市场机制自发调节实现资源的最优配置。

在根据生产要素类型对资源位进行细分的各类别中，技术资源位是新型文化业态自组织机制的主导因素。随着信息技术和数字技术的发展，新型文化业态不断涌现，迅速改变着文化的既定格局和发展态势。新技术提供了打破时空限制的文化传播途径、海量文化传播能力，以及丰富多彩、快速便捷、双向互动的文化表现方式，甚至改变了传统文化接触的实体终端。新型文化业态的出现及其与传统文化业态的互动融合日益改变着文化业态的结构，并不断创生出更加新颖的文化形态。

技术资源位在文化产业系统不同子产业之间的差异和扩散导致技术融合，它使不同子产业形成了共同的技术基础，并促使不同子产业之间的边界趋于模糊，最终导致业态创新现象的发生。在美国、日本等发达国家，信息技术革命、互联网普及等因素引起的技术创新所导致的技术资源位在不同产业之间的差异和扩散，进一步推动了文化业态的创新。

二 他组织机制

（一）他组织机制的内涵与表现

与自组织机制相反，新型文化业态他组织机制指由于高层次经济系统或政府对文化产业系统进行约束和对其产生影响，进而导致业态创新。

他组织机制常常被誉为产业市场中"看得见的手"，主要表现为政府部门的产业政策。政府通过产业政策干预产业间的资源分配和产业内的企业组织，以实现产业发展目标。

有效的产业政策能够促使产业网络迅速形成并快速发展，从而促进经济繁荣；同时也能够促进不同产业网络之间的协调发展，实现资源利用效率最大化。这里提到的产业网络，从纵向看表现为产业的链式结构；从横向看表现为不同行动者之间的竞争与合作。此外，有效的产业政策还能够促进产业内部不同的产业链之间保持有序的竞争与合作关系，进而有利于产业网络的稳定和发展。

（二）他组织机制的影响因素

政府管制的放松和解除是推动新型文化业态他组织机制形成的重要因素。德国学者伯恩德·沃兹（Wirtz，2001）在关于媒介和通信市场融合所导致的价值链重构方面的研究中指出，跨部门竞争的引入和垂直兼并管制的自由化带来了媒介和通信市场商业环境的改变，政府管制的放松和解除为跨部门竞争提供了新的框架。

政府管制的放松和解除与技术动力因素（数字化、智能网络结构的发展以及媒体平台的技术融合）以及与需求有关的推动因素（消费者偏好改变导致跨行业的需求发展）一起，共同推动了媒介、通信和信息技术/消费电子行业的重叠集成。

综合上述观点，新型文化业态的形成机制如图 5-1 所示。

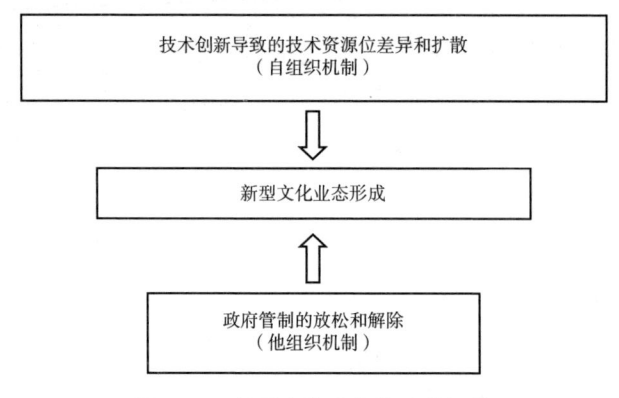

图 5-1　新型文化业态的形成机制

第二节　新型文化业态自组织与他组织复合演化的 Logistic 模型分析

新型文化业态的演化过程是产业系统内部自身力量与产业系统外部资源环境共同作用的结果。基于 Logistic 模型对新型文化业态自组织与他组织的复合演化过程进行分析，以期发现新型文化业态演化历程中的特征和规律。在此基础上，就当前演化阶段的具体情况进行分析。

一　新型文化业态自组织与他组织复合演化的 Logistic 模型概述

（一）Logistic 模型

Logistic 模型是在生态学领域使用较为广泛的一类经典模型，最早由比利时数学家皮埃尔·弗朗索瓦·韦吕勒（P. F. Verhulst）于 1838 年提出，用于研究人口增长过程；1920年美国生物学家珀尔（Pearl）和统计学家里德（Reed）将其用于美国人口问题的研究，由此广泛流行。

Logistic曲线形状呈S形，主要用来模拟有限资源环境下种群的演化过程。一般来说，种群的演化需要依次经历孕育期、成长期、成熟期、衰退期等不同阶段，且初期增长较为缓慢，之后一段时期内迅速增长，达到一定限度后增速又逐渐缓慢下来。因此，其整个演化过程的形状呈S形曲线。

与自然界中的生物种群类似，新型文化业态的演化历程与阶段发展特征均呈现相似特点。因此，采用Logistic模型来刻画新型文化业态的演化过程是适合的。

假设新型文化业态的增长速度与其演化过程中的状态变量y成正比，但随着其演化接近于增长的极限，增长速度又会减小，并且趋近于0。因此，新型文化业态的增长速度可以用Logistic微分方程来描述：

$$\frac{dy}{dt} = ry\left(1 - \frac{y}{k}\right) \qquad (5-1)$$

其中，$\frac{dy}{dt}$是状态变量y的瞬时增长量；r是新型文化业态增长速度系数，与新型文化业态的企业竞争力、技术创新程度、市场需求规模、产业供给能力以及政府扶持力度等因素密切相关；k是状态变量y的极限值，即在特定时间和空间范围内，在劳动、资本、技术、信息等要素资源总量一定的条件下，新型文化业态所能达到的最大规模，也即新型文化业态增长的环境容量。

通常来说，新型文化业态的增长速度系数r与其增长的环境容量k之间呈反比例变动关系，即当新型文化业态的增长量接近最大阈值k时，增长速度系数r将减少。这里，$1-\frac{y}{k}$即为Logistic系数。

Logistic系数对状态变量y的变化有一定的制动作用，即Logistic系数使状态变量y总是趋近于环境容量k。这主要是因为新型文化业态的演化机制是非线性的，存在正负反馈机制。从数学角度看，如果瞬时增长量y超过环境容量k，即当$y>k$时，$1-\frac{y}{k}<0$，状态变量数值将减少；如果瞬时增长量y不及环境容量k，即当$y<k$时，$1-\frac{y}{k}>0$，状态变量数值将增加；如果瞬时增长量 y 等于环境容量 k，即当 y = k，$1 - \frac{y}{k} = 0$，状态变量数值将不增不减。

对式（5-1）求积分，可得到 Logistic 方程的积分形式为：

$$y = \frac{k}{1 + \exp(a - rt)} \qquad (5-2)$$

令 A = exp（a），则式（5-2）可以转化为：

$$y = \frac{k}{1 + A\exp(-rt)} \qquad (5-3)$$

（二）新型文化业态自组织与他组织复合演化曲线

为了分析新型文化业态自组织与他组织复合演化过程，需要进一步分析新型文化业态的 Logistic 方程，绘制新型文化业态的演化曲线。

式（5-1）为新型文化业态的增长速度方程，反映了状态变量 y 在任一时刻的增长速度，其图形为倒 U 形曲线；式（5-2）为新型文化业态的状态演化方程，描述了在其演化过程中状态变量 y 动态变化的轨迹，其图形为 S 形曲线。

对增长速度方程即式（5-1）求导，得：

$$\frac{d^2 y}{dt^2} = r\left(1 - \frac{2y}{k}\right)\frac{dy}{dt} = r^2 y\left(1 - \frac{y}{k}\right)\left(1 - \frac{2y}{k}\right) \qquad (5-4)$$

令 $\frac{d^2 y}{dt^2} = 0$，得到状态演化曲线的拐点。因为 $0 < y < k$，所以状态演化曲线的拐点出现在 $y^* = \frac{k}{2}$ 处，将其带入状态演化方程即式（5-2），得 $t^* = \frac{a}{r}$。此时，根据增长速度方程即式（5-1），可得 $\left.\frac{dy}{dt}\right|_{t=t^*} = \frac{rk}{4}$。由此，可得到增长速度曲线的一个拐点（$t^*$, y^*）。

对式（5-4）继续求导，得：

$$\frac{d^3 y}{dt^3} = r^3 y\left(1 - \frac{y}{k}\right)\left[1 - (3 + \sqrt{3})\frac{y}{k}\right]\left[1 - (3 - \sqrt{3})\frac{y}{k}\right] \qquad (5-5)$$

令 $\frac{d^3 y}{dt^3} = 0$，得 $y_1 = \frac{k}{3 + \sqrt{3}}$，$y_2 = \frac{k}{3 - \sqrt{3}}$，将其代入状态演化方程即式（5-2），

得 $t_1 = \dfrac{a - \ln(2+\sqrt{3})}{r}$，$t_2 = \dfrac{a - \ln(2-\sqrt{3})}{r}$。此时，根据增长速度方程即式 (5-1)，可得 $\dfrac{dy}{dt}\bigg|_{t=t_1} = \dfrac{dy}{dt}\bigg|_{t=t_2} = \dfrac{rk}{6}$。由此，可得到增长速度曲线的两个对称拐点 (t_1, y_1) 和 (t_2, y_2)。

当 $t \to +\infty$ 时，y 趋近于 k，此时 $\dfrac{dy}{dt}$ 趋近于 0。

综合上述过程，可以得到新型文化业态的增长速度曲线与演化曲线，如图 5-2 所示。

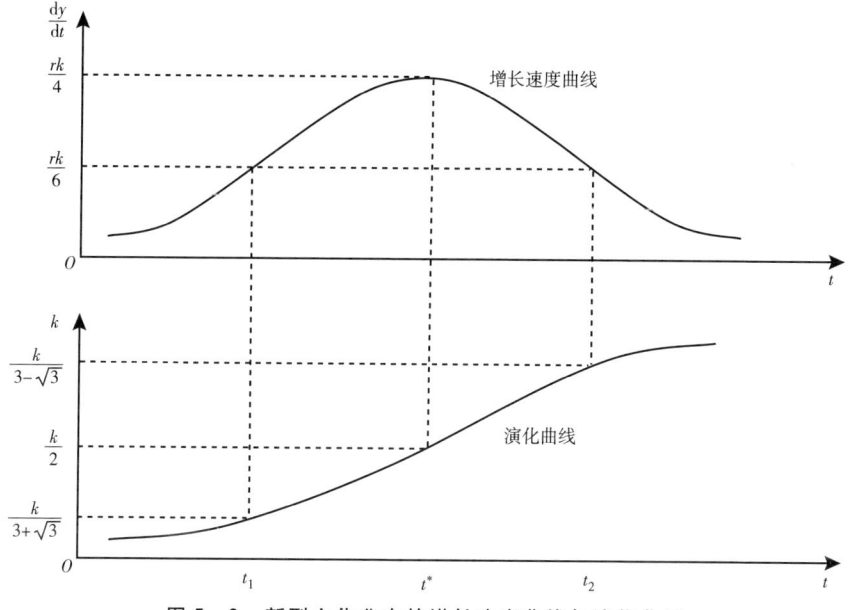

图 5-2 新型文化业态的增长速度曲线与演化曲线

（三）新型文化业态自组织与他组织复合演化阶段

新型文化业态的演化过程是产业系统内部自身力量与产业系统外部资源环境共同作用的结果，受正负反馈机制的影响，其状态变量随着时间呈 S 形曲线增长。

根据上述分析结果，结合图 5-1，将新型文化业态自组织与他组织的复合演化阶段划分为孕育期、加速增长期、减速增长期、平稳期四个阶段，如表 5-1 所示。

表 5-1　新型文化业态自组织与他组织的复合演化阶段

阶段	孕育期	加速增长期	减速增长期	平稳期
时间段	$0<t<t_1$	$t_1<t<t^*$	$t^*<t<t_2$	$t>t_2$
y 的变化	$0<y<\dfrac{k}{3+\sqrt{3}}$	$\dfrac{k}{3+\sqrt{3}}<y<\dfrac{k}{2}$	$\dfrac{k}{2}<y<\dfrac{k}{3-\sqrt{3}}$	$\dfrac{k}{3-\sqrt{3}}<y<k$
$\dfrac{d^2y}{dt^2}$ 的变化	$\dfrac{d^2y}{dt^2}>0$	$\dfrac{d^2y}{dt^2}>0$	$\dfrac{d^2y}{dt^2}<0$	$\dfrac{d^2y}{dt^2}<0$
$\dfrac{d^3y}{dt^3}$ 的变化	$\dfrac{d^3y}{dt^3}>0$	$\dfrac{d^3y}{dt^3}<0$	$\dfrac{d^3y}{dt^3}<0$	$\dfrac{d^3y}{dt^3}>0$
特点	缓慢增长	加速成长	减速成长	稳定成熟

1. 孕育期（$0<t<t_1$）

在这一阶段，$\dfrac{d^2y}{dt^2}>0$，$\dfrac{d^3y}{dt^3}>0$，说明新型文化业态的增长速度是递增的，且该增长速度的加速度也是递增的，新型文化业态演化曲线呈指数增长趋势。加速度在增长速度曲线的拐点$\left(t_1,\dfrac{rk}{6}\right)$处达到最大值，此时影响新型文化业态演化的各因素在竞争与协同的相互作用下，促使新型文化业态自组织与他组织的复合演化获得最大驱动力，理论上新型文化业态演化过程的状态变量也由此达到极限值，即环境容量的$\dfrac{1}{3+\sqrt{3}}$（约21%）。随着新型文化业态中企业数量的快速增加和企业规模的快速扩大，新型文化业态将进入演化过程中的加速增长期。

2. 加速增长期（$t_1<t<t^*$）

这一阶段也被称为扩张阶段或成长阶段。在该阶段，$\dfrac{d^2y}{dt^2}>0$，但$\dfrac{d^3y}{dt^3}<0$，说明新型文化业态的增长速度继续递增，但该增长速度的加速度却有所减缓，表明新型文化业态平稳度过"起飞"前的困难时期后，复合演化已进入新的阶段。这一阶段，在劳动、资本、技术、信息等各种要素资源和政府扶持等内外部环境的共同推动下，新型文化业态的综合发展能力得到极大提升，增长速度较快。当新型文化业态的状态变量达到极限值，即环境容量的1/2时，其增长速度达到最大值。随着新型文化业态中企业数量的不断增加和企业规模的不断扩大，影响新型文化业态演化的各因素相互之间的

非线性作用也不断增强，它们共同作用使新型文化业态处于持续优化的发展趋势中。

3. 减速增长期（$t^* < t < t_2$）

在这一阶段，$\frac{d^2 y}{d t^2} < 0$，$\frac{d^3 y}{d t^3} < 0$，说明新型文化业态增长速度的加速度仍在递减，同时新型文化业态的增长速度也由高速递增状态转变为急速递减状态。当新型文化业态的状态变量达到极限值，即环境容量的 $\frac{1}{3-\sqrt{3}}$（约79%）时，增长速度的加速度的绝对值达到最大，该时刻被称为"成熟点"。在该阶段，新型文化业态中各企业的市场定位、资源占有和支配能力趋于稳定，各企业之间的协同力接近最大值，企业具有很强的抗风险能力，新型文化业态的演化接近稳定成熟的阶段。

4. 平稳期（$t > t_2$）

这一阶段也被称为稳定阶段或成熟阶段。在该阶段，$\frac{d^2 y}{d t^2} < 0$，但$\frac{d^3 y}{d t^3} > 0$，说明新型文化业态增长速度的加速度已经由递减状态转变为递增状态，但是增长速度仍在递减，即新型文化业态的增长变得越来越缓慢，状态变量越来越接近极限值即环境容量。此时，根据系统科学理论，新型文化业态的演化方向大致有两个：一是趋于衰退直至完全解体；二是发生自身突变，即出现新的序参量，如新的技术、需求、供给以及政府力量等，使新型文化业态自身发生蜕变，进而跃迁至新的演化发展轨道。

（四）Logistic 模型参数对新型文化业态演化轨迹的影响

根据式（5-3）和上述分析可知，新型文化业态的演化轨迹受到参数 r 和 k 的共同影响。

1. 参数 k 对新型文化业态演化轨迹的影响

参数 k 反映新型文化业态所处发展环境的要素资源的丰富程度，由此决定新型文化业态演化达到的极限。在增长速度 r 一定的情况下，资源越丰富即环境容量越大，新型文化业态发展所能达到的最大规模就越大，从而越有助于其成长和发展。参数 k 对新型文化业态演化轨迹的影响如图5-3所示。

对于演化变动中的新型文化业态而言，影响 k 值的因素包括自组织和他

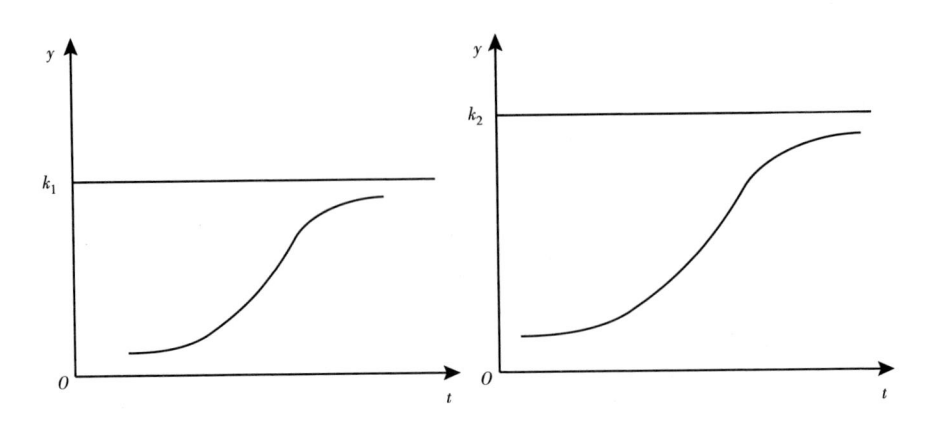

图 5-3　参数 k 对新型文化业态演化轨迹的影响（$k_1 < k_2$）

组织方面，如生产要素资源、市场需求规模、产业供给能力以及政府扶持力度等。培育和发展新型文化业态可利用的资源总量越大，k 值就越大。随着我国社会的进步，人民群众对文化产品的多样化需求不断增加，这将为新型文化业态的发展提供强大动力，其发展规模的上限也将随之提高，故 k 值也会增大。

因此，如何将现有资源优势转化为产业优势，充分挖掘并满足人民群众日益增长的文化消费需求，是当前新型文化业态发展中应当注意的突出问题。

2. 参数 r 对新型文化业态演化轨迹的影响

参数 r 反映新型文化业态的增长速度。在环境容量 k 一定的情况下，增长速度越大，新型文化业态就越能快速实现有限环境下的极限规模。参数 r 对新型文化业态演化轨迹的影响如图 5-4 所示。

对于演化变动中的新型文化业态而言，影响参数 r 的因素主要有其创新能力与融合能力。首先，新型文化业态是依托先进的高新技术和高效的管理手段，以知识、科技、信息、智力、媒介等为主要运营资本的经济形态。从本质上看，新型文化业态是依靠创意生存的行业。著名经济学家罗默（Romer，1986）指出，新创意会衍生出无穷的新产品、新市场和创造财富的新机会，因此创意才是推动一国经济增长的原动力。由此分析，新型文化业态的创新创意能力越强，其产业增长速度必然越快。其次，新型文化业态是伴随现代科学技术的发展以及产业间的合作竞争而形成的，其与科学技术的融合能力以及产业间的协同能力越强，其潜在的增长率越

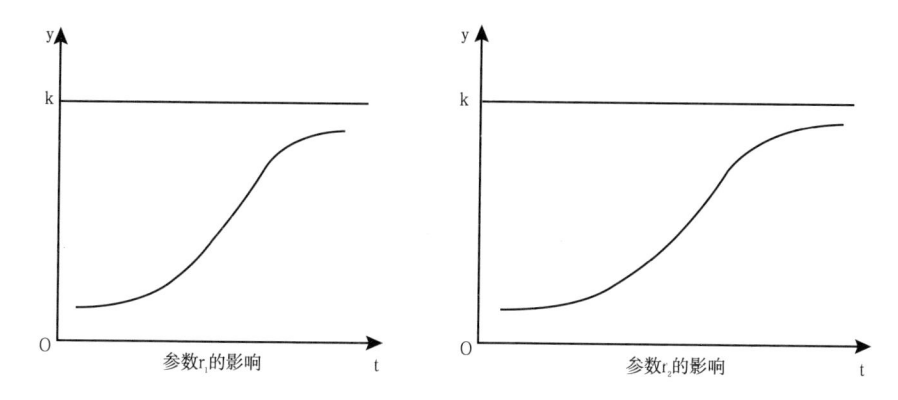

图 5-4　参数 r 对新型文化业态演化轨迹的影响 ($r_1 > r_2$)

大，相应的 r 值也就越大。

因此，想方设法提高新型文化业态的创新能力与融合能力，同样是培育和发展新型文化业态应当重视的问题。

二　新型文化业态自组织与他组织复合演化的 Logistic 模型分析

（一）Logistic 模型参数的估计方法

对于 Logistic 模型：

$$y = \frac{k}{1 + \exp(a - rt)} \text{ 或 } y = \frac{k}{1 + A\exp(-rt)}$$

其中，$A = \exp(a)$，有三个待估计的参数 k、a、r，此时一般的线性模型估计方法不再适用，这里利用非线性最小二乘法（NLS）对其进行估计。

NLS 方法是以误差的平方和最小为准则来估计非线性模型参数的一种参数估计方法。基于 Logistic 模型的新型文化业态自组织与他组织复合演化过程具有非线性特征，因此能够以新型文化业态的统计数据为样本，通过 NLS 方法对模型的参数进行估计，进而客观判断当前我国新型文化业态所处的演化阶段及特征。这里运用 NLS 方法对 Logistic 模型参数进行估计，利用 SPSS 软件回归分析中的曲线估计方法得到结果。

（二）Logistic 模型分析过程与结果

1. 状态变量的选取与数据说明

由于新型文化业态是一个复杂的经济系统，因此不能用单一的状态变量来反映整个系统的演化过程。基于状态变量选取的权威性、可得性与可对比性，以国家统计局社会科技和文化产业统计司、中宣部文化体制改革和发展办公室联合发布的 2013~2019 年《中国文化及相关产业统计年鉴》数据为基础，选取企业单位数、年末从业人员数、资产总计、营业收入等指标作为状态变量，基于 Logistic 模型对新型文化业态自组织与他组织的复合演化过程进行分析。相关原始数据见表 3-9、表 3-11。

2. 估计结果

运用 SPSS 软件，基于 Logistic 模型分别对企业单位数、年末从业人员数、资产总计、营业收入等各状态变量进行参数估计，得到新型文化业态自组织与他组织复合演化的 Logistic 模型估计结果，分别如表 5-2 至表 5-13、图 5-5 至图 5-8 所示。

表 5-2 模型摘要——企业单位数

R	R^2	调整后 R^2	标准偏斜度错误
1.000	1.000	0.999	0.004

表 5-3 变异数分析——企业单位数

	平方和	自由度	平均值平方	F	显著性
回归	0.032	1	0.032	2022.522	0.014
残差	0.000	1	0.000		
总计	0.032	2			

表 5-4 系数——企业单位数

	非标准化系数 B	非标准化系数 标准错误	标准化系数 β	T	显著性
观察值顺序	0.881	0.002	0.368	355.252	0.002
（常数）	0.000	0.000		164.450	0.004

表 5-5 模型摘要——年末从业人员数

R	R^2	调整后 R^2	标准偏斜度错误
0.993	0.986	0.972	0.024

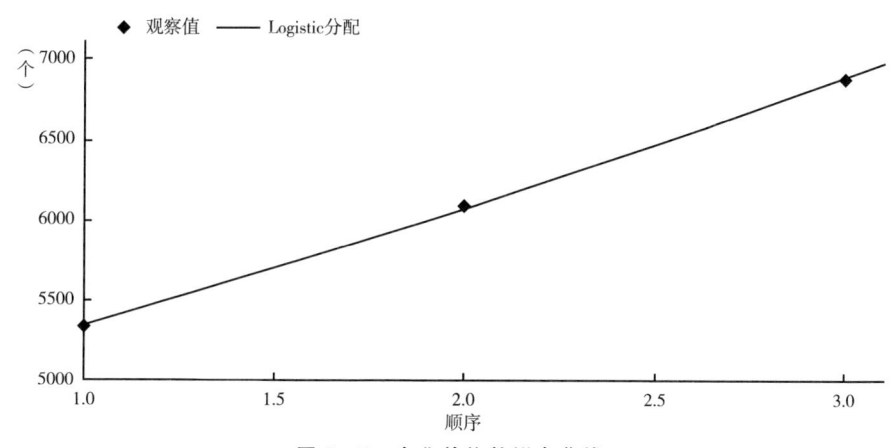

第五章　新型文化业态形成的微观机制

图 5-5　企业单位数拟合曲线

注:"顺序"针对观察值序列。下同。

表 5-6　变异数分析——年末从业人员数

	平方和	自由度	平均值平方	F	显著性
回归	0.041	1	0.041	69.575	0.076
残差	0.001	1	0.001		
总计	0.042	2			

表 5-7　系数——年末从业人员数

	非标准化系数		标准化系数	T	显著性
	B	标准错误	Beta		
观察值顺序	0.866	0.015	0.371	57.922	0.011
(常数)	1.204E-6	0.000		26.813	0.024

表 5-8　模型摘要——资产总计

R	R 平方	调整后 R 平方	标准偏斜度错误
1.000	1.000	1.000	0.005

表 5-9　变异数分析——资产总计

	平方和	自由度	平均值平方	F	显著性
回归	0.273	1	0.273	11640.287	0.006
残差	0.000	1	0.000		
总计	0.273	2			

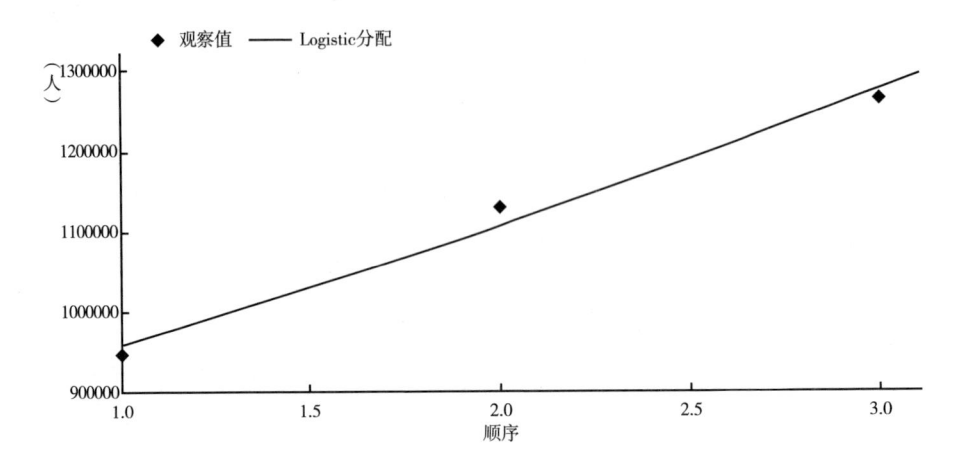

图 5-6 年末从业人员数拟合曲线

表 5-10 系数——资产总计

	非标准化系数		标准化系数	T	显著性
	B	标准错误	Beta		
观察值顺序	0.691	0.002	0.368	291.981	0.002
（常数）	1.737E-8	0.000		—	

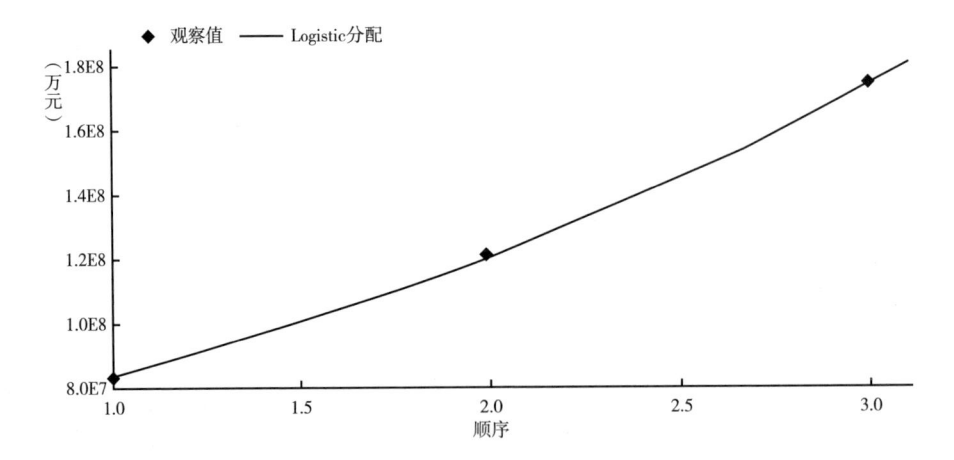

图 5-7 资产总计拟合曲线

表 5-11 模型摘要——营业收入

R	R 平方	调整后 R 平方	标准偏斜度错误
0.999	0.998	0.995	0.020

表 5-12　变异数分析——营业收入

	平方和	自由度	平均值平方	F	显著性
回归	0.172	1	0.172	414.953	0.031
残差	0.000	1	0.000		
总计	0.172	2			

表 5-13　系数——营业收入

	非标准化系数 B	标准错误	标准化系数 Beta	T	显著性
观察值顺序	0.746	0.011	0.368	69.465	0.009
（常数）	2.144E-8	0.000		—	

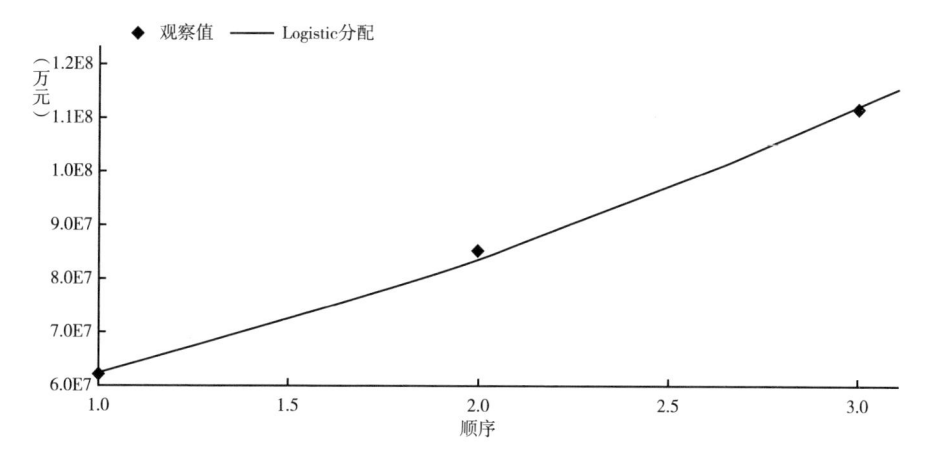

图 5-8　营业收入拟合曲线

（三）研究结论

从表 5-2 至表 5-13、图 5-5 至图 5-8 显示的结果来看，企业单位数、年末从业人员数、资产总计、营业收入四个状态变量均可以用 Logistic 模型进行拟合，方程整体的 F 检验显著，参数的 T 检验显著，拟合优度非常理想。由此说明，我国新型文化业态自组织与他组织复合演化过程总体符合 Logistic 模型特征，其演化轨迹呈 S 形。

进一步地，通过计算各状态变量的变化速度，并结合其拟合曲线的特征进行深入分析，不难发现：企业单位数、年末从业人员数、营业收入三个状态变量目前均完成孕育期和加速增长期,现处于减速增长期;而资产总计这一状态变量目前正处于加速增长期。

上述结论与当前我国新型文化业态的实际发展状况基本吻合。由此也表明,新型文化业态自组织与他组织的复合演化过程目前已完成孕育期,陆续进入加速增长期和减速增长期,此后将进一步进入平稳期即稳定阶段或成熟阶段。未来除了要做好当前的稳步推进工作外,还应进一步采取措施,通过技术创新、市场需求、产业供给、政府力量等自组织与他组织因素的共同作用,引导新型文化业态自身发生突变,从而跃迁至更高层次的演化轨道。

第六章
文化业态的演进趋势

伴随科学技术的日新月异和全球范围内工业革命的不断深化，互联网与经济社会中各领域的融合加剧，极大地改变了传统的文化组织形态和产业增长方式，互联网成为具有广阔市场前景和重大发展潜力的战略生产要素。面对"渠道霸权"时代的终结和传播技术的革命，文化产业的经营重点正日益从围绕内容生产的"单点式"经营向产业链、价值链经营转型，而经济组织之间的竞争形式也逐步由过度竞争、差异化竞争向合作竞争转变。通过资本和市场等方式掀起的并购浪潮以及跨地区、跨媒体、跨行业整合层出不穷，信息产业融合不断加速，产业组织边界日趋模糊，产业系统集成化趋势不断加强。通过与拥有互补性资源和能力的经济组织建立更为紧密的合作与交易关系从而获取协作收益，文化组织结构日趋网络化，产业边界日趋开放化，新型产业组织形态的出现成为必然。

产业系统集成是信息时代产业结构的新本质，是继规模经济、范围经济、产业集群后出现的新型产业组织形态。它从动态的角度深入地揭示了特定产业内部以及产业之间在技术、资源、市场等方面存在的既竞争又合作的内在联系。它对于产业组织调整特别是文化产业组织调整、增强文化产业国际竞争力、促进文化产业结构升级，都具有重要的理论意义和政策参考价值。

第一节 网络经济与产业系统集成范式

网络经济是20世纪90年代之后兴起的一种新型经济运行方式，具有不同于工业经济的运行规则,由此衍生出企业间的新型合作关系以及在此基础上形成的产业系统集成性质。

一 网络经济的运行特征蕴含产业系统集成的特质

网络经济的运行特征主要体现在网络性、网络外部性、系统经济性三个方面,这些特征蕴含了产业系统集成的特质。

(一) 网络性

网络性,即通常需要通过固定的传输网络来提供产品或服务。从文化产业的技术经济特征来说,文化产业的网络性即指文化产业在产品或服务的生产、传输、分销和用户消费等环节具有很强的垂直关系,生产厂商必须借助传输网络才能将其产品或服务传递给用户,用户也必须借助传输网络才能获得生产厂商的产品或服务。

(二) 网络外部性

网络外部性,即连接到一个网络的价值取决于已连接到该网络的其他用户的数量,也叫需求方规模经济。梅特卡夫法则形象地说明了网络外部性,即网络价值与其用户数量的平方成正比。以有线电视为例,有线电视网络的需求方即用户的含义是多重的,它不仅指电视节目的收看者——观众,也指电视节目的播出机构——电视台,还包括进行视频点播等其他更高级业务的用户。对于有线电视来说,其网络规模(即用户数量)扩大100倍,则其网络价值就增长10000倍。因此,对于处在同一网络的企业,其用户数量越多,每个企业所拥有的价值就越大,这种价值实际就是一种集成效应。

(三) 系统经济性

网络经济条件下,产业经济系统具有开放性、非线性、非平衡性和涨落等自组织特征,这将自然地导致系统经济性,即经济组织以经济系统的方式从事经济活动。由系统经济性所带来的经济效应称为系统经济效应。系统经济效应更加符合系统经济学的三大基本公理要求,即广义代价趋于最小可能值(世界最经济原理)、社会福利水平趋于最大可能值(社会福利原理)以及持续发展水平不减(持续发展原理)(昝廷全,2002)。从效益角度讲,这就相当于亚里士多德所说的"整体大于部分之和"。在以非信息运行平台为主导的工业经济时代,单一经济主体或者通过大批量的专业化生产获得

"规模经济性"的效果，或者通过扩大产品经营范围实行多角化经营获得"范围经济性"的效果。而在信息网络化社会中，分属于不同经营领域的复数主体通过信息网络异业合作、协同合作开发新产品，能够更迅速地满足不断变动的多方面消费需求，获得更大的经济效果（周振华，2004）。日本学者宫泽健一（1990）最先从企业组织角度对此进行了探讨，并把这种"复数主体通过网络联结产生的经济性"称为"联结经济性"，或称为"复合效应"。不难看出，联结经济性是系统经济性的特例，是系统经济性的具体表现形式之一。产业系统集成的实质就是在技术集成和业务集成基础上，将更多的信息、知识、技术、人才、资本等资源进行跨时空整合，从而产生巨大的系统经济效应和经济增长效应的过程。

将规模经济性、范围经济性、聚集经济性、系统经济性分别与不同的产业组织形态相联系并进行比较，如表6-1所示，能够得出产业系统集成所具有的部分特征。

表6-1 不同形态的产业组织演变比较

类别	企业	产业集群	产业系统集成
经济效应	规模经济性 范围经济性	聚集经济性	系统经济性
存在基础	专业化生产 要素共享性	外部经济性	技术、产品和市场的交叉融合
实施主体	单个企业	企业群	产业链、价值链上的所有组织
经济行为	扩大生产规模 多角化经营	企业向同一区域聚集	企业交叉兼并、不同范围的业务整合和市场整合
实现目标	提高经济效率 促进垄断	发挥聚集优势 降低交易成本	突破传统产业边界 实现多赢和系统经济效应
结构模式	更替演进	专业化结构	复合结构

二 文化产业的网络结构特征

文化产业是典型的网络性产业。经过四十余年的改革与发展，我国的文化产业已从传统的事业单位、政府宣传部门发展成为社会主义市场经济条件下兼具宣传与经营双重功能的特殊实体，形成了包括广播产业、电影产业、电视剧产业、网络产业等在内的蓬勃发展格局。2019年末，全国文化和旅游系统共有艺术表演团体2072个，博物馆3410个，文化馆3325个；全国共有公共图书馆3189个，总流通规模达87774万人次；全国共有有线电视实际用户2.12亿户，其中有线数字电视实际用户达1.98亿户。2019年末，广播节目综合人口覆盖率为99.1%，电视节目综合人口覆盖率为99.4%。2019年，全国生产电视剧254部共10646集，生产电视动画片94659分钟；全年生产故事影片850部，科教、纪录、动画和特种影片共187部；全年出版各类报纸315亿份、各类期刊22亿册、图书102亿册（张），人均图书拥有量为7.29册（张）。2019年末，全国共有档案馆4136个，已开放各类档案14341万卷（件）。2019年全国规模以上文化及相关产业企业营业收入为86624亿元，按可比口径计算，比上年增长7.0%。[①]

目前，我国文化产业的网络结构正在发生根本性的转型。以广播电视业为例，网络结构转型的特点可归纳为以下方面。

（一）产业环节分化

伴随数字化、多频道化和频道专业化的普及，传统生产方式下的制作、编播、分配一体化模式逐渐分化成内容产业、编播产业、平台产业、网络传输产业等几个相对独立的环节，各个产业环节之间以资产和市场为纽带，形成横向与纵向的复合联结网络。

（二）市场结构分化

广播电视的内容产业环节逐步形成了独立的、可竞争的市场结构。原来由地面广播电视媒体垄断的编播产业环节，其具有瓶颈垄断性质的市场结构被打破，取而代之的是卫星电视、地面电视、有线电视、网络电视之间既融合又竞争的市场结构。

平台产业环节成为新的亮点。全面实现数字化后，卫星电视系统、地面电视系统、有线电视系统、网络电视系统都分化出自己的平台产业。由于技术经济因素的制约，各系统内的平台服务市场呈寡头垄断的结构，而系统之间的平台服务市场将形成竞争的结构。网络传输产业将维持其自然垄断的市场结构，成为独立的产业。

---

① 国家统计局：《中华人民共和国2019年国民经济和社会发展统计公报》，2020年2月28日。

（三）价值链形成

网络结构转型的特点是多级流通和多级价值补偿体制的构建，即价值链形成。随着产业环节和市场结构的分化，节目的多级流通体制形成，节目流通过程也趋于复杂化。内容产品首先在节目市场和首播市场上通过广告市场获得第一次增值，然后通过辛迪加市场在数字平台服务市场上获得第二次增值，并进一步在互联网平台上获得第三次增值。三次增值对各级产业环节来说，均实现了价值补偿。这种多级价值补偿体制使整个产业链的市场总量和价值总量都大大增加，从而提高了文化产业对国民经济的贡献度。

三 合作型文化产业组织大量涌现，加速文化产业系统集成化进程

网络经济环境给企业带来了生产技术条件与市场运营环境的变化，较传统企业而言，以合作性、网络性为特征的组织形式则更具优势。这种基于企业间活动的互补性和资源的依赖性而进行的组织协调能够降低交易成本和生产成本，并推动技术的联合开发，它是比纯粹市场和科层企业更具优势的组织结构（Richardson，1972）。

网络经济条件下合作型文化产业组织的典型形式有战略联盟、虚拟企业、业务外包等。以 BBC 为例，2002 年，BBC 联合英国独立电视台与第四频道开通免费的 Freeview 数字电视平台；2009 年，由 BBC、英国独立电视台、第四频道和星空媒体共同开发的免费数字卫星电视平台 Freesat 开始播放高清节目；2010 年，Freeview 推出高清节目；2011 年，由 BBC、英国独立电视台、Arqiva、第四频道、第五频道、英国电信和 Talk Talk 联合投资（BBC 拥有 16.6% 股权）的能够提供电视互联网视频服务（IPTV）的"画布"（Project Canvas）项目正式启动。在技术研发和应用程序开拓上，BBC 和 IT 精英们有着深度合作，如微软和苹果公司。合作型文化产业组织不仅拓展了文化市场和文化产业的边界，而且使文化企业获得了超出自身范围的资源，同时降低了市场交易的不确定性。

合作型文化产业组织的大量涌现，有助于在文化产业内部以及文化产业与其他产业之间形成一种新型的竞争协同关系，从而加速文化产业系统集成化进程。具体来说，合作型文化产业组织通过复数主体联结产生系统经济效应，进一步导致"业际化"倾向，即各部门突破原有产业及产业间的经营

界限、相互介入，从而形成一种新型的产业间竞争协同关系。这种新型关系不仅比企业多元化经营涉及的范围更加广泛，而且比通常所说的"兼业化"更具竞争色彩。它不仅是由于产业内部或产业间的进入障碍降低而出现的产业集成关系，而且是更为激烈的竞争关系。

第二节 产业系统集成概述

集成管理思想最早由切斯特·巴纳德（Chester Barnard）提出，强调系统的协作思想。1963年，弗雷蒙特·E.卡斯特（Fremont E. Kast）和詹姆斯·E.罗森茨韦克（James E. Rosenzweig）等人合著的《系统理论与管理》较为完整地阐述了管理的系统学说，日本丰田的及时生产系统（Just In Time, JIT）和美国通用汽车公司的敏捷制造（Agile Manufacturing, AM）的生产方式实践了集成管理思想。1973年，美国学者约瑟夫·哈林顿（Joseph Harrington）首次提出以集成管理思想为基础的计算机集成制造系统（Computer Integrated Manufacturing System, CISM）。1987年，安德瑞森（Andreason）从产品开发角度提出了优化产品开发过程是集成的、整体的、以人为中心的集成产品开发方法。我国著名科学家钱学森则从方法论角度发展了集成思想，认为处理开放的复杂系统唯一有效的方法是"定性与定量相结合的综合集成方法"（张贵、周立群，2005）。

产业系统集成不再是传统意义上的在地理上集中、横向与纵向联系的产业部门的集合体（张立、王学人，2002；黄建康，2004），而是信息时代文化产业组织的新形态。产业系统集成以实现系统经济效应最大化为目标，强调资源整合、优势互补、跨业融合、综合集成的产业组织形态，描述了文化产业组织的复合结构形态，具有组织形态扁平化、组织性质柔性化、组织格局分离化、组织关系网络化、组织边界开放化等特征。

产业系统集成综合反映了融合型、集成型的产业分工模式，是对产业分工细化的辩证复归，更是超越结构化产业边界限制的产业创新，有效地促进了文化资源在空间范围内的合理流动和配置。产业系统集成思想的提出，是对信息时代文化产业发展实践的抽象总结，也是对传统文化产业组织理论的丰富创新。

一 产业系统集成的内涵

"集成"一般可理解为聚集，还可理解为融合、综合、一体化，在更大程度上可以理解为一个创造性的整合过程，其核心思想是系统化。严格来说，集成指在一定的集成环境和条件下，将两个或两个以上的集成单元整合为一个有机整体的过程。集成后所形成的有机整体并不是集成单元之间的简单叠加或堆积，而是按一定的集成方式和模式进行的构造和组合，其目的在于最大限度地提高集成体的整体功能、适应环境的要求，从而更加有效地实现系统经济效应和构建集成体。

产业系统集成就是把产业作为一个复杂的开放经济系统，从系统的角度把组成产业经济系统的各子系统及其要素集成起来，从而实现系统经济效应和产业经济系统的整体功能倍增。从静态角度看，产业系统集成描述了产业经济系统充分整合、产业内各子系统及其要素实现有机结合的状态；从动态角度看，产业系统集成则强调了一个持续动态整合的过程系统工程。

与产业系统集成相关的概念包括产业集成、系统集成等，这些概念与产业系统集成既有联系又有区别。首先来看产业系统集成与产业集成的区别。产业系统集成应当理解为"把产业视为一个经济系统，然后对这个经济系统进行集成"。产业系统集成中的"系统"二字强调了产业经济系统的系统性本质特征，强调了系统思维在产业经营管理中的应用。而产业集成是以客户不断变化的需求和竞争日趋激烈的市场为背景，以流程管理为主线，强调了工业生产管理和商业营销模式的有机整合，其最终目的是实现价值链整体利润的最大化（张贵、周立群，2005）。从这个意义上说，产业系统集成是比产业集成更高级的一种结构形态，它强调了系统内部以及系统之间的整合与协同，其目标则是整个经济系统的效率最大化。再看产业系统集成与系统集成的区别。产业系统集成是对产业经济系统这一特定经济系统的集成，而一般所说的系统集成即狭义的系统集成是对工程技术系统的集成。从某种意义上讲，产业经济系统是一种由物理系统、事理系统以及人理系统构成的复合系统，而工程技术系统则是一种纯粹的物理系统。此外，产业系统集成理论属于软科学理论，而系统集成理论属于硬科学理论；产业系统集成需要运用综合集成的手段，而系统集成更多强调了技术集成。

二 产业系统集成的实质与机理

(一) 产业系统集成的实质

如前文所述,产业系统集成的实质是在技术集成和业务集成的基础上,将更多的信息、知识、技术、人才、资本等资源进行跨时空整合,从而产生巨大的系统经济效应和经济增长效应的过程。

从一定意义上讲,产业系统集成化的过程也是实现系统经济效应的过程。对系统经济效应的追求是经济增长和产业结构演化的不竭动力(昝廷全,2002)。设经济系统(集成体)的效益为 S,集成前各子系统的效益为 S_i($i=1,2,\cdots,n$),则根据世界最经济原理,有 $S > \sum S_i$。用 $\triangle$ 表示集成所产生的系统经济效应,则有 $\triangle = S - \sum S_i$。进一步地,将"系统经济效应水平"定义为系统经济效应与经济系统(集成体)总效应的百分比,用 q 表示,则有 $q = \triangle/S \times 100\%$。系统经济效应水平越高,表明集成效果越好。

(二) 产业系统集成的机理

系统经济效应的产生反映了各集成单元在形成集成体的过程中相互作用、聚合重组从而导致集成体整体功能倍增的基本规律。系统经济效应产生的必要条件是集成单元要具备相容性和互补性。相容性通常用集成单元的质参量的相容性来描述。设有 n 个集成单元,其质参量分别为 Z_1,Z_2,$\cdots$,Z_n,若 $Z_1 \cap Z_2 \cap \cdots \cap Z_n \neq \varnothing$,其中 $\varnothing$ 表示空集,则表明 n 个集成单元相容。互补性要求集成单元在属性、功能、优势等方面能够有机结合、相互补充,从而实现集成体的整体功能倍增。

系统经济效应通常通过功能重组、结构重组、过程重组、协同重组等方式来实现。

1. 功能重组

功能重组,即集成单元以功能互补为前提进行相互组合,从而使集成体的整体功能实现倍增。

2. 结构重组

结构重组,即集成单元在集成过程中通过重组自身空间结构及集成单元之间的空间结构、集成界面进而形成集成体的新功能。

3. 过程重组

过程重组,即集成单元通过重建时间秩序(流程)及界面功能来实现集成体的整体功能倍增。

4. 协同重组

协同重组，即集成单元在空间、时序、界面上按照某一共同行为模式形成有机整体，集成体呈现高度有序的整体特征，并涌现出新的功能（罗春元，2004）。

三 产业系统集成的运行模式

集成模式一般指集成单元之间的相互联结方式，反映了集成单元之间物质、信息和能量交流的方式。依据不同的分类标准，产业系统集成具有不同的运行模式。

（一）线性集成与非线性集成

根据各集成单元之间数量关系的性质，可以把产业系统集成划分为线性集成和非线性集成两大类。

大部分的集成都是非线性集成，也只有非线性集成才能真正达到"整体大于部分之和"的系统经济效应。

（二）互惠型集成、互补型集成与聚合重组型集成

根据集成的行为方式，可以把产业系统集成划分为互惠型集成、互补型集成和聚合重组型集成（海峰等，2000）。

互惠型集成指集成单元为更好地实现其自身功能，以某物质为介质、以供给与需求为主要方式建立的集成关系，如文化产业的多生态共生、以大企业为核心的大中小企业群、产业供应链之间的联系等均属于互惠型集成。

互补型集成指集成单元之间以功能或优势互补为基础形成的集成关系。当某一集成单元的优势恰恰是另一集成单元的劣势时，互补就成为集成单元形成集成体的重要条件。文化产业动态联盟、虚拟企业的形成与运作大多体现了互补型集成。

聚合重组型集成指集成单元为完善各自功能，经过聚合重组形成的相互交融的、浑然一体的集成关系。作为文化产业合作竞争组织的未来发展方向，产业生态群更好地体现了聚合重组型集成。

（三）硬部集成、软部集成与诱导集成

根据产业经济系统的内在构造关系，可以把产业系统集成划分为硬部集

成、软部集成和诱导集成。

先对产业经济系统进行分析。所谓产业经济系统，是指由各个不同的产业和它们之间的经济关系共同构成的有机整体，可以形式化地表示为：

$$产业经济系统 = (\{产业(i) | i = 1, 2, \cdots, n\},\\ \{产业(i)和产业(j)之间的关系 | i \neq j, i, j = 1, 2, \cdots, n\})$$

这里的产业（i）指具有一定经济功能的不同组织水平上的经济实体，在不同的情况下各个产业的内涵与外延不相同，其划分的一般方法是产业分类的（f, θ, D）相对性准则。在此基础上，可以自然地给出产业组织和产业结构的概念，即产业组织指产业内部各经济实体之间的关系的总和；产业结构指不同产业之间的关系的总和（昝廷全，2002）。

通常，我们把产业（i）构成的集合 $\{产业(i) | i = 1, 2, \cdots, n\}$ 称为产业经济系统的硬部，把产业（i）和产业（j）之间的关系构成的集合 $\{产业(i)和产业(j)之间的关系 | i \neq j, i, j = 1, 2, \cdots, n\}$ 称为产业经济系统的软部。于是，产业经济系统又可形式化地表示为：

$$产业经济系统 = (硬部, 软部)$$

由此，可以把产业系统集成的典型表现形式划分为三种基本类型，即硬部集成、软部集成和诱导集成。其中，硬部集成对应共软系统的集成；软部集成对应共硬系统的集成；诱导集成则强调了产业经济系统软部、硬部之间的诱导转化。

具体来说，硬部集成指经济系统的软部不变，而让其硬部（模块）发生集成。日本汽车企业的生产模式很好地说明了硬部集成的特点。主生产商并非完全设计好图纸的所有细节，而是将各个部件的连接规则、界面要求以及技术上的互补关系确定好，而部件的具体性质则由多种形式的企业合作组织来完成，从而实现了产品生产的综合集成。正如青木昌彦所指出的那样，日本汽车的核心竞争力来源于这种"图纸认可式的设计"。对文化产业而言，硬部集成在经营与管理中更多地强调了"内容为王"的作用。

与硬部集成相对应，软部集成指经济系统的硬部不变，而让其软部（关系）发生集成。克拉克（Clark）和鲍德温（Baldwin）将模块之间不同组合关系的变化称为模块操作，模块操作是软部集成的典型范例。软部集成通常有两种基本方式：系统广化和系统深化。如前文所述，系统广化指现有经济关系的显化和细分，以及与经济系统相联系的外部环境范围的不断扩大，进而可导致经济系统规模的扩大；系统深化指经济系统内部经济元之间相互联系的加强，经济元之间相互关系的加耦和解耦是系统深化的两个相反方向。对文化产业而言，软部集成在经营与管理中更多强调了渠道制胜的作用。

诱导集成强调了产业经济系统软部、硬部之间的诱导转化在产业系统集成过程中的重要作用。产业经济系统软部、硬部之间的诱导转化是指把某种已知的、易于处理的关系引入产业经济系统的硬部，这将自然地导致产业经济系统的软部也随之发生变化，进而发生集成。与硬部集成、软部集成相比，诱导集成是产业系统集成中最高级和最复杂的一种形式，它通常以前二者为基础，并贯穿于、体现在二者之中。

四 产业系统集成的协和度与临界点

(一) 产业系统集成的协和度

在产业系统集成过程中，将某层次的各子系统（集成单元）集成为更高层次的系统（集成体）时，各子系统之间可能互相牵扯、约束，也可能互相依存、推动。各子系统之间的协和度可分为三个等级：协调、协同、和谐。

其中，协调是指各子系统集成后尚能共处一体，即未发生严重内耗，也未能互相推动，协调与否的判据是"$1+1=2$"；协同是指各子系统集成后能够共处一体，而且能够相互激励、相互推动，从而获得更好的成效，协同与否的判据是"$1+1>2$"；和谐是指各子系统集成后能够共处一体，而且乐于"共生共荣"，和谐与否的判据是"$1+1\gg2$"。协和度可取 0~1 的数值，协调的协和度 $c=0$，协同的协和度 $c=0^+\sim1^-$，和谐的协和度 $c=1$（王浣尘，1998）。

产业系统集成过程中广泛地存在子系统之间的协同行为。对产业经济系统而言，其子系统之间的最高协和度即最理想的状态是和谐。处于和谐状态的产业经济系统能够最大限度地提升其核心竞争力。文化产业经济系统达到和谐状态是复杂的非线性动态演化过程。

（二）产业系统集成的临界点

在产业系统集成过程中，将某层次的各子系统（集成单元）集成为更高层次的系统（集成体）时，究竟仅仅是量的叠加，还是有质的升华，存在"临界点"。"临界点"决定了集成行为能否产生系统经济效应，即达到"1+1>2"的效果。因此，在研究产业系统集成理论和实施文化产业系统集成化过程时，必须着重考察"临界点"问题。

产业经济系统通常具有开放性、非线性、非平衡性和涨落等自组织特征。在实现集成化的过程中，影响协同效果和系统经济效应的因素很多，但其临界状态往往由少数几个序参量来主宰。序参量是经济系统状态变量中的慢变量。对于文化产业组织的结构调整和升级来说，媒介的适应性和便利性通常会起到关键作用。

第三节 推进文化产业系统集成的思路与建议

从自组织与他组织的角度，通过文化产业组织战略调整与政府管制政策取向优化，加快推进文化产业系统集成的进程。

一 文化产业组织战略调整

文化产业组织战略调整，应坚持以技术创新为起点，重视业务整合和市场整合。

（一）以技术创新为起点

在动态竞争环境中，企业的竞争优势源于不断的技术创新。对文化产业组织而言，技术创新的路径有两条：一是开发出能够渗透原有产业的关联性技术、工艺和产品；二是加强产业之间现有技术的交叉融合，形成新的产业链和企业群，实现原有产业组织之间的功能互补。例如，广播电视产业与电信业的交融掀起广电组织进军IPTV的热潮，这将拓展广播电视产业市场范围，提高广播电视产业产品附加值，实现广播电视产业和电信业优势互补、合作双赢和"1+1>2"的系统经济效应。

（二）重视业务整合和市场整合

业务整合和市场整合是实现产业系统集成的重要条件。文化产业组织要不断开发新产品，开拓新市场，推动文化产业在新型合作关系基础上的健康发展以及产业系统集成的发展。

文化产业组织要加快业务整合步伐，推进业务活动的系统集成；要促进不同行业分割的市场整合，发展新的价值链。在产业系统集成过程中，文化产业组织要经常采取兼并联合、战略联盟等手段提高自身的技术研发水平，整合业务和市场；要特别注意并购后的整合，在战略扩张的同时注重内部重组。此外，我国文化产业组织的规模还比较小、竞争力还不强，应当鼓励经济组织之间进行多种形式的合作。

二 政府管制政策取向优化

政府管制作为外生变量，对产业系统集成的发展方向、速度和规模等方面产生了重要影响。合理制定产业政策能够有效促进产业系统集成和产业结构的调整、升级。在文化产业蓬勃发展的新形势下，政府应相应放松管制，制定新的管制规则、法律和政策，为文化产业系统集成和产业组织发展提供较为宽松的宏观环境。

（一）加快资源整合

资源整合是推进文化产业系统集成的必要前提。政府要借助行政手段，按照产业系统集成的方向和目标加快现有部门或行业间的资源整合；同时，根据未来产业系统集成的发展方向，对现有行政管理部门进行调整，打破原有部门分割和行政垄断局面，促进产业系统集成顺利实现。

（二）放松市场准入

政府要研究新的管制方式，使管制内容从严格的市场准入转向维护市场正常秩序、保证市场公平竞争等方面；要根据产业系统集成的要求和原则，适时审视现行的文化产业管制政策，促进管制政策的科学性和前瞻性。特别需要指出的是，推进产业系统集成必须打破现有各个行业的行政垄断，促进文化产业向其他产业开放，例如允许广播电视产业与电信业结盟、允许有线电视公司与电信公司的业务交叉等。

第三部分　共时篇

本篇首先以在线教育产业、航空文化产业为例，对当前新型文化业态的主要类型——互联网文化产业、文化创意和设计服务业的运营状况分别进行解读；在此基础上，直面新型文化业态发展面临的主要困境，结合文化产业发展的国际经验，进一步提出推动新型文化业态发展的举措建议。

第七章

当前新型文化业态运营的个案解读

融合是文化产业发展的"金马达",通过产业链与价值链横向拓展、纵向延伸,加大文化创意与特色农业、城乡旅游、体育产业、数字内容、人居环境、装备制造业等深度融合,为文化产业提供更广阔的空间和创造更高的价值。

以"互联网+"和"文化+"为主要融合路径,在生产、传播、消费等环节不断创新文化产品和服务的供给,形成新型文化业态。鉴于新型文化业态形式多样、内容丰富且处于不断发展变动的过程中,因此很难在有限篇幅内穷尽说明。本章以在线教育产业、航空文化产业为例,以个案形式对当前新型文化业态的主要类型——互联网文化产业、文化创意和设计服务业的运营状况分别进行解读,以期说明当前新型文化业态的发展概况。

第一节 互联网文化产业——以在线教育产业为例

互联网文化产业是由文化内容、信息技术、网络平台三者相结合而形成的一种特殊文化产业,是以信息技术为依托、以网络媒介为平台从事互联网文化产品生产与提供相关服务的经营性行业。互联网文化产业是信息网络技术、数字技术与文化产业融合的产物,是信息时代文化产业的重要内容与组成部分。

前文以网络游戏、新媒体动漫、网络视频、网络音乐、网络出版等产业形态为代表,论述了当前互联网文化产业的基本格局和运营概况。下面以在线教育产业为例,对互联网文化产业的运营状况进行深入剖析。具体思路是:以我国 2011~2019 年在线教育产业数据为基础,运用 GRA 模型计量在线教育产业演进的主要关联因素；在此基础上，运用 GM（1，1）灰色预测模型对在线教育的产业前景进行预测。

一 在线教育产业概述

2012年以来，MOOC（Massive Open Online Courses）即"大型开放式网络课程"热潮席卷全球。作为一种新型在线教育模式，MOOC 的出现迅速引起国内业界与学术界的高度关注。基于知识获取方式更为灵活、教学资源内容更加丰富、碎片化学习等突出优势，在线教育很快得到用户的接受和肯定，并迅速成为传统线下教育培训机构、技术提供商和互联网巨头投资的热点。据不完全统计，包括学大教育、好未来、新东方、东大正保等教育培训机构，科大讯飞、立思辰、拓维信息、全通教育等技术提供商，百度、阿里巴巴、腾讯、网易、奇虎等互联网巨头均已涉足在线教育领域，在线教育产业进入蓬勃发展阶段。

在线教育（Online Education）又称互联网教育、在线学习，指一种基于网络的学习行为，即通过互联网进行的网上教育方式。2010年7月，中共中央、国务院印发《国家中长期教育改革和发展规划纲要（2010—2020年）》，首次提出"信息技术对教育发展具有革命性影响，必须予以高度重视"。此后，教育部等政府机构陆续印发《教育信息化十年发展规划（2011—2020年）》《国家教育资源公共服务平台规模化应用试点实施方案》《构建利用信息化手段扩大优质教育资源覆盖面有效机制的实施方案》《2015年教育信息化工作要点》等重要文件，提出"以教育信息化带动教育现代化""推动信息技术与教育教学的深度融合，形成网络条件下新型的教学方法和模式""推进宽带网络校校通、优质资源班班通、网络学习空间人人通，建设教育资源公共服务平台、教育管理公共服务平台""到2020年基本建成人人可享有优质教育资源的信息化学习环境，基本形成学习型社会的信息化支撑服务体系"。2015年10月，党的十八届五中全会通过《中共中央关于制定国民经济和社会发展第十三个五年规划的建议》，指出"必须把发展基点放在创新上"，"实施网络强国战略，实施'互联网+'行动计划"，进一步强调了发展在线教育对于创新传统教育方式、推进教育教学改革、促进教育事业进步的重大意义。

2020年4月，CNNIC 发布的第45次《中国互联网络发展状况统计报告》显示，截至2020年3月，中国网民规模达9.04亿人，互联网普及率达64.5%。完善的信息基础设施与日渐养成的互联网学习习惯为在线教育普及奠定了重要基础。作为信息技术与教育教学深度融合的重要形式,在线教育具有巨大的发展潜力和广阔前景,成为促进教育公平、推动社会进步的新型文化业态与重要产业形态。

截至 2020 年 3 月,我国在线教育用户规模达 4.23 亿人,较 2018 年底增长 110.2%,占网民整体的 46.8%。2020 年初,全国大中小学校推迟开学,2.65 亿在校生普遍转向线上课程,用户需求得到充分释放,在线教育产业发展呈现爆发式增长态势。①

二 基于 GRA 模型的在线教育产业演进分析

(一) GRA 模型概述

灰色系统理论认为,社会系统具有广泛的灰色性,即信息的不完全性与不确定性(邓聚龙,1990)。灰色关联度分析(Grey Relational Analysis,GRA)是灰色系统理论中的重要研究方法,主要用于对系统发展态势影响因素的分析。其基本思想是根据系统发展过程中不同因素的变化态势,即序列曲线几何形状的相似程度来判断变量之间的联系是否紧密。曲线越接近,即不同因素的变化态势(速度、大小、方向等)越一致,其关联度就越大,反之则越小。

在实际使用中,常常采用相对关联度作为 GRA 建模的核心指标。其原因是,相对关联度以变量相对于始点的变化速率作为表征,而与变量各观测值的大小无关,这就很好地弥补了绝对关联度在分析差异较大因素时由于变量间量纲不一致导致的结论缺陷。

相对关联度的求解过程如下(刘思峰等,2010)。

第一,确定参考序列 $X_0^{'}$ 和比较序列 $X_i^{'}$。

$$X_0^{'} = [x_0^{'}(1), x_0^{'}(2), \cdots, x_0^{'}(n)] \quad (7-1)$$

$$X_i^{'} = [x_i^{'}(1), x_i^{'}(2), \cdots, x_i^{'}(n)], i = 1, 2, \cdots, m \quad (7-2)$$

第二,求各序列的初值像序列。

$$X_0 = [x_0(1), x_0(2), \cdots, x_0(n)] = [x_0^{'}(1)/x_0^{'}(1), x_0^{'}(2)/x_0^{'}(1), \cdots, x_0^{'}(n)/x_0^{'}(1)] \quad (7-3)$$

$$X_i = [x_i(1), x_i(2), \cdots, x_i(n)] = [x_i^{'}(1)/x_i^{'}(1), x_i^{'}(2)/x_i^{'}(1), \cdots, x_i^{'}(n)/x_i^{'}(1)] \quad (7-4)$$

---

① 中国互联网络信息中心(CNNIC):《中国互联网络发展状况统计报告》,2020 年 4 月。

第三，求各初值像序列的始点零化像序列。

$$X_0^0 = [x_0^0(1), x_0^0(2), \cdots, x_0^0(n)] = [x_0(1) - x_0(1), x_0(2) - x_0(1), \cdots, x_0(n) - x_0(1)]$$
(7 - 5)

$$X_i^0 = [x_i^0(1), x_i^0(2), \cdots, x_i^0(n)] = [x_i(1) - x_i(1), x_i(2) - x_i(1), \cdots, x_i(n) - x_i(1)]$$
(7 - 6)

第四，求 $|s_0|$、$|s_i|$、$|s_i - s_0|$。

$$|s_0| = \left| \sum_{k=2}^{n-1} x_0^0(k) + \frac{1}{2} x_0^0(n) \right|$$
(7 - 7)

$$|s_i| = \left| \sum_{k=2}^{n-1} x_i^0(k) + \frac{1}{2} x_i^0(n) \right|$$
(7 - 8)

$$|s_i - s_0| = \left| \sum_{k=2}^{n-1} [x_i^0(k) - x_0^0(k)] + \frac{1}{2} [x_i^0(n) - x_0^0(n)] \right|$$
(7 - 9)

第五，求解 γ_{0i}。

$$\gamma_{0i} = \frac{1 + |s_0| + |s_i|}{1 + |s_0| + |s_i| + |s_i - s_0|}$$
(7 - 10)

其中，γ 即为参考序列 X_0' 与比较序列 X_i' 的相对关联度。

（二）在线教育产业演进的 GRA 模型

从研究目的出发，遵循指标体系构建的系统性、科学性、可比性与可操作性原则，以我国 2011~2019 年在线教育产业相关统计数据为基础，基于 GRA 模型研究不同因素与在线教育产业演进的关联性。其中，在线教育产业选取在线教育市场规模作为表征指标。根据艾瑞咨询的界定，在线教育市场规模主要涵盖学前教育至高中教育（K12 在线教育）、高等学历在线教育、职业在线教育、其他在线教育等。

1. 在线教育产业演进动因的 GRA 模型

从推进在线教育产业演进的主要因素出发，分别选取互联网普及率、教育信息化投资规模、人均 GDP、城镇居民家庭人均文教娱乐服务消费支出、城市化率 5 项指标与在线教育市场规模进行灰色相对关联度分析。其中，互联网普及率指互联网用户数占全国常住人口总数的比例，城市化率指城镇人口占总人口（包括农业与非农业）的比例。在线教育产业演进动因的 GRA 模型原始数据如表 7-1 所示。

表 7-1 2011~2019 年在线教育产业演进动因的 GRA 模型原始数据

指标类别		指标名称	变量	2011年	2012年	2013年	2014年	2015年	2016年	2017年	2018年	2019年
参考序列	在线教育	市场规模（亿元）	Y_0	575.0	700.6	839.7	998.0	1225.4	1565.4	2002.6	2517.6	3225.7
比较序列	演进动因	互联网普及率（%）	X_1	38.3	42.1	45.8	47.9	50.3	53.2	55.8	59.6	61.2
		教育信息化投资规模（亿元）	X_2	48840	29825	134043	224926	528395	625385	553386	886652	541295
		人均 GDP（元）	X_3	36302	39874	43684	47173	50237	54139	60014	66006	70892
		城镇居民家庭人均文教娱乐服务消费支出（元）	X_4	1851.7	2033.5	1988.3	2142.3	2382.8	2637.6	2846.6	2974.1	—
		城市化率（%）	X_5	51.27	52.57	53.73	54.77	56.10	57.35	58.52	59.58	—

资料来源：1. 市场规模数据来自艾瑞咨询，《2020Q1&2020Q2e 中国在线教育市场数据发布报告》，2020 年 6 月。
2. 互联网普及率数据来自中国互联网络信息中心（CNNIC），《中国互联网络发展状况统计报告》，2020 年 4 月。
3. 教育信息化投资规模数据来自艾瑞咨询，《教育行业数据分析：2019 年教育信息化投资金额为 541295 亿元》，https：//www.iimedia.cn/c1061/68301.html，2020 年 6 月 29 日。
4. 人均 GDP、城镇居民家庭人均文教娱乐服务消费支出、城市化率数据来自国家统计局，http：//data.stats.gov.cn/index.htm。

2. 在线教育产业结构演进的 GRA 模型

按照教育产品受众对象的学习阶段与使用目的不同，将在线教育产业划分为 K12 教育、高等学历教育、职业教育等不同部门。为此，分别选取 K12 在线教育、高等学历在线教育、职业在线教育、其他在线教育 4 项指标与在线教育市场规模进行灰色相对关联度分析。在线教育产业结构演进的 GRA 模型原始数据如表 7－2 所示。

表 7－2 2012~2019 年在线教育产业结构演进的 GRA 模型原始数据

	指标类别	指标名称	变量	2012年	2013年	2014年	2015年	2016年	2017年	2018年	2019年
参考序列	在线教育	市场规模（亿元）	Y_0	700.6	839.7	998.0	1225.4	1565.4	2002.6	2517.6	3225.7
比较序列	产业结构	高等学历在线教育（亿元）	X_1	433.0	512.2	594.8	737.7	953.3	1147.5	1341.9	1599.9
		职业在线教育（亿元）	X_2	180.1	214.1	252.5	297.8	353.8	474.6	624.4	806.4
		K12 在线教育（亿元）	X_3	63.1	84.8	115.8	142.1	197.2	298.4	443.1	687.1
		其他在线教育（亿元）	X_4	24.5	28.5	34.9	47.8	61.1	82.1	108.3	132.3

资料来源：1. 艾瑞咨询：《2019Q4&2020Q1e 中国在线教育市场数据发布报告》，2020 年 4 月。
2. 艾瑞咨询：《淘金时代结束：2018 中国在线教育行业发展研究报告》，2019 年 2 月。

3. 在线教育市场需求演进的 GRA 模型

从体现市场需求的基本要素出发，分别选取在线教育用户规模、总体网民规模、手机网民规模、用户性别结构、用户年龄结构、用户学历结构、用户收入结构、用户城乡结构 8 项指标与在线教育市场规模进行灰色相对关联度分析。其中，总体网民规模指过去半年内使用过互联网的 6 周岁及以上中国居民数量；手机网民规模指过去半年内通过手机接入并使用互联网，但不限于仅通过手机接入互联网的网民数量；用户性别结构指男性网民用户占全部网民用户的比重；用户年龄结构指 10~39 岁网民用户占全部网民用户的比重；用户学历结构指高中以上学历网民用户占全部网民用户的比重；用户收入结构指月收入在 2000 元以上的网民用户占全部网民用户的比重；用户城乡结构指城镇网民用户占全部网民用户的比重。在线教育市场需求演进的 GRA 模型原始数据如表 7－3 所示。

第七章 当前新型文化业态运营的个案解读

表7-3 2012~2019年在线教育市场需求演进的GRA模型原始数据

指标类别	指标名称	变量	2012年	2013年	2014年	2015年	2016年	2017年	2018年	2019年
参考序列	在线教育	市场规模（亿元）	Y_0	700.6	839.7	998.0	1225.4	1565.4	2002.6	2517.6	3225.7
比较序列	市场需求	在线教育用户规模（万人）	X_1	—	—	—	11014	13764	15518	20123	23246
		总体网民规模（万人）	X_2	56400	61758	64875	68826	73125	77198	82851	85449
		手机网民规模（万人）	X_3	41997	50006	55678	61981	69531	75265	81698	84681
		用户性别结构（%）	X_4	55.8	56.0	56.4	53.6	52.4	52.6	52.7	52.4
		用户年龄结构（%）	X_5	79.7	79.2	78.1	75.1	73.7	73.1	67.8	65.2
		用户学历结构（%）	X_6	53.4	52.1	52.0	48.8	46.8	45.8	43.1	44.0
		用户收入结构（%）	X_7	46.7	46.4	53.4	58.3	57.5	59.2	60.8	60.5
		用户城乡结构（%）	X_8	72.4	71.4	72.5	71.6	72.6	73.0	73.3	71.8

资料来源：1. 市场规模数据来自艾瑞咨询，《2020Q1&2020Q2e中国在线教育市场数据发布报告》，2020年6月。
2. 在线教育用户规模、总体网民规模、手机网民规模、用户性别结构、用户年龄结构、用户学历结构、用户收入结构、用户城乡结构数据来自中国互联网络信息中心（CNNIC），2013~2020年第31~45次《中国互联网络发展状况统计报告》。

(三) 研究结论

1. 在线教育产业演进动因的 GRA 模型分析结果

根据灰色相对关联度的计算方法，得出演进动因与在线教育的灰色相对关联度及排序，如表 7-4 所示。

从分析结果看，演进动因要素与在线教育市场规模的关联度大小依次为 $\gamma_{03} > \gamma_{01} > \gamma_{02} > \gamma_{04} > \gamma_{05}$，即人均 GDP、互联网普及率、教育信息化投资规模对在线教育产业的演进具有较显著的影响；城镇居民家庭人均文教娱乐服务消费支出的影响次之；城市化率的影响最小。

表 7-4 演进动因与在线教育的灰色相对关联度及排序

排序	指标名称	γ_{0i}	灰色相对关联度
1	人均 GDP	γ_{03}	0.6517
2	互联网普及率	γ_{01}	0.6183
3	教育信息化投资规模	γ_{02}	0.6085
4	城镇居民家庭人均文教娱乐服务消费支出	γ_{04}	0.5844
5	城市化率	γ_{05}	0.5254

2. 在线教育产业结构演进的 GRA 模型分析结果

根据灰色相对关联度的计算方法，得出产业结构与在线教育的灰色相对关联度及排序，如表 7-5 所示。

从分析结果看，产业结构要素与在线教育市场规模的关联度大小依次为 $\gamma_{02} > \gamma_{01} > \gamma_{04} > \gamma_{03}$，即职业在线教育、高等学历在线教育对在线教育产业的演进具有显著影响；其他在线教育、K12 在线教育的影响次之。

表 7-5 产业结构与在线教育的灰色相对关联度及排序

排序	指标名称	γ_{0i}	灰色相对关联度
1	职业在线教育	γ_{02}	0.9569
2	高等学历在线教育	γ_{01}	0.9305
3	其他在线教育	γ_{04}	0.9074
4	K12 在线教育	γ_{03}	0.7367

3. 在线教育市场需求演进的 GRA 模型分析结果

根据灰色相对关联度的计算方法，得出市场需求与在线教育的灰色相对关联度及排序，如表 7-6 和表 7-7 所示。

从分析结果看，市场需求（规模）要素与在线教育市场规模的关联度大小依次为 $\gamma_{01} > \gamma_{03} > \gamma_{02}$，即在线教育用户规模、手机网民规模对在线教育的市场需求演进具有较显著影响，总体网民规模的影响次之；市场需求（结构）要素与在线教育市场规模的关联度大小依次为 $\gamma_{06} > \gamma_{05} > \gamma_{04} > \gamma_{07} > \gamma_{08}$，即用户学历结构、用户年龄结构对在线教育的市场需求演进具有重要影响，用户性别结构、用户收入结构、用户城乡结构的影响次之。

表 7-6 市场需求（规模）与在线教育的灰色相对关联度及排序

排序	指标名称	γ_{0i}	灰色相对关联度
1	在线教育用户规模	γ_{01}	0.8870
2	手机网民规模	γ_{03}	0.7037
3	总体网民规模	γ_{02}	0.6536

表 7-7 市场需求（结构）与在线教育的灰色相对关联度及排序

排序	指标名称	γ_{0i}	灰色相对关联度
1	用户学历结构	γ_{06}	0.6171
2	用户年龄结构	γ_{05}	0.6079
3	用户性别结构	γ_{04}	0.5867
4	用户收入结构	γ_{07}	0.5858
5	用户城乡结构	γ_{08}	0.5851

（四）小结

首先，经济增长、技术进步、产业投资是推进在线教育产业发展、影响在线教育产业演进的主要因素；消费结构升级是形成在线教育市场需求、激发在线教育市场活力的根本动力；不断加速的城市化进程通过实现人口从农村向城市转移，在一定程度上促进了在线教育的产业集聚与规模扩张。

经济学理论指出，产出取决于要素投入。在资本、劳动、土地等有形生产要素的基础上，充分发挥技术、制度、组织创新能力等无形生产要素的作用，从供给侧入手，通过提高全要素生产率促进经济增长，这成为在线教育产业未来发展的必然选择。目前来看，产业投资主要源于风险投资，主要来自体制内院校、在线教育企业及 BAT（百度、阿里巴巴、腾讯），项目领域过多集中于儿童早教、中小学教育与语言学习，未来应充分关注需求度较高且前景较为广阔的职业培训、高等教育等领域。在技术创新方面，除了进一步提高互联网渗透率外，还应特别重视在线教育特色产品设计、跨平台应用研发以及云计算、大数据等先进技术在行业中的推广和应用。

其次，高等学历在线教育、职业在线教育共同构成在线教育产业的主体部分，是支配在线教育产业结构演进的核心力量；K12 在线教育、其他在线教育总体规模相对较小，对在线教育产业结构演进的影响相对有限。但未来时期，K12 在线教育具有较好的成长性。

受就业需求刚性、受众群体广泛、国家政策支持等因素共同影响，高等学历在线教育、职业在线教育近年来始终保持稳定增长，对于拉动在线教育产业迅速扩张功不可没。目前来看，高等学历在线教育主要包括高等网络教育（来自经授权的远程教育网校）和高等教育信息化（典型企业如超星、中文在线、学堂在线等），往往具有较强的"体制内"色彩。相对而言，职业在线教育由于兼顾了素质教育与技能教育，市场需求更加广泛，经营主体更加多元，现已拥有以东大正保、达内科技为代表的数百家从业企业，细分市场涉足 IT 培训、公务员考试、金融类考试、工程类考试、司法考试、教师资格考试、医学资格考试等多个领域，产业前景十分广阔。在大力推进"大众创业、万众创新""互联网＋"等政策背景下，不难判断，未来一段时期职业在线教育将面临空前机遇，在线教育产业将迎来新一轮的蓬勃发展。

最后，在线教育用户规模是支撑和推进在线教育产业发展的根本力量。具体来看，移动用户是在线教育产业发展的主导，巨大的手机网民规模造就了在线教育产业的飞速崛起；从市场需求（结构）看，用户学历结构、用户年龄结构与在线教育市场规模存在较强的关联性，而用户性别结构、用户收入结构以及用户城乡结构与在线教育市场规模的关联不显著。

结合实际来看，以手机、iPad 等大尺寸、高分辨率移动设备（包括学习机、电子书包等专用移动学习设备）为终端，兼具便携化、智能化、社交化、高效化、碎片化的移动学习已经超越基于 PC 平台的 Web 浏览器学习方式，成为在线教育未来发展的主要方向。与此相适应，未来应积极围绕用户需求与体验，聚焦跨平台内容、交互式直播、智能化引擎、增强现实等关键与前瞻技术，不断创新移动学习 App（应用软件产品），并选择适宜的营销渠道与盈利模式，以期满足市场需要。

三　基于 GM（1，1）模型的在线教育产业前景预测

（一）GM（1，1）模型概述

灰色系统理论认为，社会系统具有广泛的灰色性，即信息的不完全性与不确定性。灰色预测指通过原始数据的处理和灰色模型（Grey Model，GM）的建立，发现并掌握系统发展规律，对系统的未来状态进行科学的定量预测。

GM（1，1）模型由中国学者邓聚龙教授于 1982 年提出，是灰色预测方法中的核心理论模型。它通过对灰色系统原始数据进行处理来寻找数据规律，建立微分方程预测模型，对数据值进行拟合，从而确定预测值。

与指数平滑法、自回归移动平均模型、人工神经网络模型等预测方法相比，GM（1，1）灰色预测模型对样本量的多少和影响因素是否确定均适用，且预测精度高，能够较好地反映系统的实际情况，因此被广泛应用于工程技术、社会、经济、生态等多个领域。

1. GM（1，1）模型的建模机理和计算步骤

令 $X^{(0)}$ 为 GM（1，1）建模序列，则有：

$$X^{(0)} = [x^{(0)}(1), x^{(0)}(2), \cdots, x^{(0)}(n)]$$

令 $X^{(1)}$ 为 $X^{(0)}$ 的 $1-AGO$ 序列，则有：

$$X^{(1)} = [x^{(1)}(1), x^{(1)}(2), \cdots, x^{(1)}(n)], x^{(1)}(k) = \sum_{i=1}^{k} x^{(0)}(i), k = 1, 2, \cdots, n$$

令 $\rho(k) = \dfrac{x^{(0)}(k)}{x^{(1)}(k-1)}$，当 $k > 3$ 时，$\rho(k) < 0.5$，满足准光滑条件；

令 $\sigma^{(1)}(k) = \dfrac{x^{(1)}(k)}{x^{(1)}(k-1)}$，当 $k > 3$ 时，$\sigma^{(1)}(k) \in [1, 1.5]$，$\delta = 0.5$，满足准指数规律。可根据 $X^{(1)}$ 建立 GM（1，1）模型。令 $Z^{(1)}$ 为 $X^{(1)}$ 的紧邻均值生成序列，则有：

$$Z^{(1)} = [z^{(1)}(2), z^{(1)}(3), \cdots, z^{(1)}(n)], z^{(1)}(k) = 0.5x^{(1)}(k) + 0.5x^{(1)}(k-1)$$

则灰色微分方程为：

$$x^{(0)}(k) + az^{(1)}(k) = b \qquad (7-11)$$

式（7-11）为 GM（1,1）模型基本形式。其中，a 为发展系数，b 为灰色作用量。设 $\hat{\alpha}$ 为待估参数向量，即 $\hat{\alpha} = (a,b)^T$，则 GM（1,1）模型的最小二乘估计参数列满足：

$$\hat{\alpha} = (B^T B)^{-1} B^T Y_n$$

$$B = \begin{bmatrix} -z^{(1)}(2) & 1 \\ -z^{(1)}(3) & 1 \\ \cdots & \cdots \\ -z^{(1)}(n) & 1 \end{bmatrix}, Y_n = \begin{bmatrix} x^{(0)}(2) \\ x^{(0)}(3) \\ \cdots \\ x^{(0)}(n) \end{bmatrix}$$

最终得出：

$$\frac{dx^{(1)}(k)}{dt} + ax^{(1)}(k) = b \qquad (7-12)$$

式（7-12）为 GM（1,1）模型的白化方程。GM（1,1）模型的时间响应式为：

$$\hat{x}^{(1)}(k+1) = [x^{(1)}(0) - \frac{b}{a}]e^{-ak} + \frac{b}{a}, k = 1,2,\cdots,n \qquad (7-13)$$

还原值为：

$$\hat{x}^{(0)}(k+1) = \hat{x}^{(1)}(k+1) - \hat{x}^{(1)}(k) \qquad (7-14)$$

2. GM（1,1）模型的检验

GM（1,1）模型的检验包括残差检验、关联度检验、后验差检验。若三项检验均通过，则能够用所构建的模型进行预测，否则应进行残差修正。

（1）残差检验

残差检验，即对模型值和实际值的残差进行逐点检验。计算原始序列 $x^{(0)}(i)$ 与 $\hat{x}^{(0)}(i)$ 的绝对残差序列 $\Delta^{(0)}(i) = |x^{(0)}(i) - \hat{x}^{(0)}(i)|$ 及相对残差序列 $\varphi_i = \left[\frac{\Delta^{(0)}(i)}{x^{(0)}(i)}\right]$，并计算平均相对残差 $\bar{\varphi} = \frac{1}{n}\sum_{i=1}^{n}\varphi_i \times 100\%$。给定 α，

当 $\bar{\varphi} < a$，且 $\varphi_n < a$ 成立时，称模型为残差合格模型。

（2）关联度检验

关联度检验，即通过考察模型值曲线和建模序列曲线的相似程度进行检验。计算 $\hat{x}^{(0)}(i)$ 与原始序列 $x^{(0)}(i)$ 的关联系数 $\eta_i(k) = \frac{\min\min\Delta^{(0)}(i) + P'\max\max\Delta^{(0)}(i)}{\Delta^{(0)}(i) + P'\max\max\Delta^{(0)}(i)}$，其中 P' 为分辨率（$0 < P' < 1$），算出关联度 $r_i = \frac{1}{n}\sum_{k=1}^{n}\eta_i(k)$。根据经验，关联度大于 0.6，称模型为关联度合格模型。

（3）后验差检验

后验差检验，即对残差分布的统计特性进行检验。计算原始序列 $x^{(0)}(i)$ 的均方差 $S_1 = \left(\frac{\sum_{i=1}^{n}[x^{(0)}(i) - \bar{x}^{(0)}]^2}{n-1}\right)^{1/2}$ 及残差的均方差 $S_2 = \left(\frac{\sum_{i=0}^{n}[\Delta^{(0)}(k) - \bar{\Delta}]^2}{n-1}\right)^{1/2}$，计算均方差比 $C = \frac{S_2}{S_1}$ 及小残差概率 $P = P\{|\Delta^{(0)}(i) - \bar{\Delta}| < 0.6745 S_1\}$。对于给定的 $C_0 > 0$，当 $C < C_0$ 时，称模型为均方差比合格模型；对于给定的 $P_0 > 0$，当 $P > P_0$ 时，称模型为小残差概率合格模型。

后验差检验判别参照如表 7-8 所示。

表 7-8 后验差检验判别参照

P	C	模型精度
>0.95	<0.35	优
>0.80	<0.5	合格
>0.70	<0.65	勉强合格
≤0.70	≥0.65	不合格

（二）在线教育产业发展的 GM（1，1）模型

从研究目的出发，遵循指标体系构建的系统性、科学性、可比性与可操作性原则，以我国 2012~2019 年在线教育产业相关统计数据为基础，基于

GM（1，1）模型对在线教育产业的前景进行预测。其中，在线教育产业选取在线教育市场规模、用户规模作为表征指标。根据艾瑞咨询的界定，在线教育市场规模主要涵盖高等学历在线教育、职业在线教育、K12在线教育、其他在线教育等。在线教育产业发展的GM（1，1）模型原始数据如表7-9所示。

表7-9　2012~2019年在线教育产业发展的GM（1，1）模型原始数据

指标类别	指标名称	2012年	2013年	2014年	2015年	2016年	2017年	2018年	2019年
总量指标	市场规模（亿元）	700.6	839.7	998.0	1225.4	1565.4	2002.6	2517.6	3225.7
	用户规模（万人）	—	—	—	11014	13764	15518	20123	23246
结构指标	高等学历在线教育（亿元）	433.0	512.2	594.8	737.7	953.3	1147.5	1341.9	1599.9
	职业在线教育（亿元）	180.1	214.1	252.5	297.8	353.8	474.6	624.4	806.4
	K12在线教育（亿元）	63.1	84.8	115.8	142.1	197.2	298.4	443.1	687.1
	其他在线教育（亿元）	24.5	28.5	34.9	47.8	61.1	82.1	108.3	132.3

资料来源：1. 艾瑞咨询：《2020Q1&2020Q2e中国在线教育市场数据发布报告》，2020年6月。
2. 艾瑞咨询：《淘金时代结束：2018中国在线教育行业发展研究报告》，2019年2月。
3. 中国互联网络信息中心（CNNIC）：第31~45次《中国互联网络发展状况统计报告》，2013~2020年。

1. 在线教育市场规模的GM（1，1）模型

根据GM（1，1）模型的建模机理和计算步骤，对原始序列做1-AGO处理，当$k>3$时，$\rho(k)<0.5$，$\sigma^{(1)}(k)\in[1,1.5]$，$\delta=0.5$，满足准光滑条件与准指数规律，可以创建GM（1，1）模型。计算得到白化方程为$\frac{\mathrm{d}x^{(1)}(k)}{\mathrm{d}t}-0.233x^{(1)}(k)=526.453$，时间响应式为$\hat{x}^{(1)}(k+1)=2960.05\mathrm{e}^{0.233k}-2259.45$。

对模型进行检验，平均相对残差$\bar{\varphi}=2.118\%$，通过残差合格检验；关联度$r_i=0.77$，通过关联度合格检验；均方差比$C=0.0577$，小残差概率$P=1$，模型精度为优。

2. 在线教育用户规模的GM（1，1）模型

根据GM（1，1）模型的建模机理和计算步骤，对原始序列做1-AGO处理，

当 $k > 3$ 时，$\rho(k) < 0.5$，$\sigma^{(1)}(k) \in [1, 1.5]$，$\delta = 0.5$，满足准光滑条件与准指数规律，可以创建 GM（1，1）模型。计算得到白化方程为 $\dfrac{\mathrm{d}x^{(1)}(k)}{\mathrm{d}t} - 0.183 x^{(1)}(k) = 10240.819$，时间响应式为 $\hat{x}^{(1)}(k+1) = 66974.76 e^{0.183k} - 55960.76$。

对模型进行检验，平均相对残差 $\bar{\varphi} = 2.561\%$，通过残差合格检验；关联度 $r_i = 0.61$，通过关联度合格检验；均方差比 $C = 0.022$，小残差概率 $P = 1$，模型精度为优。

3. 高等学历在线教育的 GM（1，1）模型

根据 GM（1，1）模型的建模机理和计算步骤，对原始序列做 $1 - AGO$ 处理，当 $k > 3$ 时，$\rho(k) < 0.5$，$\sigma^{(1)}(k) \in [1, 1.5]$，$\delta = 0.5$，满足准光滑条件与准指数规律，可以创建 GM（1，1）模型。计算得到白化方程为 $\dfrac{\mathrm{d}x^{(1)}(k)}{\mathrm{d}t} - 0.190 x^{(1)}(k) = 388.226$，时间响应式为 $\hat{x}^{(1)}(k+1) = 2476.295 e^{0.190k} - 2043.295$。

对模型进行检验，平均相对残差 $\bar{\varphi} = 2.57\%$，通过残差合格检验；关联度 $r_i = 0.64$，通过关联度合格检验；均方差比 $C = 0.058$，小残差概率 $P = 1$，模型精度为优。

4. 职业在线教育的 GM（1，1）模型

根据 GM（1，1）模型的建模机理和计算步骤，对原始序列做 $1 - AGO$ 处理，当 $k > 3$ 时，$\rho(k) < 0.5$，$\sigma^{(1)}(k) \in [1, 1.5]$，$\delta = 0.5$，满足准光滑条件与准指数规律，可以创建 GM（1，1）模型。计算得到白化方程为 $\dfrac{\mathrm{d}x^{(1)}(k)}{\mathrm{d}t} - 0.241 x^{(1)}(k) = 117.603$，时间响应式为 $\hat{x}^{(1)}(k+1) = 668.079 e^{0.241k} - 487.979$。

对模型进行检验，平均相对残差 $\bar{\varphi} = 5.45\%$，通过残差合格检验；关联度 $r_i = 0.63$，通过关联度合格检验；均方差比 $C = 0.055$，小残差概率 $P = 1$，模型精度为优。

5. K12 在线教育的 GM（1，1）模型

根据 GM（1，1）模型的建模机理和计算步骤，对原始序列做 $1 - AGO$ 处理，当 $k > 3$ 时，$\rho(k) < 0.5$，$\sigma^{(1)}(k) \in [1, 1.5]$，$\delta = 0.5$，满足准光滑条件与准指数规律，可以创建 GM（1，1）模型。计算得到白化方程为 $\dfrac{\mathrm{d}x^{(1)}(k)}{\mathrm{d}t} - 0.383 x^{(1)}(k) = 23.328$，时间响应式为 $\hat{x}^{(1)}(k+1) = 124.009 e^{0.383k} - 60.909$。

对模型进行检验,平均相对残差 $\bar{\varphi}$ = 2.674%,通过残差合格检验;关联度 r_i = 0.61,通过关联度合格检验;均方差比 C = 0.056,小残差概率 P = 1,模型精度为优。

6. 其他在线教育的 GM(1,1) 模型

根据 GM(1,1) 模型的建模机理和计算步骤,对原始序列做 1 - AGO 处理,当 $k > 3$ 时,$\rho(k) < 0.5$,$\sigma^{(1)}(k) \in [1, 1.5]$,$\delta = 0.5$,满足准光滑条件与准指数规律,可以创建 GM(1,1) 模型。计算得到白化方程为 $\frac{dx^{(1)}(k)}{dt}$ - $0.258x^{(1)}(k) = 18.697$,时间响应式为 $\hat{x}^{(1)}(k+1) = 96.969e^{0.258k} - 72.469$。

对模型进行检验,平均相对残差 $\bar{\varphi}$ = 2.204%,通过残差合格检验;关联度 r_i = 0.68,通过关联度合格检验;均方差比 C = 0.034,小残差概率 P = 1,模型精度为优。

(三) 研究结论

1. 在线教育市场规模的 GM(1,1) 模型分析结果

模型的检验结果显示,GM(1,1) 模型对原始数据的拟合水平较高。由于 $-a = 0.233 < 0.3$,模型可用于中长期预测。根据时间响应式对 2020~2024 年在线教育市场规模进行预测,结果如表 7-10 所示。

从分析结果看,2020~2024 年在线教育产业将继续保持良好的增长态势,市场规模不断扩大,2024 年全年将达到 10118.6 亿元,同比增长 26.3%。

表 7-10 2020~2024 年在线教育市场规模预测

单位:亿元

指标名称	2020 年	2021 年	2022 年	2023 年	2024 年
市场规模	3979.1	5024.8	6345.3	8012.9	10118.6

2. 在线教育用户规模的 GM(1,1) 模型分析结果

模型的检验结果显示,GM(1,1) 模型对原始数据的拟合水平较高。由于 $-a = 0.183 < 0.3$,模型可用于中长期预测。根据时间响应式对 2020~2024 年在线教育用户规模进行预测,结果如表 7-11 所示。

从分析结果看,2020~2024 年在线教育产业将继续保持良好的增长态势,用户规模不断扩大,2024 年全年将达 58333.5 万人,同比增长 20.1%。

表7-11　2020~2024年在线教育用户规模预测

单位：万人

指标名称	2020年	2021年	2022年	2023年	2024年
用户规模	28016.7	33654.4	40426.6	48561.6	58333.5

3. 高等学历在线教育的GM（1，1）模型分析结果

模型的检验结果显示，GM（1，1）模型对原始数据的拟合水平较高。由于 $-a=0.190<0.3$，模型可用于中长期预测。根据时间响应式对2020~2024年高等学历在线教育市场规模进行预测，结果如表7-12所示。

从分析结果看，2020~2024年高等学历在线教育将继续保持良好的增长态势，市场规模不断扩大，2024年全年将达到4178.7亿元。

表7-12　2020~2024年高等学历在线教育市场规模预测

单位：亿元

指标名称	2020年	2021年	2022年	2023年	2024年
高等学历在线教育	1955.8	2364.6	2858.8	3456.3	4178.7

4. 职业在线教育的GM（1，1）模型分析结果

模型的检验结果显示，GM（1，1）模型对原始数据的拟合水平较高。由于 $-a=0.241<0.3$，模型可用于中长期预测。根据时间响应式对2020~2024年职业在线教育市场规模进行预测，结果如表7-13所示。

从分析结果看，2020~2024年职业在线教育将继续保持较好的增长态势，市场规模不断扩大，2024年全年将达到2566.2亿元。

表7-13　2020~2024年职业在线教育市场规模预测

单位：亿元

指标名称	2020年	2021年	2022年	2023年	2024年
职业在线教育	980.3	1246.9	1586.0	2017.4	2566.2

5. K12在线教育的GM（1，1）模型分析结果

模型的检验结果显示，GM（1，1）模型对原始数据的拟合水平较高。

由于 $-a=0.383>0.3$ 且 $-a<0.5$，模型可用于短期预测。根据时间响应式对 2020~2022 年 K12 在线教育市场规模进行预测，结果如表 7-14 所示。

从分析结果看，2020~2022 年 K12 在线教育将继续保持增长态势，市场规模不断扩大，2022 年全年将达到 1817.0 亿元。

表 7-14 2020~2022 年 K12 在线教育市场规模预测

单位：亿元

指标名称	2020 年	2021 年	2022 年
K12 在线教育	844.7	1238.9	1817.0

6. 其他在线教育的 GM（1,1）模型分析结果

模型的检验结果显示，GM（1,1）模型对原始数据的拟合水平较高。由于 $-a=0.258<0.3$，模型可用于中长期预测。根据时间响应式对 2020~2024 年其他在线教育市场规模进行预测，结果如表 7-15 所示。

从分析结果看，2020~2024 年其他在线教育将继续保持增长态势，市场规模不断扩大，2024 年全年将达到 487.3 亿元。

表 7-15 2020~2024 年其他在线教育市场规模预测

单位：亿元

指标名称	2020 年	2021 年	2022 年	2023 年	2024 年
其他在线教育	173.7	224.8	290.9	376.5	487.3

第二节 文化创意和设计服务业
——以航空文化产业为例

文化创意和设计服务业是生产性文化服务与国民经济各行业相联系并发挥作用的行业载体。由于文化产业领域广泛、种类丰富、关联性强，文化产业不断地向国民经济第一、第二、第三产业和上、中、下游全产业链拓展，通过资源整合和跨界融合，突破行业壁垒，创造产业发展新空间，形成了文化产业与其他行业协调配合、开放共享的生产格局。

根据生产性文化服务与国民经济相联系并发挥作用的行业属性，将文化创意和设计服务业划分为"文化创意+农业""文化创意+制造业""文化创意+现代服务业"三种类型。航空业被誉为"现代工业之花"，航空文化产业是"文化创意+制造业"的代表。下面以航空文化产业为例，对当前新型文化业态的主要类型——文化创意和设计服务业的运营状况进行分析。

一 航空经济崛起背景下的航空文化产业

20世纪60年代以来，发轫于计算机与通信技术融合发展的信息技术革命为人类提供了新的生产手段。以此为契机，社会生产力蓬勃发展，经济发展的空间地域限制被打破，全球化趋势日益显著。在此过程中，作为提供高效率交通运输服务的高新技术部门，航空业为跨国公司在全球范围内争夺市场、配置资源、提高效率提供了便利与可能。

"全球航空经济第一人"——美国学者约翰·卡萨达（Kasarda，1991）在"第五波理论"（the Fifth Wave）中指出，航空运输是继海运、水运、铁路运输、公路运输之后推动经济发展的第五个冲击波，机场带动下的空港将成为全球化背景下一国或地区经济增长的"发动机"。

据统计，航空经济目前对全球GDP的贡献率约为7.5%。全球每年约有25亿名航空旅客，占国际旅游总量的40%；运输约4680万吨航空货物，占国际贸易货物总额的40%；每年航空运输产生约3200万个就业岗位（曾庆文，2014）。据测算，民航业的投入产出比是1∶8，对经济拉动作用十分明显。

受金融危机影响，近年来世界经济和贸易增长速度持续下滑，国内经济下行压力不断加大。在此背景下，我国民航业仍保持主要运输指标平稳快速增长的趋势。2017年，民航全行业累计实现旅客运输量55156万人，运输总周转量为1083.08亿吨公里，货邮运输量为705.9万吨，通用航空生产飞行达83.75万小时，全行业累计实现营业收入7460.6亿元，利润总额达652.3亿元。[①] 民航业对国民经济的推动和引领作用日趋增强，以民航业为核心，航空经济加速崛起并蓬勃发展的时代已经到来。

航空经济是由效率引领、由技术进步推动、伴随深刻的结构演化、高度

---

① 中国民用航空局：《2017年民航行业发展统计公报》，2018年5月21日。

依赖航空运输、具有区域特点、代表未来发展方向的新型经济形态（耿明斋等，2015）。航空经济的蓬勃发展能够通过其上、中、下游相关产业的良好互动以及航空经济整体的向外发散与辐射功能，实现全产业链及整个产业生态系统的持续快速发展。在当前产业结构深度调整、经济发展方式亟待转变的背景下，充分发挥航空经济的战略先导作用，必将有助于充分承接国内外转移产业与促进分工合作，促进高效率、高附加值、高技术产业集聚发展，从而对产业结构优化升级、经济发展方式转变起到重要的引领和推动作用。

21世纪是文化的世纪，文化与经济的结合已为人们带来了太多有意义的探索。航空文化是航空经济文明程度的显著标志，是航空经济发展水平的综合体现，更是航空经济发展的动力与支撑。充分挖掘并积极利用航空文化资源，依托航空文化产业，积极推进航空经济与航空文化共生互动、融合发展，将进一步促进航空经济与航空文明的共同繁荣与进步。

在航空经济飞速发展和文化产业风起云涌的今天，以航空文化为主导资源进行航空产业链的延伸与拓展，已成为航空从业者和地方政府规划未来发展战略的着眼点。以此为主题，现实经济中涌现了形式多样的产品和产业形态，如珠海借助航展优势发展航空文化产业；上海在世博园区推出"飞行家主题园"项目，零距离体验航空文化；西安在曲江新区打造国内第一个以航空旅游文化为特色的主题公园，开启"航空＋旅游"的文化产业新篇章；中国航空工业集团（以下简称"中航工业"）斥巨资在西安和珠海布局大型综合航空城主题乐园项目——航空大世界，在合肥建设文化创意产业园，进一步延伸航空产业链；东方航空与人民网合作、南方航空与央视联手，在实现跨界融合的同时，推动航空服务业与文化传媒业联合发展；等等。

航空文化产业是为社会公众提供航空文化产品和航空文化相关产品的生产活动的集合。大力发展航空文化产业，是国民经济转型和经济结构调整的有力支点，是解放和发展文化生产力的必要方面，是城市化建设和发展的新引擎，是航空产业结构升级和提升航空企业竞争力的有效途径。

二 航空文化产业概述

伴随经济增长方式由粗放型向集约型的转变，文化资源在促进经济增长方面的地位和作用日益突出。一些具有历史积淀的物质载体、文化作品、旅游资源等被广泛开发和利用，成为促进经济增长的重要动力。文化资源转化为资本，并通过产业的形式传播和发扬，这是对传统经济增长模式的颠覆，是发展和繁荣经济的有效路径。

在漫长的社会历史发展过程中，人类创造了巨大的航空物质财富和精神财富。在航空经济蓬勃发展的历史际遇下，这些重要的文化资源进一步转化并形成了航空文化产业。目前，世界各国都在充分挖掘航空文化资源、拓展航空文化产业的外延，因此诞生了航空博物馆、航空主题购物中心、航空主题乐园、航空文化节事活动等形式多样、内涵丰富的航空文化产品。

文化具有的强辐射性和高渗透性的特点决定了航空文化可以与技术、工业和市场紧密结合，进而促进相关产业的发展，提高其价值。航空文化与航空经济共生互动、融合发展，不仅有利于先进航空文化的传播，而且通过航空文化的产业化发展，能够进一步拓展航空经济的发展空间，提升航空经济的发展潜力，从而促进航空经济与航空文明的共同繁荣与进步。

在借鉴前人研究成果的基础上，参照业界和学术界对"文化产业"的界定，本书将航空文化产业定义为"为社会公众提供航空文化产品和航空文化相关产品的生产活动的集合"。其中，航空文化产品采用广义的概念，即涵盖物质产品和精神产品，也即"具有航空元素的、体现航空价值的、满足人们航空体验的各类物质产品和精神产品及其服务"。也就是说，航空器等有形的物质产品都属于航空文化产品。需要指出的是，这里对航空文化产业的定义采用了"大文化"观念，即把航空文化及其相关产品的生产活动都纳入了航空文化产业的范畴之中。

深入思考不难发现，航空文化产业是在经济全球化背景下，以消费时代人们的物质精神文化需求为基础，以航空文化创意为核心，以现代化科技手段为支撑，以航空文化设施、航空文化活动、航空文化风俗、航空文化媒介等为资源，以航空文化与航空经济相结合为特色的跨区域、跨产业重组的集群。其内在实质是，通过"越界"促成航空工业与现代服务业的融合，从中寻找拉动航空经济的新的增长点，开拓艺术型、知识型、休闲型、体验型的新的航空经济增长模式，培育新的航空文化消费群体及市场，从而推动航空文化繁荣和航空经济发展。

三 新型文化业态：航空文化产业不断繁荣

现实经济中不断涌现出以航空大世界、航空小镇、航空工业旅游等为代表，以"航空博物展示+航空科技文化体验+航空旅游休闲+航空科技创新"为模式的产业发展新形态。随着航空经济的发展和产业链的延伸，航空制造企业、航空公司、机场、通航在其运营的各个环节都注重与文化产业相互融合，产生了如航空工业旅游、航空文化传媒、机场休闲娱乐、航空会展、航空教育与培训、航空咨询与研究、通航培训、通航体育、通航旅游等航空文化新业态。下面将从生产要素的革新、生产方式的突破、商业模式的颠覆入手，分别探讨航空设计制造业、航空运输服务业、通用航空产业与文化创意的融合。

（一）生产要素的革新——航空科技与文化创意的融合

当前，文化与科技的融合正日益渗透到航空文化产业的方方面面，成为航空文化产业发展的基础。发展航空文化产业，就要注重发挥航空高新技术在文化产业中的优势，将航空高新技术引入文化产业，加强核心技术、关键技术、共性技术攻关的系统研制和自主发展，为航空文化产业在数字化装备、网络化系统、多媒体技术等领域提供科技创新后盾；同时，还应注重航空高新技术成果在航空文化产业领域的应用和转化，助推航空文化领域科技水平的提高，并通过文化创意与航空产业的融合发展，进一步促进航空科技创新和研发水平的提升。

1. 珠海航空大世界

珠海航空大世界是中国航空技术国际控股有限公司（以下简称"中航国际"）于2015年12月投资建设的大型世界级航空文化旅游项目。该项目由中航国际与珠海市人民政府合作，其中中航国际投资额高达300亿元，计划于2018年运营。[①]

项目之所以落地珠海，一方面，源于珠海航空产业园的综合吸引力；同时，作为经济特区，珠海经济发展水平较高、地理位置优越、市场接受度高、发展航空产业的区域优势较为突出，珠海市政府更是致力于将航空产业

---

① 中航工业：《航空大世界将落地珠海 建成"永不落幕的航展"》，http://www.ce.cn/aero/201512/07/t20151207_7351614.shtml，2015年12月7日。

作为未来发展的战略性产业，这为航空大世界落地珠海提供了切实有力的支持。另一方面，自1996年珠海成功举办首次中国航空航天博览会以来，珠海在全球航空会展领域的知名度和影响力日渐突出，从而营造了良好的航空文化氛围，这为航空大世界的运营和发展开辟了广阔的市场。

概括来说，航空大世界是由航空科技与文化体验、旅游休闲等多个产业融合形成的。

首先，航空大世界是以航空科技为依托的文化旅游目的地。无论是航空器展览、休闲娱乐、飞行体验还是主题公园，都离不开航空科技的力量。从这个意义上说，科技是航空大世界与其他文化旅游项目相区别的关键要素。例如，位于航空科技博览体验区的航空科技文化体验中心、航空博物馆以及位于航空主题休闲度假区的飞行基地、航空休闲度假村、航空主题酒店等，都很好地说明了这一点。

其次，航空文化是航空大世界项目的核心和主线。在航空展览馆、科技馆、主题公园、创客小镇等多业态的游览地，均不同程度地蕴含着内容丰富、形式多样的航空文化。这些文化和资源，通过消费者的深度体验和使用，被进一步转化为经济效益和社会效益。

再次，航空大世界既是航空产业与文化创意产业的融合，也是航空产业链延伸的结果。"航空科技+文化创意产业"更是促进了航空文化博览、航空文化休闲、航空文化体验等一系列新型文化业态的出现和发展。与此同时，集创意性、娱乐性、科技性为一体的航空大世界融合了诸多形式的航空文化业态，开创性地构建了开放的航空文化产业生态体系，为人们近距离接触航空科技提供了便利，也为航空文化产业的发展带来了新思路。

最后，从区域经济、产业经济的广义角度来看，航空大世界不仅是珠海航空产业园发展中的亮点，也是珠海打造航空产业全价值链体系的重要环节。作为目前世界级航空文化旅游项目，航空大世界必将成为珠海文化旅游产业链条上的"明珠"。与此同时，航空大世界作为中航国际转变经济发展方式的重要成果，不仅会带来航空科技与文化创意产业的融合发展，也将为航空经济的发展注入新的元素和活力。

2. 成都航空大世界

2016年4月，"成都航空科技文化博览中心启动仪式"在四川天府新区举行。该项目由中航工业投资建设，是将主题酒店、主题商业、航空博物展示、航空科技文化体验、航空飞行公园、创客中心融为一体的、以航空科技文化为主题的大型综合类体验消费项目。成都航空大世界分为六大板块，总投资100亿元，占地2760亩，建成后预计年游客量将达到500万人次。除了拥有众多的飞行器文物之外，通过高新互动技术的运用，龙头项目——航空博物馆能够为游客带来全新的消费体验。航空飞行公园致力于打造航空运动嘉年华的行业标杆，常年举办内容丰富、形式多样的各类航空夏令营、飞行器比赛。在科技体验区为游客提供各类航空科技成果实施转化后形成的娱乐消费项目。

在成都航空大世界的项目规划中，还专门设置了普通游乐场没有的板块——航空文化产业孵化基地"创客小镇"。这意味着这里将产生以航空为核心的创业项目，孵化具备一定实力的企业。今后，这个区域将重点孵化科技设备研发、互动游戏开发、航空影视与动画制作、航空创意工厂和衍生品开发等领域的创业项目。其中，互动游戏开发将采用虚拟现实技术（VR）、增强现实技术（AR）、跨平台线上线下互动技术，结合经典航空故事、航空元素开发航空题材游戏，为玩家提供逼真的航空体验场景，使玩家身临其境地享受飞行乐趣。

航空航天与文化旅游相结合具有天然的优势。航空航天领域有大量的科技成果能够转化为文化消费项目，中航工业希望通过构建这个融合了科技与文化、娱乐与竞技、创意与创业等元素在内的航空产业生态体系，积极培育航空爱好者群体，从而为航空业的可持续发展以及航空科技的创新发展不断挖掘新兴力量（谢佳君，2016）。

（二）生产方式的突破——互联网+航空基础技术

互联网技术的发展颠覆了包括航空业在内的诸多制造企业的生产方式。互联网的普及可以通过实时、广泛的消费者与生产者之间的互动，使得包括航空业在内的制造业生产的产品更能满足消费者的个性化需求，从而改变制造业的设计和生产理念，激发制造业的创新潜力。具体的运作模式表现为基于互联网的众包、远程设计等。

对于航空制造企业而言，互联网与航空基础技术的融合一方面可以促进航空高新技术的民用转化，提高航空高新技术的利用效率；另一方面也有利于航空制造企业利用互联网平台更好地整合各类优质资源，引入竞争，倒逼航空高新技术的研发和航空制造企业的发展。

2015年8月，中航工业基础技术研究院与中航航空电子系统股份有限公司达成战略合作，利用后者旗下的中航联创平台——爱创客，共同打造基于"互联网+航空基础技术"的研发及生产新模式（马丽元，2015）。中航工业基础技术研究院以航空装备、国家战略性新兴产业发展需求为导向，在航空工业基础和前沿技术领域拥有较为雄厚的研究实力。中航联创平台——爱创客则是中航工业打造的我国第一个大型产业互联创新创业平台。该创新创业平台自上线以来，已经与100多家地方政府、高等院校、产业园区以及高科技创新企业等进行洽谈与合作，并与上海、长沙、南通等多地政府达成了合作意向。

根据双方签署的协议，中航工业基础技术研究院将利用爱创客这一平台致力于打造互联网与航空基础技术融合的研发与生产新模式。通过双方的强强联合，中航工业基础技术研究院可以更好地发挥其航空装备等基础技术和前沿技术的优势，通过军转民等形式，为社会生产和服务提供技术支持，促进航空基础技术的转化和扩散；利用爱创客平台发布产品、技术和商业合作需求，促进航空高新技术和基础技术的应用性研发、衍生品研发和市场推广。中航联创平台——爱创客则可以利用自身的平台优势，吸引外部的各种优质资源，借助中航工业的内部技术优势，实现航空基础技术与民用资源的合作共赢，为经济的升级转型提供服务和支持。与此同时，通过中航联创平台特有的开放网络优势，将航空高新技术的供求状况发布出去，实现与众多分散的生产者和消费者的广泛、实时、频繁交流互动，这既可以促进创新创意的迸发，也可以提升爱创客的影响力，促进中航工业的产业升级。

（三）商业模式的颠覆——互联网航空与产业链一体化

在全球新一轮科技革命和产业变革中，互联网正加速与各领域融合发展，成为具有广阔前景和发展潜力的经济增长新引擎，并对经济社会的战略性和全局性发展产生重要影响。空中Wi-Fi获批和取消前反佣金促进了互联网与航空的深度融合，互联网航空与产业链一体化蓄势待发。

相对于公路、铁路等交通工具而言，乘坐飞机的旅客群体购买力普遍较高，同时在飞行途中拥有较完整的休闲时间。为此，从市场需求看，机上Wi-Fi的客户净值与营销转化率都很高。随着居民收入水平的提高，选择飞机作为出行工具的旅客群体势必越来越多，空中 Wi-Fi 也将更受欢迎，进而带动航空业的快速发展。

航空公司 Wi-Fi 收入有两大来源：一是向小部分付费旅客收取上网费并提供无广告和附加条件的网络服务；二是将免费 Wi-Fi 与 App 和桌面程序绑定，通过集成 App 中的空中商城、广告、酒店、租车等服务盈利。一般认为，我国机上 Wi-Fi 的商业模式以后者为主、以前者为辅。

按照机上 Wi-Fi 的各项成本和付费意愿推算，20% 的付费上网旅客收入已能弥补近 60% 的 Wi-Fi 成本，剩余 80% 免费上网旅客的人均流量获取成本仅为 8 元。考虑到高净值、大流量变现的巨大潜力和 Wi-Fi 服务对提高客户黏性、支撑主业的帮助，ARPU（即每用户平均收入）有望达到两位数甚至三位数，远超成本。机上 Wi-Fi 的商业前景十分广阔。

此外，航空公司还可以把酒店、景点、交通、医疗、购物等资源按照旅客不同需求打包组合，在自己的 App 和官网平台里集成新产品进行售卖。与 OTA（旅游电商）公司相比，航空公司有飞机与航线网络的线下优势，便于打造"一站式"服务。航空公司可以结合线下庞大的航线网络，近距离地贴近客户、发掘需求；根据不同目的地的线下资源，运用机上 Wi-Fi 和娱乐系统进行个性化推送。通过大数据应用、Wi-Fi 入口、App 和桌面程序，航空公司可以实现精准营销。

航空产业链主要由飞机制造、租赁、运输、维保、旅游代理等环节组成。航空公司在产业链竞争中处于弱势地位，且在产业链分工中价值又偏低，盈利波动性大。然而，航空公司通过自身客货流量大、现金流充沛、技术和资本密集的优势向飞机租赁、维保、旅游代理等产业链上下游进行扩张，显著提升了其盈利能力和稳定性。①

（四）航空设计制造业与文化创意的融合

随着航空经济的发展以及人们对于精神生活的追求，体验、服务等文化内涵已逐渐融入航空设计制造业的发展理念中，航空设计制造业不断地加快服务化转型。

航空工业旅游是以航空工业园区为依托的航空工业旅游项目，也是航空

---

① 腾讯财经：《航空运输业：互联网航空与产业链一体化蓄势待发》，http://finance.qq.com/a/20150608/032646.htm，2015 年 6 月 8 日。

设计制造业与文化创意融合形成的航空文化产品。以航空工业园区为依托，既能保证航空工业旅游项目拥有经验丰富的设计制造人员，为开展飞机模型设计安装项目提供了必要的保证；也可以满足游客零距离参观飞机设计制造的需求。同时，通过航空工业系统获得的完整翔实的国内外航空产业发展历史的文字、图片和影音材料等，也为建立航空博览区提供了条件。此外，作为航空体验馆重要组成部分的飞行模拟器，目前在国内已经有了很成熟的体验技术，全息影像的成熟应用更为建立高品质的航空体验馆提供了技术保障。

目前，发展较为成熟的工业旅游模式包括以下四种。一是历史回顾模式。该模式主要以企业发展历史、企业文化等为旅游产品，目的是让游客参观企业、了解企业文化和发展，适用于知名企业如美国波音公司等。二是以现代化科学技术和先进的生产工艺为旅游产品的参观模式，适用于大多数航空企业。目前，像中国的海尔、长虹以及法国的雷诺、标致、雪铁龙等知名制造企业都开展了类似的工业旅游项目。三是博物馆模式。该模式以博物馆为载体，以企业的技术、产品、工艺等为主要旅游产品，如沈飞航空博览园等。四是文化开发模式。该模式具体形式包括：对工业遗产进行改造，开发文化旅游产品，如北京798艺术区；将工业景观与自然景观以及人文景观进行融合，如荷兰鹿特丹港口码头；利用企业自身的工业景观，打造公共的休闲区域等。

航空业被誉为"现代工业之花"。上述各种模式从不同的角度为发展航空工业旅游提供了经验借鉴。航空制造业拥有高新技术和先进的设计制造工艺，这些优势使航空工业旅游具有独特的魅力；而航空制造业周边完善的基础设施也为其开展工业旅游提供了便利的条件。

1. 制造商工业旅游

全球最大的飞机制造商——美国波音公司极为重视工业旅游。位于西雅图的波音公司飞机总装基地占地365公顷，全年均可以付费参观，每年大约接待14万人次的参观者，俨然成为西雅图的著名旅游目的地。

在西雅图波音飞机制造厂开发的工业旅游产品中，既包括参观波音公司的历史、飞机制造的全过程，也包括参观试验跑道、停机坪以及体验各种类型的飞机。此外，通过航空展览馆、航空模型商店及餐饮、商业售卖等设施，进一步将航空文化元素融入其中，使游客充分感受以航空为主题的文化氛围和消费体验。

2. 航空城工业旅游

法国城市图卢兹是世界著名的航空城。自1890年电气工程师克莱蒙阿代尔发明制造出世界第一架蒸汽动力单翼机以来，图卢兹就依靠其突出的区位优势大力发展航空产业。空客A380的问世，进一步奠定了图卢兹航空之都的国际地位。

依托空中客车公司的生产基地、众多的航空相关企业、研发中心以及先进的高等教育和浓厚的航空文化氛围，图卢兹逐步开展特色的航空工业旅游。一进入图卢兹，游客就能够感受到浓浓的航空文化氛围，法国航空航天中心等研发机构、法国航空航天大学等高等院校、空中客车公司等航空制造企业遍布全市。据统计，仅图卢兹布拉涅克机场周围就分布了29个与航空相关的景点；而空中客车公司组织的工业旅游、航空发展博物馆参观、航空主题娱乐城等，更是其中的亮点。

3. 国内航空工业旅游

沈飞航空博览园于2001年建成，是全国第一批航空航天类工业旅游示范点。该园总占地面积达2万多平方米，开设有"志在冲天""碧空雄风"等多个展馆，每一个展馆都各具特色。通过600多幅图片、200多架歼击机等实物以及声、光、电结合的飞机空战模拟演示等项目，沈飞航空博览园为游客提供了全方位的航空游览服务。博览园的广场中还陈列着沈飞集团制造的各种型号的歼击机，供游客参观。目前，沈飞航空博览园已经成为集国防教育、航空知识、航空企业文化推广、旅游为一体的航空工业旅游博览馆。

2009年，西安阎良国家航空高技术产业基地依托园区内多个航空制造企业、飞机设计研发机构开展航空工业博览游。在这里，游客不仅可以参观航空科技馆，还可以走进航空企业，了解各类航空知识，近距离接触各类经典型号飞机，体验飞机设计制造的流程，感受飞行的乐趣。

航空制造企业开展工业旅游是国内航空工业旅游发展的新方向。位于天津滨海新区的空客A320总装厂，厂区的游客接待中心展示了空客生产的一系列飞机模型，并开展空客飞机制造组装的相关展演；空客天津总装基地每年也都会接待大量的参观者，宣传企业文化，提高民众对航空的兴趣。2010年，上海飞机制造厂也开始接待参观者，允许参观者参观我国自主研发的飞机的制造和组装过程（胡海霞，2011）。

（五）航空运输服务业与文化创意的融合

航空运输服务业是航空产业的重要组成部分，航空公司和机场是航空运输服务业的核心。随着航空经济的发展和产业链的延伸，航空公司和机场在其运营的各个环节都注重与文化产业相互融合，产生了航空文化传媒、机场休闲娱乐、航空会展、航空教育与培训、航空咨询与研究等航空文化新业态。

航空公司与文化产业的融合是航空文化产业的重要组成，其发展也催生了一系列航空文化创意，如国航、海航、东航等航空公司推出的机上Wi-Fi项目，又如航空公司与文化传媒企业围绕机上杂志、机上广告、航空领域的媒体整合传播等方面展开的合作。

机场在航空运输链条中起到基础保障的作用。传统的机场服务主要提供较为单一的运行保障，如提供空中交通管制、通信、导航、气象、安保及消防等服务，收入主要依赖飞机起降、旅客服务等。而在现代运营阶段，机场在原有服务的基础上，考虑到航空客运、货运以及相关企业等多方需求，逐渐将机场服务向对外提供专业咨询和有偿管理服务拓展，一些机场则朝着临空产业、航空城的方向拓展，将机场与区域经济密切融合，最大限度地利用机场带来的发展机遇。

机场与文化创意融合的产物主要包括满足旅客购物娱乐、中转休闲以及航空文化展览、航空博物馆参观等需求的机场休闲娱乐产业，以及航空会展业、航空教育与培训、航空咨询与研究等航空文化产业。例如，机场依托其航空枢纽所带来的巨大客货流量，并根据各地的资源禀赋，将机场与文化产业相融合，大力开展临空经济区休闲娱乐服务、航空会展服务以及依托机场周边的高新技术产业开展咨询与研究服务等。又如，新加坡樟宜机场周边规划了商业园区、展览中心、社区休闲服务中心等，涵盖高科技制造、会展、康体休闲等多个相关产业。而英国希思罗机场更强调航空经济与城市化的协调发展，旨在打造以商务功能为中心涵盖商务园区、科研发展中心、物流货运区、机务维修以及旅游、文化休闲娱乐、文化创意等产业的航空经济与航空文化集聚区。

（六）通用航空产业与文化创意的融合

通用航空是指"除军事、警务、海关缉私飞行和公共航空运输飞行以外的航空活动，包括从事工业、农业、林业、渔业、矿业、建筑业的作业飞行和医疗卫生、抢险救灾、气象探测、海洋监测、科学实验、遥感测绘、教育训练、文化体育、旅游观光等方面的飞行活动"①。

通用航空产业以通航飞行活动为主要产品,产业链涉及基础产业、核心产业、应用产业等节点,提供从通用航空器研发制造开始包括市场运营、综合保障以及延伸服务等在内的全产业链服务,具有广阔的发展前景。其中,基础产业处于通用航空产业的上游,为通用航空器的制造提供技术支持和资源保障;核心产业处于通用航空产业的中游,包括通用航空器制造、通航运营以及各类资源保障;应用产业则处于通用航空产业的下游,主要服务于国民经济三次产业。

通用航空产业的市场潜力巨大,其与文化创意的融合更进一步拓展了通用航空的发展空间。据美国通用航空制造商协会(GAMA)发布的报告,在美国,通用航空产业的上下游拉动作用远高于制造业本身。以对 GDP 的贡献为例,通用航空产业的综合贡献为 1500 亿美元,其中通用航空制造业为170 亿美元,运营保障业为 230 亿美元,而其余的 1100 亿美元则全部来自上下游关联产业。② 目前,通用航空产业与文化创意产业充分融合,衍生了以通航培训、通航体育、通航旅游等为代表的多种新型文化业态。

1. 通航培训

通航飞行培训是目前航空飞行培训的主要组成部分。以美国为例,很多航空公司、通航飞行协会以及一些飞机制造厂家都开办了飞行培训机构,而政府也对航空普及教育给予大力支持。自 1946 年颁布《VA 飞行训练法》后,美国相继出现几百个民航学校,这些学校共同致力于培养飞行员。美国实验飞机协会(EAA)的"雏鹰计划"更是将目光对准了 8~18 岁的孩子,让他们体验飞行的乐趣,激发他们对于航空的兴趣。美国的飞行培训不仅实现了公众的飞行愿望,为通用航空发展奠定了雄厚的人才基础,而且飞行培训本身也形成了巨大的消费市场。

随着我国经济的发展以及通航需求的增加,通航专业人才缺口增大,通航飞行培训也迎来了蓬勃发展的历史机遇。截至 2017 年 12 月 31 日,我国

---

① 国务院、中央军委:《通用航空飞行管制条例》,2003 年 1 月 10 日。
② 于一、李海鹏:《制造业并非发展通航产业园的"充要"选择》,http://news.carnoc.com/list/292/292732.html,2014 年 8 月 29 日。

境内的 141 部飞行学校共有 22 家；共 252 家无人机驾驶员训练机构经中国航空器拥有者及驾驶员协会（AOPA）审定合格后取得培训资格。[①] 但与通航大国相比，由于培训科目单一、缺乏训练特色和有经验的教员、政策限制等因素，在通航培训方面我国仍存在一定的差距。

2. 通航体育

伴随飞行器的诞生和发展，人们通过飞行运动、跳伞运动、滑翔运动、气球运动、航空模型运动等多种方式，开展了形式多样、内容丰富的通航体育活动。这些独特的运动形式，不仅拓展了体育运动的新领域，也展现了其独特的社会效用与商业价值。

通过多年的市场探索，目前我国的滑翔伞、动力三角翼、跳伞、超轻型飞机特技飞行等运动项目已经具有一定的社会影响和群众基础。通航体育运动的发展不仅培养了大批飞行爱好者，而且由于这些飞行爱好者自身多是轻小型飞机等装备的使用者，为此也在一定程度上促进了通航私人飞机产业的快速发展。

3. 通航旅游

通用航空产业与旅游业融合是当前新型航空文化业态的重要形式。2016年5月，国务院办公厅发布《关于促进通用航空业发展的指导意见》，提出促进通用航空产业与旅游业结合，鼓励开展飞行培训，开展航空体育与体验飞行，支持通用航空爱好者协会、通用航空俱乐部等社会团体发展，推动互联网、创意经济与通用航空相融合，拓展通用航空新业态。

航空小镇是通用航空产业与旅游业融合的产物，它融合了航空运动、观光旅游、休闲娱乐等多元航空和文化要素。航空小镇最初出现在美国，目前美洲、欧洲、澳洲等多个地区散落着诸多通用航空小镇。不同地区的航空小镇各具特色，比如有的航空小镇依托当地发达的通用航空制造业优势带动相关产业的发展；有的航空小镇依托当地丰富的旅游资源大力发展航空观光活动；有的航空小镇依托通航机场，在机场周边发展通航培训、飞行体验服务等产业；有的航空小镇依托国内外重大的航空赛事、航空活动大力发展航空运动产业……在这些地区，人们利用航空飞行器或借助于航空手段、航空技

---

① 中国民用航空局飞行标准司：《2017年版中国民航驾驶员发展年度报告》，2018年2月9日。

术，以其所具有的航空知识将航空元素与文化消费结合起来。据统计，20世纪90年代初，在国际通用航空总飞行小时数中，每年空中旅游观光所占比重约为58%。由此可见，通用航空产业与旅游业的融合发展有着广阔的市场空间和发展前景。

与国外相比，由于我国通用航空产业整体起步较晚、发展潜力尚未释放、国民对航空以及飞行的兴趣有待提高、低空空域开放政策等多方面因素影响，目前我国的航空小镇建设尚处于起步阶段。其中，中航工业倾力打造的爱飞客航空综合体项目即爱飞客航空小镇，成为"通用航空＋文化创意"深度融合的行业标杆。

目前，中航工业已经与荆门、武汉、南通等地达成合作，共同建设爱飞客航空综合体项目，并计划与我国的新型城镇化建设紧密结合，在全国布局50个爱飞客航空小镇，旨在为航空爱好者打造集通用航空、娱乐休闲、飞行体验、航空培训、居民生活等为一体的"一站式"综合服务平台（杨群峰，2015）。通过航空小镇项目，更好地实现通用航空与文化创意的融合发展，延伸通用航空产业链，促进通用航空产业由制造业向综合运营服务转变，促进通用航空产业的发展。与此同时，通过航空小镇的建设，当地还可以实现地区文化创意产业与通用航空产业的融合，有利于促进地区创意经济的发展，从而实现通用航空与区域经济的互利共赢。

总之，航空产业的发展和产业链的延伸带来了航空产业与文化创意的融合。而反过来，航空文化产业的出现和快速发展也为航空产业延长产业链、优化产业结构做出了突出贡献。具体地，以航空文化设施、航空文化活动、航空文化风俗、航空文化媒介等为资源，航空文化产业将"高大上"的航空产业与人们的生活更密切地联系起来，有效地扩大了航空产业的需求以及丰富了文化消费的内容。当然，航空文化产业的发展目前还处于初级阶段，要大力发展航空文化产业，必须逐步构建科技含量高、富有创意、竞争力强的现代航空文化产业体系；同时，还应注重航空文化品牌的打造，用"创意"来推动航空产业与旅游、教育、体育、传媒等文化创意产业的融合发展，增加航空经济的文化含量，拓展文化产业的航空元素，从而进一步实现"文化创意＋制造业"的持续、健康、快速发展。

第八章

新型文化业态发展面临的主要困境

新型文化业态的发展演化是系统自组织与他组织复合作用的结果。本章从自组织、他组织的双重角度，深入剖析新型文化业态发展面临的困境。

第一节 自组织角度

从自组织角度看，新型文化业态发展面临的困境主要表现在：人才、资金、市场等瓶颈制约（以资源位为主导的自组织机制不畅）；内容产业创意性不高、链核心彰显不够，高新科技运用受到制约、链价值提升不足，关联企业缺乏链式经营意识和链条建构能力，产业融合形式单一、产业链条过短（产业链重构、价值链协同不足）等。

一 人才短缺制约新型文化业态发展

人才是文化产业发展的核心要素。人力资本的挖掘和提升直接影响文化企业的核心竞争力，人才已成为文化产业要素市场中争夺的关键资源。新型文化业态的发展不仅需要一批既有宽广人文视野又有精深产业运作理念的复合型人才，同时还需要熟练掌握新兴科技的技术创新型人才。

相对于近年来文化产业蓬勃发展的火爆局面而言，我国新型文化业态仍存在从业人员总量偏少、结构失衡等问题，人才短缺已成为制约新型文化业态发展的突出瓶颈。

（一）人才总量偏少，结构不尽合理

我国文化产业人才总量偏少是不争的事实，特别是 2010 年后，文化产业人才稀缺日益成为产业发展的最大瓶颈。在北京就业总人口中，文化创意产业从业人员不足 1‰，与国际上文化创意产业发达都市的该项指标（纽约为 12%、伦敦为 14%、东京为 15%）相比，相差甚远。国内其他文化产业相对不发达的地区在人才总量上的差距显然更大。第三次全国经济普查数据显示，2013 年我国文化产业从业人员（不含个体户）达到 1760 万人，约占全国总人口的 1%。表 8-1 是国家统计局和文化部发布的 2000~2018 年我国文化文物从业人员数。数据显示，近 20 年来我国文化文物从业人员数一直在 150 万~250 万人，2001 年、2003 年、2005 年、2006 年、2009 年、2013 年、2014 年和 2018 年八个年份还出现负增长的问题。其中 2005 年的负增长是由于统计口径的变化，2009 年是受国际金融危机影响，但 2013 年、2014 年文化文物从业人员数竟也分别下降 5.90% 和 5.32%，2018 年再次下降了 2.98%。文化文物从业人员本就基数较小，其负增长更加剧了这一问题的严重性。

表 8-1　我国文化文物从业人员数（2000~2018 年）

单位：万人，%

年份	从业人员数	增幅
2000	147.20	—
2001	141.90	-3.60
2002	168.30	18.60
2003	167.20	-0.65
2004	232.54	39.08
2005	191.84	-17.50
2006	189.93	-1.00
2007	195.63	3.00
2008	199.87	2.17
2009	198.42	-0.73
2010	210.79	6.23
2011	221.40	5.03
2012	229.00	3.43
2013	215.49	-5.90
2014	204.02	-5.32

续表

年份	从业人员数	增幅
2015	229.44	12.46
2016	234.80	2.34
2017	248.20	5.71
2018	240.80	-2.98

资料来源：文化部、国家统计局，2001~2019年《中国文化文物统计年鉴》。

我国文化产业不仅人才储备不够，而且结构也不尽合理。从文化产业从业人员的结构分布看，传统文化业态从业人员偏多，而新兴创意产业等对原创性、技术含量要求高的新业态从业人员偏少。段莉（2017）对近年我国文化产业就业情况进行了深入分析，发现我国文化产业将近50%的就业岗位集中在文化市场经营单位。该领域是我国最早发展文化产业的领域，包括文化娱乐业和其他文化市场两类，其对从业人员专业技能要求较低。

在新型文化业态的就业状况中，人才结构不尽合理的现象同样存在。具体体现在：文化产业链的上游设计及下游开发环节人才较少，尤其是具有原创性、思想性的源头创新人员极度匮乏，而不缺少程序员、技术员等流水线型生产制作人员。非官方统计数据显示，目前我国网络游戏专业人才数量不足四千人，其供需缺口高达三十万人，一半以上企业均出现研发人才难觅现象。因此，国内文化产业从业人员虽然可以对产品细节做一些修修补补，却很难推出新产品。人才制约使得文化企业满足于赚快钱，对产品缺少后期持续开发，从而难以形成品牌的长效运作。

（二）人才缺乏严重制约新型文化业态发展

新型文化业态最核心的部分是具有原创性的精神成果，包括视觉艺术、作曲、文学等原创内容的生产。比如，宫崎骏和久石让的系列作品主要是因为其原创性以及空灵的情节、画面和音乐而为人们所喜爱。再比如，近年来迪士尼电影《疯狂动物城》，将种族歧视、性别歧视、现代民主政治的阴暗面进行深刻揭露，并倡导通过个人奋斗实现跨越种族、跨越阶层的梦想。只有深刻挖掘内涵的动画制作，才能老少皆宜、雅俗共赏，才能具备成为经典的力量和可持续发展的潜力。反过来，如果仅仅是现代影视技术的堆砌，内容上空洞无物，是无法制作出经典作品的。而所有这些的源头，取决于原创人才的专业水平。

近年来影视制作行业以抗战为主题的产品较多，但总体来看，市场普遍充斥的是"脸谱化神剧"，视角千篇一律，未能真实地反映中国抗战的艰苦卓绝，更没有深入挖掘人性在战争中面临的考验及真实的人性冲突。造成"抗战神剧"这一尴尬局面的主要原因还在于主创人员在思想深度、科学精神、价值观等方面缺乏历久弥新的潜力。显然，这类"快餐式"的消费型影视产品，是无法进行后续的深度开发和创新的，甚至影响到当前的市场传播能力，连市场上现存的有效需求也无法满足。

进一步看，即便市场上出现质量好的原创性产品，但由于缺乏优秀的市场运营和管理人才，企业对产品的深度开发能力也将非常有限。例如，冯小刚导演的贺岁片《非诚勿扰》第一部推出后，内容相当惊艳，市场反应良好。这样优秀的产品本来可以深入挖掘，在每年的贺岁档或情人节推出相关作品，像西方的《指环王》、《哈利·波特》、《教父》或《007》等一样，形成系列产品。但《非诚勿扰》第二部便开始大量植入广告，让观众"倒胃口"，以至于该电影拍了两部之后就无法继续。这一失败案例，一方面反映出我国影视营运方在市场需求调研、营销策略制定、信息反馈分析等方面人才的缺乏和能力的不足，另一方面也反映出文化供给主体急功近利的思想，他们急于收取产品带来的利润，无暇提升产品的精神内涵，对培育市场上持续性的稳定需求重视不够，因此就无法做出品牌性、标志性的产品。

（三）新型文化业态人才缺乏的原因

我国新型文化业态人才的缺乏，并非一朝一夕形成的。从根源上看，这反映了我国具有民族特性的文化基因缺乏继承。清末以来，中国人明白了"落后就要挨打"的道理，更有人发现中国的落后并不仅是在大船大炮方面，更在于文化制度方面。以严复为代表的那批率先开眼看世界的知识分子，引入了西方的科技文献、哲学著作以及政治制度；更有学者认为"矫枉必须过正"，主张全盘西化。而中国传统文化所蕴含的人文精神和价值，比如老子的清静无为、庄子的天人合一、孔孟的仁爱思想以及中国人生活中的礼仪背后的文化内涵，并未被中国学者阐明和普及。即便是那批致力于把中国文化发扬光大的学者也自视甚高，未曾俯下身去将中国古代看起来晦涩难懂的著作进行普及和推广。这样的文化氛围和思潮自20世纪伊始就一直存在，在经历新文化运动、"文化大革命"乃至改革开放后，则更加强化，以至于民众逐步失去了对中国传统文化的自信和自豪感。既然学术界"言必称希腊"，消费者追捧舶来品也无可厚非。由于大众缺乏对传统文化的全面、深入认识和思考，学者的严肃作品很难引起文化产业从业人员的重视，市场上流行的文化产品创作多是戏说历史，例如各种网络文学和清宫剧。没有了传统文化的根基和营养，文化产品的创造者是无法对其进行有深度和广度的创新和改良的。

从教育制度看，我国目前对创意人才的培养和开发机制尚不完善。初等教育始终强调对基础知识的掌握，强调标准化的考核方式，缺少对学生创新意识和能力的培养，甚至对中小学生的美术、音乐、体育等课程的教学都不够重视。然而，已有研究显示，在基础教育阶段，不同学科对学生创意和革新技术的培育指数由高到低分别是艺术、信息技术、体育、语言、社会科学、数学、自然科学（付瑞红、霍云龙，2015）。音乐、美术可以培育学生的审美情趣和创意思维，以及培养学生欣赏差异和包容尊重的价值观。

当前，我国体育事业和体育产业的状况最能直观地说明忽视青少年创意能力培养造成的后果。普遍存在的实际情况是：学校缺少运动场地，专任教师数量短缺或水平参差不齐，体育课常常被其他课程的教学占用，各种体育项目的后备人才严重不足。尽管我国拥有近14亿人口，且人均GDP在2019年已经超过7万元、突破1万美元，北京、上海等一线城市人均GDP则超过15万元，但人均体育消费却只有全球平均水平的1/10。即便是早已实行职业化运作的足球产业，虽然投入了大量的资金，但至今仍无法走出亚洲，以至于中央电视台曾经一度放弃中超联赛的直播，门票降低到10~20元/张且提供大巴专车接送服务，观众仍寥寥无几。按照国际通行标准，当人均GDP达到5000美元时，体育产业就会出现"井喷式"发展，而我国大众体育运动的发展程度却长期在低水平徘徊。

与初等教育不重视艺术和体育相似，现阶段高等教育对通识课程同样不够重视，对学生文化价值观和认知理性能力的培养不足。特别是随着大学教育进入大众化阶段以来，专业化、职业化类型的课程比通识课程更易被学生接受。近年来，很多高校陆续开设了与文化创意产业相关的专业，或是设置了艺术、设计等文化创意产业的相关学科，但课程设置跟不上产业发展趋势,师资力量薄弱,培养方式落后,难以培养出满足市场需求的、具有创造性的复合型人才。即便是文化部认定的国家文化产业创新与发展研究基地、国家文化产业研究中心和国家文化产业人才培训中心等九所高等院校,对创意人才的培养成效也不尽理想。

发达国家经验显示,在人才培养体系中,创意企业和相关行业协会发挥了重要作用。例如,英国产业技能委员会指派专家在大学提供电影、摄制、编剧、动画等十个专门学科的上百门学习课程。反观我国,创意企业普遍缺少对创意人才的有效激励机制,尚缺乏对高端人才系统、有效的培养机制。

二 融资困难影响新型文化业态发展

(一) 文化产业及新型文化业态的融资现状

文化产业是一个需要高资金投入的产业,即便是优秀的创意作品,也需要大量资金运作以扩大影响力,最终产生经济效益。以电影业为例,目前国内制作一部小成本电影需花费3000万~5000万元,而一部大片的拍摄动辄上亿元,如《金陵十三钗》的制作成本高达6亿元。美国迪士尼电影公司2007年推出的《加勒比海盗3》,其成本超过22亿元,成为全球最昂贵的电影之一,且宣传发行费用与制作费用几乎相当。再如,作为北京文化创意产业示范基地和文化地标的798艺术区,每平方米的日租金价格从最初的0.6元、0.8元上升到1.8元,再到后来的3.5元、7~8元,甚至10元。创意园区日租金的不断提高,使得只有资金雄厚的大项目、大投资才能入驻和运营。因此,文化企业仅仅依靠自身内部的资金积累是难以快速发展起来的。特别是在我国,制作内容的大多数是中小企业,而资金充裕的文化企业大多是做平台和推广。因此,资金限制导致内容产业基本都是小制作,做不到持续性开发,无法形成品牌效应,这也正是我国的小成本电影与国际好莱坞大制作之间竞争力存在差距的主要原因。总之,对以中小企业为经营主体的文化企业而言,融资问题是其生产和生存的首要问题。

近年来,文化企业融资难的问题日益凸显,引起学术界和业界的广泛重视。根据前文化部对300家民营文化企业开展的专题调研,文化企业的发展主要依靠内源融资（占比超过80%），我国金融体系对文化企业的融资支持有限，间接融资和直接融资均约占10%（李忠峰，2016）。

表8-2是中国证监会给出的2008~2017年文化、体育和娱乐业资本市场融资情况。截至2017年11月，根据中国证监会产业分类标准，文化、体育和娱乐业2008年以来IPO共35家，其中13家属于新闻和出版业，16家属于广播、电视、电影和影视录音制作业，5家属于文化艺术业，1家属于体育业；融资额累计386.15亿元。可以参照的是，同期上海、深圳两市IPO达1967家，融资额为1.8万亿元。文化、体育和娱乐业IPO数量及融资额的市场占比分别为1.78%、2.15%，通过资本市场募集资金的渠道仍较有限。

表8-2 2008~2017年文化、体育和娱乐业资本市场融资情况

单位：家，万元

行业	IPO 数量	IPO 融资额	再融资 数量	再融资 融资额
新闻和出版业	13	1868618.87	2	313706.16
广播、电视、电影和影视录音制作业	16	1611599.56	5	1099163.61
文化艺术业	5	364425.10	1	208800.00
体育业	1	16858.60	—	—

资料来源：中国证监会。

新型文化业态内容丰富、形式多样，各类从业主体的规模大小、经营方式、业务范围、所处产业链环节不同等，导致其融资需求及风险承受能力不同，最终使得其融资难度也呈现明显的差异。具体来看，国有、规模大的文化企业融资难度明显小于民营、规模小的文化企业，产业链前端的企业融资难度大于后端的企业，与高科技相关的企业融资难度小于传统文化企业。例如，在我国股票市场上，相对于文化创意企业，互联网文化企业更受资本方青睐，市场赋予其更高的估值水平，资本市场融资渠道更为顺畅。表8-3是中国证监会给出的2008~2017年信息传输、软件和信息技术服务业资本市场融资情况。信息传输、软件和信息技术服务业IPO共188家，融资额累计949.95亿元，分别占资本市场总量的9.56%和5.28%，显著高于同期文化、体育和娱乐业的融资情况。

表 8-3　2008~2017 年信息传输、软件和信息技术服务业资本市场融资情况

单位：家，万元

行业	IPO 数量	IPO 融资额	再融资 数量	再融资 融资额
电信、广播电视和卫星传输服务业	9	1037557.60	3	686834.80
互联网和相关服务业	37	2256274.21	13	3660508.63
软件和信息技术服务业	142	6205634.77	45	4416040.04

资料来源：中国证监会。

近年来，私募股权（Private Equity，PE）基金和风险投资（Venture Capital，VC）陆续涉足互联网文化企业。新浪曾于 1997 年、1999 年两度获得风险投资支持，搜狐也曾于 1995 年、1998 年两度得到天使基金以及美国国际数据集团（IDG）的风险投资，腾讯、分众传媒、百度等互联网企业在发展中也都曾接受风险投资的帮助。2011 年起，PE 基金和 VC 纷纷进入文化创意产业领域，各类文化产业基金纷纷涌现。2015 年以来，阿里影业等互联网巨头和金融资本又开始大举购买知识产权（Intellectual Property，IP），大量资本追逐价值数百万、上千万的热门网络小说，甚至是有待挖掘的网络新手，电影 IP、游戏 IP 广受欢迎，单个 IP 可以卖到 2000 万元，"papi 酱"的视频贴片广告也拍出 2200 万元的天价。业界一致认为，IP 泡沫被资本越吹越大。2018 年以来，影视剧中"IP + 流量明星 = 爆款"的模式已失灵，IP 泡沫开始破灭，市场逐渐回归理性。

总体而言，我国文化产业领域并没有形成一个稳定的融资模式，新型文化业态的融资问题并未解决，融资难仍是制约我国文化产业持续健康发展的瓶颈。

（二）文化产业融资难的原因

现阶段我国文化产业融资难的主要原因，既有世界各国共有的原因，也有自身作为新兴市场国家特有的阶段性原因。

1. 文化产业规模小、固定资产比例低、高风险等特征决定了其难以获取银行渠道的融资

首先，我国文化产业发展的时间仅有十余年，大部分企业还处于初创期，距离成熟期还有一段差距，因此企业规模普遍比较小、实力较弱。

其次，相比于拥有较大比重的固定资产的传统行业，文化企业大多属于轻资产企业，多以智力投资为主，拥有的资产主要是版权、知识产权等无形资产。而我国商业银行之前成熟的有形资产评估技术难以对这类无形资产进行评估。面对这些形式多样、价值波动大的无形资产，银行评估准则规范尚不完善，法定确认范围不明确、账内确认少。因而文化创意企业很难获得银行信贷资金的支持。现实中虽然也有相关案例，如华谊兄弟传媒股份有限公司在筹摄《夜宴》时，以该片的海外销售权作抵押，从深圳发展银行获得5000万元的贷款；在筹拍《集结号》时，又从招商银行获得5000万元的无担保贷款，但这些也只能表明银行对华谊这样占据一定市场地位、经营规模较大以及经营绩效较好的大公司的认可，而小的文化企业在信贷融资方面优势较少。

最后，文化产业投资具有天生的高风险性。其一体现在产品和服务通常以信息符号为载体，而数字信息产品的复制成本几乎为零，因此在版权保护并不十分严格的情况下，盗版问题较为猖獗。其二体现在创意产品自身时刻面临因技术的突飞猛进和信息的快速传播而被淘汰的风险。其三体现在创意产品还面临着市场的不确定性，大众对创意产品的评价和需求是主观性的、千差万别的，创意产品内容的主观性、个性化色彩不易与大众需求耦合。只有少数敏锐地抓住时代脉搏或人性精髓的产品才能大获成功。即使是好莱坞的大导演，也并非每部作品都能收获高额票房，例如李安2016年导演的新技术电影《比利·林恩的中场战事》就遭遇票房惨败，而这也并非他第一部可能也不是最后一部票房失败的电影。

2. 资本市场融资门槛高制约文化产业融资规模

首先，目前债券市场的交易并不十分活跃，债券的持有人大多仍是商业银行，文化企业信用级别评定困难，产品需求不确定，企业的收入利润具有较大不确定性，风险较高。其债券融资要么成本偏高要么发行困难，需要进行担保或增信，但银监会明文禁止银行业的此类担保业务，这意味着现阶段文化企业发债难度很大。

其次，对于股票筹资，我国主板市场上市融资的门槛较高，因此并不能成为多数文化企业的融资渠道。虽然PE基金、VC曾大举购买IP作品，但其持续性值得怀疑。原因在于，作为权益性投资，风投需要深度介入所选定的企业经营管理中,以把控企业发展方向,帮助其发展壮大,进而通过上市或并购方式实现投资收益。然而,兼具艺术家、企业家、投资银行家等属性的人才,放眼世界也是凤毛麟角的。现实中,文化产品的运作往往被经济逻辑左右,产品过分追求经济效益而忽略文化内涵。例如,投资者为了早日获得收益,在影视作品中植入大量广告,电影《私人定制》每隔五分钟出现五秒钟的广告,严重影响了观影者的体验。再如,在IP作品多媒体开发过程中,其主题在各多媒体平台上或者缺乏一致性,或者呈现同质化现象,导致受众对作品无法进行沉浸性体验,粉丝热情随之不断消耗。

三 市场发展尚处于初级阶段

市场化程度的高低是影响和制约文化产业化及文化创造活力的重要因素。我国现代文化市场建设始于20世纪80年代。进入21世纪后,在中央的顶层设计和各部委大力推动下,文化市场制度体系建设日臻完善,改革持续深入,文化市场的宽度和广度都取得了突破性进展。

2001年,文化部印发《文化产业发展第十个五年计划纲要》,明确要求打破阻碍建立和形成统一文化市场的各种壁垒,营造公平竞争的市场环境。在《中共中央国务院关于深化文化体制改革的若干意见》中再次明确提出"形成统一、开放、竞争、有序的现代文化市场体系,更大程度地发挥市场在文化资源配置中的基础性作用"的目标任务,并在加强文化产品和文化要素市场的建设、完善现代流通体制、建立健全市场中介机构和行业组织等方面提出具体的政策措施。2006年,文化部印发的《文化建设"十一五"规划》,健全了在发展文化产品市场、完善文化要素市场、培育农村文化市场等方面的具体政策。2010年,包括文化部在内的九部委联合发布《关于金融支持文化产业振兴和发展繁荣的指导意见》,提出扩大文化企业的直接融资规模、推动符合条件的文化企业上市融资等措施以支持文化企业融资。2012~2013年,党的十八大和十八届三中全会提出了文化体制改革的部署,全国各地在建立健全现代文化市场体系、促进企业改制、建设现代公司制度等方面取得长足进展。文化产权交易所、艺术品交易市场在多地的建立和快速发展,为促进我国文化产业要素的流动,促进文化与资本、科技的紧密衔接以及推动文化产权交易、创意成果转化等构建了综合性服务平台。

然而，总体来看，与我国市场经济发展的平均水平相比，文化产业市场体系的建设较为滞后，仍不能承担提升国家软实力甚至建设文化强国的重任。

（一）产品市场供求失衡

目前，文化产品市场结构性过剩问题突出，引起了学术界和业界的广泛关注。例如，与大众最为接近的电影、电视剧、动漫和图书市场上，产品供给早已大量过剩。2014年，在我国国产故事片中，只有42%（约259部）的影片能够在电影院上映，其余约58%的影片被尘封起来。2005~2011年，图书销售额从403.95亿元增长到653.59亿元；而库存码洋则从482.92亿元增加到804.05亿元，增幅超过66%（卫绍生，2016）。2011年，我国制作完成26万多分钟的动画片，但中央电视台、地方台的少儿频道及卡通卫视频道只能播放其中的1/3，约2/3的动画片制作完成的时候也就是其生命终止的时刻。

然而，与产品供给大量过剩形成鲜明反差的是，目前国内文化市场上优质的国产电影、电视剧少之又少。在图书、电影、电视剧等领域，我们仍明显能够感受到美国进口大片、韩剧、日剧等受追捧程度在一定程度上超过国内作品。2017年，中国电影票房收入达559.11亿元，仅次于北美地区；中国观影人数达16.21亿人次，成为全球观影人次最多的国家。然而，与这一殊荣相比，国产影视作品的票房竞争力却远不及进口影片，如图8-1、图8-2所示。

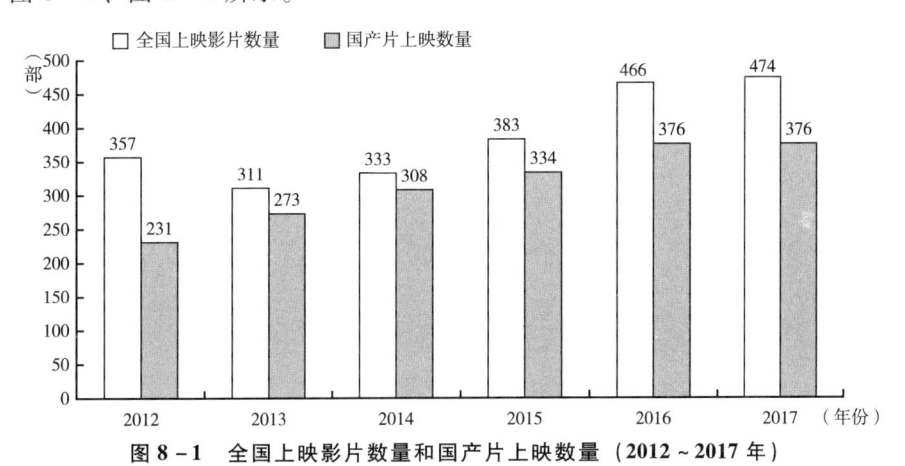

图8-1　全国上映影片数量和国产片上映数量（2012~2017年）

资料来源：根据原国家新闻出版广电总局发布的数据整理。

图 8-2 在国内上映的国产片和进口片票房收入占比（2012~2017 年）

资料来源：根据原国家新闻出版广电总局发布的数据整理。

图 8-1 与图 8-2 分别反映了 2012~2017 年全国上映影片数量和票房收入结构。以 2017 年为例，全国共上映 474 部影片，其中国产片 376 部，占比 79.3%；而同期国产片票房收入为 301.04 亿元，在全国总票房收入中占比仅为 53.8%。也就是说，两成左右的国外影片却创造了近五成的票房收入。由此不难看出，我国电影市场还需要大量具有持续优质创作能力和精良制作能力的公司来提供优秀作品，从而稳定市场供给、提升供给质量、满足消费者的观影需求。

深入分析不难发现，除了原创性和深度开发不足、商品转化率有限等因素外，文化产品和服务的供给主体尚未充分市场化是造成当前文化产品市场有效供给不足的重要原因。虽然目前经营性文化单位大多已经进行企业改制，其产品供给与市场需求联系相对紧密，但仍有相当数量的文化单位属于事业体制。这些单位往往拥有大量优秀的创作人才以及丰富的文化产品，但由于其文化产品生产与服务不能进行经营性运作，只能在体制内运行，其与社会需求和经济效益的联系也较少，从而影响了有效供给的数量和质量。

（二）要素市场刚刚起步

文化产品的市场化转换机制不够通畅，也体现了要素市场的发展尚处于初级阶段。2010 年，包括文化部在内的九部委联合发布《关于金融支持文化产业振兴和发展繁荣的指导意见》，此后全国正式注册的文化产权交易所如雨后春笋般涌现，一度增加到 30 多家。大量资本涌入文化创意产业领域，在带动艺术品市场繁荣的同时，也出现了市场投机过热的现象。艺术品份额化交易的火爆和疯狂炒作一度令人担忧，从而造成文化产权市场空前混乱的局面。2011 年，国务院签发《国务院关于清理整顿各类交易场所　切实防范金融风险的决定》，不仅暂停审批新的文化产权交易所，也对交易制度做出了明确规定（张京成等，2013）。

此外，虽然我国已经拥有区域性的文化艺术人才和劳务市场、文化产权市场和版权市场，但全国性的文化要素市场总体发展较为缓慢，各类文化要素在全国范围内未能充分地进行有效流转，从而降低了要素市场的资源配置效率。好的文化创意，如果不能通过要素市场进行充分交流，就不能与各类生产要素紧密结合进而进入生产阶段，也就不可能转化为实实在在的产品或服务。创意不能取得应有的回报，也将影响创作者创作的动力，从而陷入恶性循环。

（三）政府职能有待完善

在市场化管理过程中，当前各级政府还不能完全适应新型文化业态的发展要求，其在文化市场中的职能定位尚不明确，从而出现了"越位"与"缺位"并存的现象。

一方面，政府过度干预文化市场的运行，管得过多、过细。例如，2004 年，国家广播电影电视总局为了扶持国产动画片的发展，发布了《关于发展我国影视动画产业的若干意见》，明确规定：国产动画片与引进动画片每季度播出的比例不低于 6∶4；凡在规定频道、指定时段播出 30 分钟国产动画片，即可在该频道黄金时段加播 30 秒广告；而在规定频道、指定时段播出 60 分钟国产动画片，则可相应加播 60 秒广告。其规定如此之细，实则是用政府这只"有形之手"去替代市场那只"无形之手"。然而很多时候，"无形之手"要比"有形之手"的资源配置效率更高。此外，政府"越位"现象还体现在一部分政府官员存在计划经济思维，热衷于项目审批、基地命名和宣传效应等行政化活动；甚至有个别部门和官员以自身的服务职权作为筹码，拿到市场上进行权力寻租。

另一方面，与"越位"恰恰相反，政府在文化市场运行的某些环节存在着严重的"缺位"现象。尤其是对于新型文化业态及其市场，主管部门尚缺乏充分认知，对其成长和发展规律的掌握程度较低，从而在提供相关服务方面明显"缺位"，如存在监管的"灰色领域"，易积聚市场风险。以国家广播电视总局为例，面对海量的视听内容特别是网络视听内容，国家广播电视总局缺乏有效的内容监管体系，仅靠突击式的专项整顿行动，难以达到长效监管效果，以至于大量低俗的内容长期存在、难以根除。此外，在文化产业政策的制定及法律法规修订方面，主管部门应在对市场进行充分调研的基础上，组织专家学者、社会公众参与讨论，形成制度化的决策过程。然而，这种公开性和开放性的决策机制并未得到足够的重视和落实。在现实工作中，很多政策的制定是由主管部门提出，经过小范围讨论，由领导圈定并最终形成的。通过这种程序制定出来的制度，一方面很容易受到既得利益集团的干扰，在某些时候仅体现了上位者的主观意志；另一方面还有很多政策刚一出台就因无法执行而夭折。例如，网吧审批政策的变化就体现了这种决策的不科学性。2004～2005年不到两年的时间中，网吧行业经历了从停止新批单体、一律停批、有限恢复连锁新批、提高准入标准、单体新设开禁网吧等前后五次政策变化。在地方政府层面，更是有很多产业存在政策的连续性问题，往往是一届政府一个政策。

四 产业链重构、价值链协同不足

迈克尔·波特的竞争理论和发达国家的经验均表明，某个产业的持续发展需要与相关产业进行跨界联合和价值提升，单独的产业是无法进行设计、规划和布局的。相关企业之间需要构建一个包含供需链、企业链、空间链等维度的产业链、价值链。一个国家或地区要发展文化产业，同样需要打造一个"上下联动、左右衔接、相互协作"的网络系统，从而实现互惠互利和价值提升。从这一角度来看，内容产业创意性不高、链核心彰显不够，高新科技运用受到制约、链价值提升不足，关联企业缺乏链式经营意识和链条建构能力，产业融合形式单一、产业链条过短等，是当前新型文化业态发展面临的突出问题。

（一）产业链、价值链概述

文化资源要转化为具有文化生产力的产品，中间需要经过无数环节，包括早期的内容策划、原创研发，中期的设计生产、销售发行，后期的衍生产品开发，以及全程的供应链管理、消费者服务等。不同环节上的各类企业之间通过技术经济关联，或者逻辑空间关联组织交叉在一起，通过资源共享、优势互补、合作共赢，从而产生规模效应、协同效应和品牌效应。例如，日本动漫业之所以在世界上占有一席之地，很大程度上依靠的是其通俗小说、动漫、游戏、手工艺品之间密切的产业互动。

产业链与价值链上各环节的关联文化企业在空间上聚集，形成文化创意产业集群。世界上有很多著名的文化聚集区，如美国的好莱坞电影产业集群、迪士尼文化娱乐产业集群；英国伦敦东区的电影产业集群，伦敦西区的表演艺术产业集群以及设计、新媒体和音乐产业集群，曼彻斯特、谢菲尔德等文化创意产业集群等。产业集群通过降低交易成本、获得竞争优势、聚集经济效益等行为，增强了文化创意产业的市场竞争力。

在前文分析的基础上，将文化产业链和价值链划分为三大模块——内容产业、平台与传媒产业、制造产业。其中，内容产业是核心，而数字化的平台与传媒产业在新型文化业态中的地位日趋重要，制造产业常处于增值链条的末端。这一链条的拓展以文化创意为核心，是创意与内容的再利用，它将抽象的文化直接转化成具有高度经济价值的产品，是价值不断创造和增值的过程。实践证明，这一链条能够生成价值、拓展价值，同时又能降低风险，具备明显的知识经济特征。

（二）产业链、价值链存在的主要问题

1. 内容产业创意性不高，链核心彰显不够

总体来看，我国是文化资源大国，但远远还不是文化产业强国，大部分文化资源未能实现合理配置和利用，文化资源闲置、贬值和浪费情况严重。从产业链和价值链角度来看，我国文化产业主要表现为内容产业创意性不高，链核心彰显不够。

如前文所述，内容产业是文化产业链和价值链的核心。"创意"在整个链条中的地位和作用尤为突出，必须高度重视。否则，一旦出现文化产品附加值不高、链核心缺失，就会事倍功半，产业的持续发展将会受到严重影响。以走在经济前沿的广东省为例，其文化制造业以刻录、复制业与音像媒介产业为主，由于缺乏内容生产的文化制造元素与本土文化资源整合的创新要素，其刻录、复制的生产本质上仍是传统制造业，因此出口的文化产品多为工艺品，处于国际价值链的末端。

2016年，联合国教科文组织发布的报告《文化贸易全球化：文化消费的转变——2004~2013年文化产品与服务的国际流动》显示，2004~2013年，在全球161个国家的文化产品出口中，中国总量位居首位。报告将文化产品及服务分为六大类，分别是文化和自然遗产、表演和庆贺、视觉艺术和工艺品、书籍和新闻产品、视听和互动媒体产品、设计和创意产业产品，而中国出口的文化产品主要集中在视觉艺术和工艺品，其中占第一位的是金制珠宝和配件，高达46%；雕塑和塑料装饰物紧随其后，占比10%。就中美两国贸易而言，2004~2013年中国对美国的文化产品出口额增加200%，最主要是电子游戏（29%），其次是金制珠宝和配件（24%）、雕像和塑料装饰物（13%）（吴云，2016）。可以看出，中国的文化产品出口仍主要同工业制造相关，不乏国外提供产品创意、中国进行生产制造的现象。这也说明，我国文化产业的国际竞争力主要体现在低成本的制造优势，而没有在内容方面形成有效的国际竞争力。

2017年11月，在中美两国领导人故宫行时习近平介绍说："中国的历史可以追溯到五千年前，或者更早。中国的文化是没有断流传承下来的。"与国际其他主流文化相比，中华文化的历史传承无疑是有优势的。为中华文化所影响的日本、韩国等地取得了不俗的经济文化发展成就，甚至美国文化产业也在充分挖掘和利用我国的文化资源。例如，迪士尼1998年出品的动画片《花木兰》在取得市场认可的二十年后，宣布将于2018年翻拍真人版《花木兰》，选用女星刘亦菲出演影片中中国古代女英雄花木兰，这是迪士尼第一次选用华人演员来做主演，说明国外对中国文化、中国市场越来越重视。另一部美国动作喜剧电影《功夫熊猫》，不仅以中国古代为背景，影片的景观、服装、布景乃至食物均充满中国元素。反观我国，文化产业犹如"守着金山讨饭吃"。比如，西部地区在旅游资源方面具有独特的竞争优势，不仅有独特而深厚的历史文化，特别是那些丰富独特的少数民族民俗风情，而且自然环境没有受到工业发展的破坏，原生态的山川美景尤其是那些独特的地形地貌吸引无数人向往。然而，在这些地方的旅游消费市场中仍流传着一句顺口溜，"上车睡觉，下车拍照，回家一问，啥也不知道"。这充分说明，我国旅游产业在接待消费者时，没有采取生动有效的方式让消费者的消费过程充满人文气息，没有享受到文化带来的精神上的愉悦感，没有形成深刻的、能长期回味的记忆。其中原因可能在于导游本身的文化素养不高，例如其向游客介绍各地区具体情况时只知道背诵导游词，或者只会向游客转述一些肤浅无聊的传说；也可能在于开发设计的旅游纪念品没有丰富的文化内涵。

2. 高新科技运用受到制约，链价值提升不足

从世界工业发展的总体历程看，继机械化革命、电气化革命、信息化革命后，由新一代信息通信技术引领的新一轮工业革命正在加速深化。以智能、共享、低碳、泛在为特征的新一轮工业革命极大地改变了传统的文化组织形态和产业增长方式，新型文化业态不断涌现。当前虚拟现实（Virtual Reality，VR）、增强现实（Augmented Reality，AR）、3D打印等技术方兴未艾，缩短了消费者与生产者之间的距离。与科技的有效融合是壮大文化产业的必经道路。没有科技，就没有文化产业的未来。

随着经济快速发展，居民物质生活水平逐步提高，消费呈现个性化、高级化趋势，人们购买商品关注的不仅仅是商品的使用价值，更加注重背后的文化因素、价值观念，消费者日趋多元化的需求驱动了"小众市场"经济模式，在产品特征上体现了数字化、网络化、信息化、多媒体化、个性化等特征。

新型文化业态的发展要求厂商针对细分客户，更加精确地生产类别较少的消费品，而传统意义上厂商独家生产制造然后销售的模式不再使用，这就需要大规模跨界协作来实现内容创新及产品的生产制造，需要进行网络化、跨媒体传播。徐志奋（2016）指出，日本动漫成功的主要因素之一就是多媒介战略的运用，即以多种媒介载体，如漫画、动画、游戏、小说、音乐、广播剧、舞台剧、真人电影、电视剧等形式推出与某一文化创意相关的一系列产品。然而，目前我国文化产业对高新科技的运用相对有限，传统的新闻、出版、广播影视、文化艺术等是我国文化产业的主体，资源依赖较为严重，以内容创新、科技创新为驱动的企业和产品属于少数（鲁元珍，2016）。即便在所谓的新型文化产业中，由于受到技术人才缺乏、基础设施不足等条件的制约，高新技术的运用出现同质化、低端化、硬件化等结果。例如，目前我国的互联网运行速度排在世界100位左右，且资费较高，这在

一定程度上限制了文化产业的高新技术运用，从而使得我国高新产业价值无法有效、全方位的提升。

以动漫和电影产业为例，国外的动漫电影早已进入3D时代，而中国大多还处在2D时代，这是我国动漫产业无法达到和日本等国同等水平的最重要的技术原因。好莱坞大片往往凭借超炫的特技获取大量的票房，国内电影制作方也出现盲目模仿甚至抄袭好莱坞特技的情况，影片宣传语常见"本片技术由好莱坞特效团队制作"等内容。但市场中也出现了大量忽视文化内容而仅仅迎合技术的案例。例如，火爆一时的电视剧《花千骨》特效明显存在抄袭现象，中国山水加西方怪兽组合极其违和，让观众得不到视觉震撼效果。动漫产业中也存在这种特效的滥用，如国产动画《太空历险记》整个画面气势恢宏，用的完全是好莱坞特效，但除此之外再无内容亮点。

与之相反，一些新型文化业态滥用高科技手段，以至于特效"喧宾夺主"，文化色彩反而不够突出。实际上，在文化与高科技的融合过程中，始终需要坚持文化是本体、科技是表现手段的"文化为体、技术为用"的格局。更高级的品位、更深邃的思想、更敏锐的洞察力是文化产品的生命，酷炫的特技、宏伟的制作固然可以为内容增色，但不能取代内容。近年来有些电影作品被指为只有技术，即是这个原因。实际上，回看历届奥斯卡获奖作品，鲜有只靠技术获胜的，真正赖以流传的都是作品本身的人文内涵。

3. 关联企业缺乏链式经营意识和链条建构能力

当前，我国文化产业链、价值链发展中存在的主要问题是产业链各环节企业自身专业水平有限，不同环节之间水平差异明显，在上游创作、中游制作、下游开发等环节缺乏有效的沟通协作。当企业有好的创意时，又缺少大手笔的运作及充分的后续挖掘，以至于虎头蛇尾、草草收场。

将我国电影产业与好莱坞进行比较，能很好地说明这一点。在好莱坞，近年来评判一部电影成功与否的标准，除了票房外，更主要地表现在放映后的一系列相关产品及服务的开发与销售。因为电影业的高附加值往往体现在其产业链的延伸上，而不是前期的院线收入上。冯华和温岳中（2011）指出，美国电影院线收入只占总收入的20%，另外80%的收入来自后期的衍生价值，包括付费点播、电视播出、二次销售等。反观中国电影业，不仅其整体收入大大低于美国电影业，而且其收入结构中的"二八定律"和美国正好相反，即我国电影产业中 80% 的收入来源于院线收入，其他相关衍生产品收入仅仅占到 20%。在院线播出后，我国电影后续主要依靠录像、DVD 以及电影频道播出，缺少多种媒体的多次开发、多次利用。如电影《英雄》全球票房 14 亿元，但电视版权、DVD、动漫、游戏、手机短信和彩信、纪录片等电影衍生产品总价值仅为 3000 万元。由此可见，我国电影产业的衍生产品开发和价值创造还具有很大的空间。

4. 产业融合形式单一，产业链条过短

由于文化产业领域广泛、种类丰富、关联性强，文化产业不断地向国民经济第一、第二、第三产业和上、中、下游全产业链拓展，通过资源整合和跨界融合，突破行业壁垒，创造产业发展新空间，形成文化产业与其他行业协调配合、开放共享的生产格局。为此，各种文化资源包括有形资源和无形资源，如自然生态景观、历史文化遗址、文化传统以及民俗风情等，均能通过和其他产业融合带来经济效益和社会效益。

由于文化资源具有可重复利用的非消耗性特征，因此其能够通过渗透、延伸和重组等多种方式与多个相关行业融合，进而形成各类文化产业。例如，增加旅游业中的文化因素就是将文化创意因素渗透到旅游产业中，通过提高其创新创意水平，使游客得到更多的精神享受，进而提升其经济效益和社会效益，这就是简单的渗透融合。更进一步的融合称为延伸融合，即通过文化创意对相关产业进行功能延伸，赋予传统产业以新的附加功能和属性。最高级的重组融合则是利用文化创意，带动新型文化业态的产生和发展。

目前我国新型文化业态的出现很大程度上是传统产业通过高新技术向新行业的过渡转移。例如，互联网的融入不仅形成了网络视频客户端、微信、微博等新型传播形态，同时带动了各地电视台、广播电台纷纷开始构建自己的视频网站和音频网站；出版行业也实现了由纸质载体向数字载体的转化，形成了数字图书、数字出版等新型传播形态，更是导致了阅读器等一批新的制造业的产生。这些改变，使得人们获取视频、音频等内容不再受制于时间和地点的变化，在很大程度上实现了人机合一、实时交流，优化了消费者的体验，促进了文化产业的创新发展。

另外，我国文化产业与其他关联产业并没有进行大规模的融合，没有构建出更为合理和高效的产业链、价值链。例如，发达国家电影的后期开发内容多种多样，包括唱片部门推出原声带、音像部门发行 DVD、相关游戏的开发，甚至旅游的开发，电影中的形象甚至会被授权给各种企业生产各种日用消费品等。美国迪士尼电影公司就是这方面最具有代表性的企业，它成功地打造了一条"电影—电视、电台—衍生品—迪士尼乐园"的完整产业链。再如，英国伦敦开辟哈利·波特片场主题公园游，吸引了无数的哈迷从世界各地会聚于此，购买心仪的哈利·波特纪念品，并在主题餐厅购买小吃、咖啡；现实中的国王十字火车站9号月台上也挂上了一张标志牌，俨然就是影片中的场景，自此国王十字火车站也成为伦敦最重要的观光景点之一。与之相比，我国电影业的衍生产品开发还处于起步阶段，虽然也有如《喜羊羊与灰太狼》中衍生玩偶的热卖，但整体仍呈现链条短、结构不完善等特点，甚至出现衍生产品销售不及电影院爆米花的悲惨状况。

下面，再以旅游业与其他相关产业之间的融合情况进一步说明文化产业融合程度不高的现状。与旅游业相关的产业涉及的范围很广，据统计，其种类超过100个，包括旅游休憩、接待业、交通业、商业、建筑业、生产制造业、市场营销业、金融业等直接相关产业，以及农、林、牧、养殖、种植等间接相关产业。当前，我国旅游产品的开发主要是观光旅游，以国内的历史遗迹、自然景观为主，各大旅行社设计旅游路线，同时将食、住、行、游、购、娱、体、会（会议）、养（养生）、媒（媒体广告）、组（组织配套）打包在一起。从表面上看，各产业做到一定程度的融合，然而有品牌、有口碑的产品并不多，多数项目在各个环节中存在多种问题，如景点开发缺乏特色和竞争力；文化旅游纪念品都是相同的扇子、丝巾、明信片，同质化倾向严重等；民俗文化风情园大同小异，大多是开展唱歌谣、抛绣球等活动，并没有彰显地方特色。即便有些旅游景区挖掘了当地历史文化资源，但往往都以舞台剧形式呈现，如《禅宗少林·音乐大典》《印象·刘三姐》等，模式单一重复。另外，景点之间攀比涨价、人员服务态度差、购物餐饮宰客等现象时有发生，甚至出现多起导游强制购物消费、辱骂游客事件，消费者的体验常常不好。近年来，在我国旅游产品中出现了一批以人文景观为主的项目，但这类项目的开发往往缺乏详细的市场调研和定位，各地出现大量低水平重复建设和相互模仿的项目，如主题公园大多盲目照抄照搬国内外成功案例。据不完全统计，全国各地的"西游记宫"共兴建460多个，从山海关到秦皇岛160公里的海岸线上三年时间就先后建成了30多个。这种重复建设，直接导致了资源的严重浪费和行业的长期亏损。

在文化旅游产业的营销环节，则呈现促销渠道单一、手段生硬的情况。目前，我国少数景区尝试利用旅游与动漫产业融合的方式进行宣传，但大部分地区的文化旅游资源仍主要靠拍摄文化宣传片来推广，显得创意寥寥。另外，在广告语的设计中，也常常出现文化品位不高的现象，如江西省宜春市旅游政务网上曾出现过广告语"宜春，一座叫春的城市"。

总之，旅游业与文化产业始终存在"两张皮"的问题，不能做到"寓教于乐"。文化因素要么是生硬的说教，要么是呆板的摆设，真正有吸引力的仍是自然景观以及景区内的游乐设施，最终无法有效打造文化内涵，导致仅靠各类门票收入盈利。

除了旅游业外，我国很多地方在进行文化产业与其他产业融合时，常常以短期经济增长为目标和导向。所谓"文化搭台、经济唱戏"，即有利于经济效益的文化热点则深入挖掘，而有利于长远发展、有教育价值但短期不出成绩的则弃之不顾。由此来看，各地文化产业园区乃至各类文化产业的基金投向非文化领域也就不足为奇了。各地假借文化之名，以个别文化项目作为点缀，换取国家产业优惠政策，创造机会发展见效快、GDP贡献大的产业，以至于文化产业园区泛滥与"空心化"现象并存。2010年以来，已有国家级的文化产业示范区和基地被摘牌。

第二节　他组织角度

从他组织角度看，新型文化业态发展面临的困境主要表现在规划布局不尽合理、配套措施欠缺等。

一　文化产业的规划布局不尽合理

（一）发展不平衡，同质化严重

与我国区域经济发展格局基本相同，文化产业发展也呈现"东高西低"的不平衡态势。总体来说，无论是市场规模、产业结构还是空间集聚、政策创新，东部地区均具有明显的领先优势。比较而言，中西部地区以及东北地区则处于落后状态,文化产业项目较少,产业资产、产值占全国的比重较低。

国家统计局发布的 2017 年上半年我国规模以上文化及相关产业企业营业收入情况（见表 8-4）显示,2017 年上半年东部地区文化及相关产业企业（以下简称"文化企业"）营业收入同比增长 11.6%,占全国文化企业总收入的 74.9%;中部地区文化企业的营业收入虽增速与东部地区基本看齐,但其占全国文化企业总收入的比重仅为 16.0%;西部地区文化企业的营业收入增速超过了东部地区将近 5 个百分点,但其占全国文化企业总收入的比重仅为 8.0%;东北地区文化企业营业收入则呈现负增长趋势,同比下降 2.5%,占全国文化企业总收入的比重只有 1.1%。

表 8-4 2017 年上半年我国规模以上文化及相关产业企业营业收入情况

地区	绝对额(亿元)	比上年同期增长(%)	占全国比重(%)
东部	32857	11.6	74.9
中部	7039	11.1	16.0
西部	3494	16.3	8.0
东北	484	-2.5	1.1
总计	43874	11.7	100.0

注：表中"比上年同期增长"为未扣除价格因素的名义增速。
资料来源：国家统计局官网。

文化产业规划布局不尽合理的另一个表现即为,各地文化产业结构雷同,"大而全、小而全"的问题较为突出。除北京、上海等少数城市外,大部分地区仍以资源依赖型文化产业为主,如文化旅游业、民族民间艺术产业、传媒业,而与高新科技相结合的新型文化业态较少。绝大部分文化业态不具备知名品牌,或者品牌知名度不高。近年来,文化园区、创意园区在全国遍地开花,发展突飞猛进,然而却出现了定位雷同、重复建设、产业链不健全、集聚效应不明显等突出问题,制约了文化产业的持续、健康和快速发展。

（二）文化产业规划布局不尽合理的原因

2017 年 12 月,四川文化创意产业研究院与中国人民大学创意产业研究院联合发布《中国西部省市文化产业发展指数（2017）》以及《中国西部文化消费指数（2017）》两份报告。报告显示，在西部文化产业发展指数中，产业驱动力指数与全国平均水平基本持平，这说明西部地方政府推动文化产业发展的态度和力度并不比其他地方差；然而，能够反映文化产业发展的经济效益和社会效益的产业影响力指数较全国平均水平低4.8个百分点，能够反映文化产业要素投入和资源禀赋的产业生产力指数较全国平均水平低3.7个百分点。另外，从西部地区文化消费指数看，西部文化消费意愿和文化消费水平两个分指数与全国平均水平相差较大；而文化消费能力和满意度与全国平均水平相差极小，仅比全国平均水平分别低0.6个百分点和0.3个百分点；文化消费环境指数反超全国平均水平。

在现实工作中，中西部地方政府确实与报告中显示的一致，在推动文化产业发展的态度和力度上，有些甚至超过东部地区。例如，全国31个省区市（除港澳台地区）的"十三五"规划均直接或间接部署了文化产业的发展方向，其中陕西、湖南、湖北、四川等中西部地区还明确提出文化产业成为经济支柱性产业的发展目标。但是，中西部地方政府在特色文化资源挖掘，产业多样化、差异化发展等方面，还需要做出更多的努力。

首先，我国各地文化资源禀赋具有差异性，如果根植于地域特色进行差异化发展，当地政府需要对此进行多年的挖掘和培育，而且风险较大。然而在现行政绩观的影响下，很多地方政府"唯GDP是从"，更愿意发展"短平快"的项目，于是各地方政府往往更愿意出台各种优惠政策进行招商引资，以期实现产业数据在短期内的跃进。例如，在过去的几年中，我国政府对动漫产业的扶持力度不断加大，财政部有数十亿元的发展专项资金以及税收优惠等政策，于是全国各个省区市都在加大招商引资力度，纷纷成立了国家级动漫产业基地，即便是本身经济条件发展有限的西部地区亦是如此。事实上，动漫产业是人力和资本密集型行业，东部企业能给动漫设计人员的高额报酬是西部企业难以望其项背的，因此出现了优秀动漫人才"一江春水向东流"的局面。人才流失严重制约了西部地区动漫产业的发展，甚至产生致命的影响。与此同时，东部地区动漫企业呈集群化发展趋向，而西部地区还以中小型民营企业为主，发展空间受限。

其次，由于我国行政体制条块分割，各省级单位的大区域间在文化产业发展上各自为战、缺乏协调，而且争相组建门类齐全的文化企业集团，最终结果往往是发展战略缺少差异性、发展思路单一、各地区之间文化产业结构趋同，而且由于盲目发展，造成诸多重复建设、资源浪费（高宏存，2015）。

最后，即使地方政府着力于对本土文化资源进行开发、利用和保护，但部分地方政府受制于政绩考核压力，对这类项目缺乏长期规划，寄希望于短期内铺大"摊子"，大兴土木搞出形象工程，真正深入挖掘的文化产品和服务极少。例如，部分西部地区的旅游建设规划不遵循客观自然规律、缺乏科学的发展理念，违建景点、破坏生态系统的现象屡见不鲜。如此一来，不仅不能吸引游客、取得预期的经济效益，而且还严重破坏了当地的自然环境，造成无法挽回的损失。更有甚者，由此错失发展的大好机遇。例如，早在2002年，甘肃省委、省政府就提出建设甘肃"特色文化大省"的目标，但是当时特色文化大省的提出是基于狭义的文化概念，并未把新闻出版、广播影视、旅游、文学艺术等纳入其中，并未从大文化的层面确立推动甘肃社会经济发展的文化战略。因此，甘肃省在21世纪错过了文化发展的重大机遇，从而影响了当地社会经济发展的速度和质量。

二 文化产业的配套措施欠缺

（一）缺乏国家层面的新型文化产业分类及统计标准

2004年，在国家统计局发布的统计体系中，文化产业被划分为核心层、外围层、相关层，共覆盖九个大类。2012年，依据文化及相关单位生产活动的特点，以《国民经济行业分类》（GB/T 4754—2011）为基础，兼顾部门管理需要和可操作性，并与国际分类标准相衔接，国家统计局制定了《文化及相关产业分类（2012）》（见附录1）。2017年，新的《国民经济行业分类》（GB/T 4754—2017）颁布。基于此，结合互联网时代下文化业态的变动特点，国家统计局于2018年修订并颁布了《文化及相关产业分类（2018）》（见附录2）。

从国家层面而言，虽然已针对文化产业进行概念界定和行业划分，但对于新型文化产业，目前我国还没有进行专门、具体和深入的界定，也没有制定全国统一的行业分类标准。由于各地新型文化产业的发展阶段和状况差异较大，各地区为了给当地产业发展提供决策参考，纷纷根据其地方特色确定了自己的统计范围和标准。例如，北京、上海等地把新型文化产业称为创意产业，其对文化创意产业的分类既包括国家统计局《文化及相关产业分类（2012）》中第五类"文化创意和设计服务"，也包含除第五类以外的其他门类。具体来说，上海市的分类，包括研发设计、建筑设计、文化传媒、咨询策划和时尚消费；而北京市的分类则包括文化艺术业，新闻出版业，广播电视电影业，软件、网络及计算机服务业，广告会展业，艺术品交易业，设计服务业，旅游休闲娱乐业，其他辅助服务业。这样一来，不同地区、不同标准、不同范围的数据的规范和质量就难以得到保证，因而各地方数据之间的可比性不高。另外，目前新型文化产业的统计指标仍以产业增加值为主，缺少对新型文化产业在就业的带动、经济效益的提升、产业结构的优化升级、人民生活品质的提高、经济发展质量的提升等方面的统计核算，也缺少类似欧盟总体创新指数、上海城市创意指数等新型文化产业的评价指标体系（刘杨、顾海兵，2017）。

（二）相关法律制定不全，知识产权保护不力

随着文化产业日益发展，我国制定出台了若干文化产业法律法规及实施细则。但总体来说，我国的文化产业立法还处于初级阶段，既缺少发展文化产业的基本大法，也缺少《新闻法》《出版法》《文艺演出法》《网络法》等相关文化领域发展必需的法律，目前相关产业多通过行政法规、规章、政策等来进行调整。

文化产业立法的相对滞后，使得各级政府很难从容应对产业迅速发展过程中出现的新问题。一些地方所制定的法规有时会出现和国家法律相矛盾的情况，各种法律法规之间不能相互衔接和配合，从而造成执法困难。此外，我国文化产业的一些法律法规存在定义不明确、规定过于概括、操作起来灵活性太强的问题，这样可能会留给部分人打"擦边球"的机会。例如，我国《旅游法》制定的滞后性就曾给旅游业发展带来不利的影响。一些企业在开发旅游资源的幌子下，进行一些破坏环境、浪费资源的项目开发，其目的只是赚钱。如果没有严格的立法和执法，上述企业的行为必将扰乱市场秩序、破坏市场环境、侵害旅客权益，从而使旅游业的可持续发展面临严重的威胁和挑战。

众所周知，有效抵制侵犯知识产权的行为是保障新型文化业态发展的前提和基础。"十二五"期间,我国查处侵犯知识产权案例的数量是"十一五"时期的近十倍,保护知识产权的意识及效果显著增强。然而,从总体来看,知识产权保护不力仍是目前影响新型文化业态发展的重要障碍,防抄袭难、找证据难、打官司难已经成为文化企业需要解决的首要问题。

目前,我国已出台《专利法》《商标法》《版权法》三部知识产权法以及两部实施细则——《商标法实施细则》《版权法实施细则》。然而,在维护知识产权的立法和执法过程中,仍存在诸多问题,例如,未明确界定文化市场主体及其行为规范、欠缺针对文化科技创新的引导和扶持政策、缺少专门的规制机构等(王树文,2016),在这样的社会环境下,造成了原创不如抄袭赚钱、罚款远小于抄袭所得的不合理现象,从而严重影响和制约了整个行业的健康发展。

(三) 缺乏完善的政策配套措施

目前,国家层面文化产业发展的目标、路线和方针已经非常明确,并且出台了鼓励文化产业发展的各项政策。例如,2014年财政部、税务总局等部门发布了《关于继续实施文化体制改革中经营性文化事业单位转制为企业若干税收政策的通知》《关于继续实施支持文化企业发展若干税收政策的通知》,以及制定了针对动漫企业、文化产品出口的相关税收优惠政策。但是,这些政策的落实还需要一系列与之相适应的、有针对性的、可操作的、能落地的配套措施。

然而,与现实需求相比,文化产业发展的配套措施总体还不够完善,甚至部分缺乏。例如,一些地方政府在鼓励动漫产业发展时,没有制定动漫产品的市场检验机制和衡量标准,而是采取按分钟或按播放次数进行补贴的粗放式管理模式,这就导致动漫企业不以市场为导向,而以补贴为目标,从而浪费了大量资源,却没有产生有效产值,更没有形成文化影响力。再如,一些政府在制定文化创意园区的优惠政策时,缺乏严格、规范的准入机制,从而导致各种"搭便车"的加工企业、制作业、批发业、房地产业等纷纷入驻,使创意园区空有其名,而无聚集创意之实,造成了政策不实、效率低下。

第九章

文化产业发展的国际经验借鉴

当今世界，文化业态创新已不再是一个理念，而是存在巨大经济效益和社会效益的直接现实。从国际文化产业的发展来看，美国、英国、日本等国都是文化业态创新的典范，它们各有特色，并产生了巨大的效益。

本章主要研究美国、英国、日本等国的文化产业发展模式及其文化产业政策体系，以期为促进我国新型文化业态发展提供经验借鉴和决策参考。

第一节 美国模式：市场主导

美国是全球文化产业最发达的国家，其影视业、广播电视业、报刊出版业、广告业、软件业、娱乐业等都具有其他国家无可比拟的优势。目前，美国文化产业产值占GDP的比重在25%左右，是该国经济当之无愧的支柱产业。对于一个只有200多年历史的国家而言，美国并不具有深厚的历史文化底蕴，却成为世界文化产业的领导者，这在很大程度上是美国政府以市场主导为特征、大力培育文化产业竞争力的结果。

一 美国文化产业发展概况与基本特征

(一) 发展概况

美国的文化产业又被称为版权产业（Copyright Industry），它认为文化产品和服务在本质上具有文化属性，理应受到版权保护。1990年，美国国际知识产权联盟（International Intellectual Property Alliance，IIPA）开始利用版权产业的概念来调查相关产业对经济的影响及其在贸易中的地位。IIPA 间隔一两年就会发表系列报告,从增加值、就业和出口等方面说明美国版权产业概况及其对美国经济所做的贡献。

随着美国文化产品和服务的种类及领域的持续拓展,IIPA 自 2004 年起采用世界知识产权组织的标准,重新界定美国四类版权产业的主要产业群,如表 9-1 所示。由表可见,美国版权产业所包括的产业群范围极其广泛,仅核心版权产业就涉及九大类别,涵盖文学、音乐、电影、软件等最需要版权保护的行业,打击盗版的主要受益者也是这些行业。另外,虽然交叉版权、部分版权和边缘版权这三类产业的主要盈利点不是版权,却因其他版权产业而增值。

表 9-1 美国版权产业的分类

分类项目	定义	主要产业群
核心版权产业	受版权保护的作品或其他物品的创造、生产与制造表演、宣传、传播与展示、分销和销售的产业	出版与文学,音乐、剧场制作、歌剧,电影与录影,广播电视,摄影,软件与数据库,视觉艺术与绘画艺术,广告服务,版权中介服务
交叉版权产业	从事生产、制造和销售受版权保护产品的产业,其功能主要是促进版权作品制造、生产以及使用其设备	电视机,收音机,录音机,CD 机,DVD 机,答录机,电子游戏设备及其他相关设备的制造与批发零售
部分版权产业	部分产品为版权产品的产业	服装纺织品与鞋类,珠宝与钱币,其他工艺品,家具,家用物品、瓷器及玻璃,墙纸与地毯,玩具与游戏,建筑、工程、测量,室内设计,博物馆
边缘版权产业	其他受版权保护的作品或其他物品的宣传、传播、分销和销售而又没有被归为核心版权产业的产业	发行版权产品的一般批发与零售,大众运输服务,电信与网络服务

资料来源:美国国际知识产权联盟:《版权产业报告》,2004。

从地理布局来看,美国的文化产业呈现明显的区域聚集特点,各州形成了不同的文化产业聚集区。如南加州由于一年四季阳光明媚,雨水天气较少,从而聚集了大大小小无数的影视公司,形成著名的好莱坞影视基地,每年吸引着世界各地数以万计的优秀人才不断涌入。而北加州由于斯坦福等名校的优势，形成了著名的高科技创业集中地——硅谷。内华达州与美国其他州相比，在自然环境方面并不具有任何优势，其整体是一片大沙漠，但内华达州承认赌博合法，从而在沙漠上建立了一个奇迹——拉斯维加斯。这个全美最大的合法赌场不断开发各种娱乐项目，如室内大型演出、购物中心等，吸引更多的人前去，在20世纪80年代就已成为世界上著名的集娱乐、休闲、国际会议及赌场于一身的娱乐中心。纽约州纽约大都会博物馆是"世界三大艺术殿堂"之一，还拥有苏荷（SOHO）现代文化艺术、百老汇、林肯艺术中心等著名的创意集聚区。佛罗里达州是全球著名的滨海文化旅游胜地，西雅图被称为"电脑之城"等。

(二) 基本特征

1. 发展速度快

20世纪之前，美国对文化产品和服务的商业化运作仅限于新闻出版等范围，其他类型文化资源则很少形成产业化运作。20世纪20年代后，特别是二战以后，美国文化产业进入快速发展时期。20世纪80年代以来，美国更是广泛运用各种经济政策，促进文化产业创造更多的商业价值。世界知识产权组织数据显示，2013年美国文化产业增加值占GDP比重为11.3%，远高于全球平均值5.26%。2009~2012年，美国文化产业增加值年均增长5.0%，高出同期GDP年均增速2.9个百分点（"世界主要经济体文化产业发展现状研究"课题组，2014）。

2. 科技含量高

美国图书出版公司、音像出版公司在20世纪90年代就开始把网络技术应用于销售直播等一系列新型文化业态中，极大地方便了消费者的选购，推动了图书和音像出版业的发展。好莱坞电影的大场面、大制作中运用了大量高科技。电影3D技术带动了3D动漫、3D现场演唱会和3D体育赛事等产业的发展，同时还带动了传统电视、电子游戏以及手机通信的发展。同样，迪士尼的娱乐节目、百老汇的音乐剧、拉斯维加斯的表演秀等，不断把最新的高科技应用其中，表演场景美轮美奂，灯光音响效果震撼人心，节目的娱乐性与惊险刺激效果都是许多传统娱乐节目无法比拟的。电视公司通过"时移电视"技术将电视节目录制并存储，在非直播时段为顾客提供实时频道进行直播，美国观众可以通过遥控器对实况直播频道进行暂停。这项使电视与网络媒体相融合的技术，使得每个人都可以看到与别人不一样的电视节目，极大地改变了人们收看电视的习惯和方式。

3. 产业链完整

完整的文化产业，除了包括文化产品本身外，还应包括围绕核心产品衍生出来的外围产品，包括创意生成、产品开发与制作、商业推广、最终消费等环节。美国文化产业在商业化运作下，不仅产业链、价值链完整，且不断纵向延伸和横向拓展，从而确立了其作为全球文化产业的主导龙头和中心地位。例如，工业设计师雷蒙德·罗维为可口可乐公司设计的瓶身，赋予了瓶子更加微妙、柔美的曲线，其极具女性的魅力。这一设计，不仅为可口可乐公司带来巨大利润，而且也使其迅速成为美国文化的象征。

多年来，美国影视业、图书出版业和音乐唱片业等代表性文化产业一直以全球市场作为其目标市场，在全世界建立庞大细密的产品销售网络。其产品一经推出，就可以通过这些网络迅速推广到全世界，送到每一个消费者面前。美国好莱坞大片投入巨大、制作精良、影响广泛，但厂商、片商仍然花费大量的时间投入巨资进行市场宣传，宣发成本与生产成本之比为1∶1。可以说，好莱坞在世界范围内的成功，市场营销功不可没。近年来，美国电影产业价值链不断向电视网、音像产业、动漫游戏、外围衍生产品等关联产业延伸，形成放射状价值链联动链环。美国电影《星球大战》三部曲票房收入达18亿美元，其相关衍生产品的收入超过45亿美元（朱欣悦等，2013）。

4. 出口规模大

IIPA在其连续十年发布的报告中称"美国版权产业在美国出口增长中扮演着日益突出的角色"。早在1996年，美国核心版权产业出口额就达到601.8亿美元，首次超过其他行业，成为美国出口份额最大的经济部类（陈桂玲、白静，2013）。好莱坞电影在世界电影生产总量中约占6%，但其不少影片可以发行到150多个国家和地区，其放映时长占世界电影放映时间的80%，取得了约75%的电影院放映总收入（张燕，2014）。美国三大媒体（CBS、CNN、ABC）发布的信息量是世界其他各国发布总信息量的100倍（余军，2012）。美国图书出版发行收入每年约为250亿美元，仅麦格劳希尔出版公司每年收入就达到 29.35 亿美元，总发行量超过 2800 万册，发行范围包括 100 多个国家和地区。

二 美国文化产业发展模式：市场主导

（一）政府基本职能是"守夜人"，保护自由竞争的市场制度

美国是典型的市场主导型文化产业发展模式，其特点在于政府机构中不设立专门的文化管理部门，在正式的官方文件、法律条文或官员的谈话中也找不到"文化政策"这个词。

从历史上看，美国是一个自下而上建立的国家，其文化的根源在于推崇以个人地位和天生权力为基础的自由主义，因此美国民众信奉自由市场经济，对政府的责任要求较少（李雅丽，2015）。美国联邦政府在建立之初，只有国防和外交两大职能，现在政府所具有的其他职能是为了解决社会发展过程中出现的问题而不断增加的。例如 1929~1933 年大危机之后，美国政府引进宏观调控思想，但自律仍是美国许多产业的主要管理方式。

在文化产业发展的过程中，现如今美国政府的主要职能仍然是信守亚当·斯密认为的"守夜人"的角色，政府只需要做到厘清产权、建立制度、降低人为交易成本，之后市场机制就能够有效地把稀缺资源配置到使社会产出实现最大化的领域，进而推动产业发展与升级。为此，美国政府制定和执行了一系列相关法律，如《宪法》《版权法》《反托拉斯法》《保护中小企业法》等来保护文化产业的自由竞争、限制垄断，为微观生产主体的正常生产经营创造外部条件。例如，美国将新闻自由写入宪法第一修正案，确立新闻自由的主体内容；同时，联邦最高法院的一系列经典判例明确了新闻自由的边界，从而使新闻自由原则深入人心。新闻自由原则推动了美国新闻业从垄断到竞争格局的转变，极大地促进了美国新闻业的发展。可以说，没有宪法赋予的权利及法律的保障，就没有美国新闻业独占世界市场 75% 以上局面的出现。

（二）文化市场自由竞争

在自由竞争的环境下，市场机制通过价格竞争，将各类资源进行优化配置。竞争的主体则是企业，是具有风险承担意愿和能力的企业家。美国文化企业为了提高市场份额、降低成本，不仅在全球吸纳高级人才，还及时采用最新的技术和发明创造。这也正是美国文化产业在其发展的每一个阶段，在

每一类文化产品的创造、生产和分销的各个环节中,一直积极主动运用高科技的重要原因。

20世纪20年代是美国文化产业的起点。这一时期,随着无线电放映机等新技术的发展和成熟,美国的广播业和电影业开始萌芽,并迅速成长起来。1923年,美国科学家兹沃里金(Zworykin)申请光电显像管、电视发射器及电视接收器的专利。1938年,电视机已经可以在美国的百货公司买到。20世纪90年代以来,美国掀起了网络化浪潮,对传统文化产业造成一定冲击。以美国传统媒体为例,1990年美国日报总销售量为6232万份,到1994年下滑到5931万份,1998年下跌到5618万份,2000年则只有5575万份(张慧娟,2012)。进入21世纪后,电视收视率下降35%,广播收听率下降25%,报纸购买率下降18%(侯巧红,2014);社交媒体Facebook、Twitter为人们快速汇合意见、分享观点、传递信息等提供了重要平台。皮尤研究中心报告显示,美国使用社交媒体的成年人比例已经从2005年的7%增长到2015年的65%;2017年9月皮尤研究中心的数据又显示,美国成年Twitter用户里有74%的人表示登录是为了看新闻,2016年该比例为59%。面对不断下降的市场需求以及网络媒体的激烈竞争,传统媒体正在积极利用信息和网络技术对原产品和服务进行升级换代。

三 美国文化产业政策

(一) 与时俱进修正版权法,为文化产业的健康发展保驾护航

美国自建国以来,就十分重视版权保护,并将其提升到国家战略高度。美国《宪法》第一条第八款提出:"议会有权……为促进科学和实用技艺的进步,对作家和发明家的著作和发明,在一定期限内给予专利权的保障……"早在1790年,美国就颁布了第一部《版权法》,保障作者有14年的出版专权,该时期结束后假如作者还活着的话,可以继续延长14年出版专权。此后,根据经济科技和社会发展的需求,美国对《版权法》进行多次修订,其对版权的保护更加完善,更加有利于鼓励创新。

最早的《版权法》适用范围仅限于地图、图表和书籍。1831年、1856年和1865年修订的《版权法》分别增加了对音乐戏曲、摄影作品及其作者的权益,1909年《版权法》的保护范围已扩大到所有作品,2003年的调整将个人著作权的保护期从去世后 50 年延长到 70 年。1976 年，美国通过的《版权法》开始对版权实行单一的联邦保护制度，但当时计算机技术处于发展初期，在起草该部法律时并没有认真考虑如何适用于计算机、数字网络等问题。数十年来，针对知识产权保护领域中信息技术发展带来的新问题，美国政府对各项相关法规进行了多次修订和补充。

1980 年，以《计算机软件保护法》的颁布实施为标志，美国成为世界上首个利用版权制度保护知识产权的国家。1982 年，美国修正了《反盗版法案》和《反假冒法案》，加大了对电影和录音制造业版权侵权行为的处罚力度。20 世纪 90 年代初，克林顿政府制定《信息技术构建特别组织》等法律规定，以规范信息化的推广。1997 年，美国通过《反电子盗版法》。1998 年，美国立法机构正式制定并启用《数字千年版权法》，这是目前影响最大的版权保护法规，它采用"间接侵权"对网络侵权行为进行约束。2005 年，《家庭娱乐和版权法》则加大了对图书知识产权保护中的刑事处罚力度。可以说，当前美国一流的文化产业与美国政府对版权保护的足够重视是密不可分的。

（二）通过各种财政金融政策，加大对文化产业的经费支持

由于美国实行自由市场机制，政府不会干预文化机构的日常运作，甚至未设立相应的职能部门，但通过制定一系列税收和金融政策，实现了对文化产业投资和发展的支持和鼓励。

对于营利性文化机构，其税收减免主要体现在地方税收层面。美国几乎所有州都不同程度地对经营性的影视行业及有关广告、游戏等实行税收减免，对特定文化产业发展区域给予特定的税收优惠，且直接认定特定历史性建筑所在的地区为文化特定区域。例如，马里兰州文化从业人员或文化机构在指定区域可以享有如作品销售收入减税、免物业税、减免艺术家招生和娱乐税等优惠（程立茹，2014）。纽约市政府规定，文化企业可以获得低息或无息贷款。对于百老汇营利性剧目生产和演出过程中发生的有形物质和服务消费等，免除消费税（梁云凤等，2010）。

对于非营利性文化机构而言，其不仅可以享受联邦和州级税收的减免，各级政府还直接拨款以支持其发展。1917 年，美国《联邦税收法》就明文规定，对非营利文化团体和机构、公共电视台、广播电台免征所得税，并减免资助者的税额。美国《联邦税收法》规定，享受免税政策的非营利文化

团体包括交响乐等八大类（李琨，2013）。

1965 年，《国家艺术及人文事业基金法》在美国国会得以通过。据此，美国创立了国家艺术基金会与国家人文基金会，该基金会通过资金补贴的方式促进美国艺术与人文事业的发展，但其日常活动不受外界干预、独立运作。美国各州、县、市政府都相应设有文化艺术理事会，负责审批当地文化艺术方面的拨款项目；通过建立严格的资金管理程序，监督资金的合理使用，以确保公众对文化项目的广泛参与。

美国政府并非为非营利文化企业提供全部经费，而是提供有限的支持。例如，国家艺术基金会与国家人文基金会规定，对任何项目的资助总额都不得超过所需全部经费的1/2，剩余资金必须由申请者从政府机构以外，如企业赞助、慈善捐款等渠道进行筹集。政府部分资助的最大优点在于，可以充分调动项目人员创作的积极性，因为只有项目具有一定的社会意义和艺术意义才可能得到社会资金的支持。通过这种有限支持的方式，备选项目的可实施度得以提高，减少了政府公共资金的无效投入。

另外，从各文化机构的预算支出看，政府资金的分配还体现出向小型机构倾斜的特点，即机构预算规模越小，获得资助和捐赠的能力越弱，各级政府的投入所占比例越高。按照李琨（2013）统计数据，预算不足 1000 万美元的机构，市政府资助比重为 46%，州政府资助比重为 5%，联邦政府资助比重为 1%，三者合计为 52%，而私人捐赠比重为 25%，公司资助比重为 5%，基金会比重为 12%，盈余投入比重为 7%；预算在 1000 万 ~ 5000 万美元的机构，市政府资助比重为 31%，州政府和联邦政府资助比重分别为 2% 和 9%，三者合计为 42%，而私人捐赠比重为 32%；预算高于 5000 万美元的机构，联邦政府、州政府和市政府分别资助 1%、5% 和 16%，私人捐赠比重高达 66%。

（三）通过文化外交和贸易政策，推进文化产品的自由贸易

二战之后，美国政府非常注重开展文化外交。一方面，通过在其他国家派遣有成就的文化人士担任文化大使，设立图书馆、文化中心等方式，美国积极向外宣扬其文化和价值观。1945 年，美国已在 30 个国家设有 70 个图书馆、21 个文化中心，在其他美洲国家设有 300 所学校（李琨，2013）。另一方面，美国还广泛邀请各国人士来美留学或参观访问，增加各国对美国文化的了解。1946

年，美国实施了最著名的教育和交流计划——富布莱特项目，为多个国家的学者、职业技术人员、教师和管理人员等提供奖学金和在美国学习研究的机会。美国的文化外交促进了美国与其他国家的相互理解，提高了美国价值观和生活方式在全球的认可度，有效提高了其文化产品在全球的需求总量。

在对外经济政策方面，美国推行版权的国际保护体制和文化自由贸易政策，以促进美国文化产品的出口。例如，1986年"乌拉圭回合"谈判之际，美国通过了《关税与贸易总协定（GATT）》，从此美国即开始致力于建立版权的国际保护体制，谋求并推动相关国际贸易的开展。1988年，美国通过《伯尔尼公约》，对公约成员国提高其版权保护水平；同时，美国也利用《综合贸易和竞争法》，借助"特别301条款"，促使并要求其他国家对美国版权加强保护。对于加拿大的期刊市场，美国则利用世界贸易组织（WTO）的仲裁机制，打破其贸易保护壁垒。此外，借助于WTO的谈判机会，美国不断地试图扩大自由贸易范围，甚至延伸到包括影视节目在内的娱乐服务贸易领域。在美国等国家的坚持下，《与贸易有关的知识产权协议》《世界知识产权组织版权条约》等国际性保护知识产权的主要法规逐渐被纳入国际法体系下（余军，2012）。

第二节　英国模式：政府"臂距"管理+自由市场运作

与美国以市场主导为特征的文化产业发展模式不同，英国奉行的是"政府'臂距'管理+自由市场运作"的文化产业发展模式。

一　英国文化产业发展概况与基本特征

（一）发展概况

在英国，文化产业被称为"创意产业"（Creative Industries）。政府在官方文件中将其定义为：源自个人的创造力、技能与才华，通过知识产权的开发和运用，可以创造财富并提供就业机会的产业。换句话说，英国创意产业与其他国家的文化产业相比外延较小，专指一般创意产业的源头与动力，即通过知识产权开发和运用的部分。

英国政府重点发展和扶持的文化领域包括广播电视、电影和录像、出版、表演艺术、软件和计算机服务、音乐、广告、数字媒体娱乐、时尚设计、设计、建筑、艺术和古玩、工艺等13个领域。主管创意产业的政府机构是文化、媒体和体育部（The Department for Culture, Media & Sport, DCMS）。DCMS把上述13个领域整合为9个子行业。按照其公布的数据，2015年英国创意产业增加值占总体经济增加值（Gross Value Added, GVA）的比重为5.3%。其中，IT、软件和计算机服务业占2.1%，电影电视、视频广播和摄影业占1.0%，广告和营销业、出版业均占0.6%，音乐、表演及视觉艺术业占0.5%，建筑设计业、平面和时装设计业均占0.2%，博物馆、美术馆和图书馆占0.1%，工业设计业占比为零，有关数据如表9-2所示。

创意产业成为英国的支柱产业之际，也为英国创造了更多就业岗位。DCMS公布的数据还显示，2013年英国创意产业创造的就业岗位超过180万个，比2011年增加24.7万个，增幅为15.9%。2013~2014年，就业岗位增加5.5%，其数量是英国平均水平的2倍多。

表9-2 英国创意产业增加值、增长率及占GVA比重

单位：百万英镑，%

项目	2010年	2012年	2014年	2015年	2010~2015年总增长率	2015年创意产业增加值占GVA比重
广告和营销业	6213	7793	9956	10721	72.6	0.6
建筑设计业	2297	3040	3466	3368	46.6	0.2
工业设计业	292	283	435	407	39.4	0.0
平面和时装设计业	1968	2533	2643	2576	30.9	0.2
电影电视、视频广播和摄影业	12119	12998	13266	15880	31.0	1.0
IT、软件和计算机服务业	25387	28865	33094	34733	36.8	2.1
出版业	10230	10178	10311	10122	-1.1	0.6
博物馆、美术馆和图书馆	1322	1236	1279	1086	-17.9	0.1
音乐、表演及视觉艺术业	5360	6107	7175	8457	57.8	0.5
合计	65188	73033	81625	87350	34.0	5.3
英国总体经济	1414635	1495576	1624276	1661081	17.4	100.0

资料来源：英国政府官方网站。

英国创意产业的中心，毫无争议当属其首都伦敦。据 DCMS 公布的数据，英国 2013 年与创意产业相关的工作岗位有 28.9% 聚集在伦敦，占伦敦所有工作岗位的 16.4%。

从泰晤士河南岸到中区、北区、东区、克拉肯威尔、霍克斯顿、"金色花园"等处，各种创意社区不断涌现。由摄政街、查令十字街和牛津街共同包围而成的伦敦 SOHO 区是全球发展最为成熟的创意产业集聚区；霍克斯顿则是国际知名艺术家和设计师会聚之地；曼彻斯特作为英国第二大城市、曾经的老工业区，通过引进创意产业改造老工业区，已成为英国西北地区的创意产业集散地。除伦敦和曼彻斯特外，布拉德福德、格拉斯哥和爱丁堡都是英国著名的创意城市。

近年来，更多的英国城市被列为创意城市，如东部港口城市赫尔河畔金斯顿获选"2017 年英国文化之都"。

（二）基本特征

1. 创意性高

英国的创意产业不仅具有和其他国家创意产业共同的特点，如文化内涵与财富创造，而且强调在文化产品中的个人创造力。英国文化底蕴深厚，这里曾经孕育过莎士比亚、勃朗特姐妹、狄更斯、拜伦、弗朗西斯·培根、罗素、卓别林等一系列世界级的文学家和艺术家，涌现过甲壳虫、皇后、大卫·鲍伊等享誉世界的乐队组合或歌手，英国民众的文化素养以及对艺术的欣赏水平较高。因此，强调文化的个性和个人的创新性，而不是标准化可复制的文化产品，理所应当是英国创意产业的首要特征。

毋庸置疑，英国的创新能力非常高。在世界知识产权组织、康奈尔大学和英氏国际商学院共同发布的 2015 年"全球创新指数"中，英国排名第二。2012 年，第 30 届伦敦奥林匹克运动会向全世界生动地展示了英国人的高超创意，从伦敦申奥片——不同族群及阶层的人们共同诠释的英式幽默与包容，到奥运会会标设计——蕴含着无限创意和多种组合的七巧板，再到环境布置——时尚不羁的粉色、现代简约的不规则多边图形，以及在开幕式上的表演———座座烟囱竖起又倒下，替代它的是憨豆先生、哈利·波特……这一系列经典的创意都有力地向世界证明：英国不仅是全球发达的工业大国，更是实力显著的创意大国。

2. 发展速度快

从1997年创意产业被英国政府列为重点扶持行业后，英国创意产业增加值年均增长率一直高于英国总体经济增长率。根据表9-2可知，2010~2015年，英国创意产业增加值年增长34.0%，而同期GVA仅增长17.4%，创意产业增速快于英国总体经济接近一倍。进一步对比各个子行业的增长速度可以看出，增速最快的是广告和营销业，增加值年增长72.6%；其次是音乐、表演及视觉艺术业，增加值年增长57.8%；再次是建筑设计业、工业设计业，增加值年增长率分别为46.6%和39.4%；而出版业，博物馆、美术馆和图书馆这两个行业增加值年增长率均为负值。

3. 出口规模大

英国创意产业的突出特点还在于出口规模大。据DCMS公布的数据，2009~2013年，英国创意产业出口增长34.2%，比英国整体水平高出15个百分点。2013年英国创意产业出口规模达179亿英镑，比上一年增长3.5%，占英国总出口额的8.7%。

英国文化产品在全球享有盛誉，英国戏剧多次荣获美国话剧和音乐剧的最高奖——托尼奖。英国还是世界上出版规模最大的出口与再出口国。出版商协会的最新数据显示，2016年英国出版业出口销售额约26亿英镑，同比增长6%，占整个行业收入的54%。其中，学术期刊的出口收入占全部收入的比重达87%。

4. 以中小企业为主

英国的创意企业多为中小企业。据DCMS于2011年底公布的数据，英国从事创意产业的企业共有10万多家，约为英国提供了150万个就业岗位，平均每家企业拥有员工15人。

二 英国文化产业发展模式：政府"臂距"管理+自由市场运作

英国作为曾经的世界工厂，20世纪逐渐失去了制造业大国的地位。二战后，英国实行了大规模的国有化改革，以期通过扶持航空航天、汽车及计算机等高附加值产业，尽力缩小与美国等发达国家的技术水平差距。然而英国整体制造业的竞争水平并未就此提高，大部分国有化改革均以失败告终。20世纪80年代撒切尔执政期间，英国进行了自由化改革，除少数"国企"

外，大部分企业都进行了私有化。激烈的市场竞争导致英国资源禀赋流向具有明显比较优势的服务业，制造业的竞争优势进一步丧失，制造业集中的城市普遍出现经济衰退现象。如何进行城市转型和经济结构调整，一度成为英国政府迫在眉睫的重大问题。

另外，作为曾经的日不落帝国、第一次工业革命的发源地，英国具有悠久的历史、丰厚的文化底蕴和完整的创意产业链。由于创意产业具有极强的外部性，私人提供的文化产品和服务小于社会所需最优值，因此，英国政府介入创意产业的发展顺理成章。正如英国政府负责传播通信的次长卡特男爵所指出的一样，"如果希望数字革命的利益最大化，那么国家要出台积极的产业政策，完全依靠市场自身，只能使英国落后。我们需要一种明确而长远的战略……来展示出政府已经做好对市场进行必要干预的准备"（缪学为，2015）。在此背景下，英国政府从1990年开始主动引导发展创意产业，英国成为世界上第一个运用政府政策推动创意产业发展的国家。

英国政府虽然设立了专门的部门来规划和扶持创意产业发展，但是英国政府从不直接干预市场与企业行为，而是通过"臂距原则"（Arm's Length Principle）对创意产业进行管理，以保障文化市场应有的活力。所谓"臂距原则"，是指政府和文化企业保持一臂之距。

首先，英国政府不直接拥有文化机构和团体。在英国，没有中央政府直接管辖和经办的文化艺术团体和文化事业机构，即使是国家级的大型艺术团体、大型文化事业单位，如皇家歌剧院、皇家芭蕾舞团、大英博物馆、国家美术馆、大英图书馆等都是独立运行的，并不直接隶属于政府部门。也就是说，英国有国家级的艺术团，却没有归国家所有的艺术团。同样地，也没有一家文化创意企业隶属于各级地方政府。

其次，在中央政府与文化艺术团体和机构之间，存在一个独立的、专业的中介机构，发挥沟通政府和企业的桥梁和纽带作用，承担文化市场的微观管理职能。DCMS虽然专门用来规划和扶持创意产业发展，但不直接与创意企业、团体之间发生关系，而是通过社会中介机构或准官方机构为其提供人才、资金方面的支持，同时这些中介机构也承担对创意企业的培育、审核、认定、监督等职能。目前，英国每一个文化艺术领域都有各自的、全国性的公共文化机构负责贯彻涉及本领域的文化政策，以及分配政府对文化事业的拨款，这样的中介机构总共有 39 个之多（陈红玉，2012），如英国文化委员会、英格兰艺术委员会、博物馆和美术馆委员会等。事实上，这些委员会在文化艺术领域的历史更为悠久，影响力也更大。由它们负责对创意企业申报的项目进行评估和拨款，其专业性和权威性更容易得到认可，同时还能减少政府机构的行政事务，避免产生腐败行为。

最后，专业中介机构的存在，也使得英国政府能够高效吸收企业、社会团体提案中的内容，以此来掌握社会文化发展趋势，并随时调整政府补助和政策执行顺序。英国政府制定文化政策的这种"自下而上"的特征，确保了创意产业政策不仅不影响社会艺术文化的发展方向，而且更符合时代潮流，更具弹性、适用性和灵活性。总之，英国专业独立的文化中介机构既填补了政府与市场功能的空白，又使政府对文化管理保持间接参与的状态，给文化机构和文化企业这些真正的市场主体留下了自主决策的空间，保证了其在文化市场中的活力。

与美国一样，英国也常常被看作自由市场经济体制的典范。英国创意产业中市场机制运行非常活跃，这可以从鲍伊债券（Bowie Bond）的发行上窥见一斑。英国著名音乐家鲍伊，在 20 世纪 90 年代遭遇了事业低潮及与政府间的税务纠纷，急需现金。在金融界人士的建议和帮助下，鲍伊以其 1990 年以前录制的 25 张音乐专辑作为基础资产，以这些唱片未来产生的销售额和使用版权费、许可使用费等版税为担保，发行了 10 年期利率为 7.9%、总额度为 5500 万美元的债券。这是世界上首个以知识产权为基础资产的资产证券化产品，它有效地帮助鲍伊走出人生低谷，继续其辉煌的音乐创作。

虽然英国的创意产业经常会得到政府的扶持，但其并未破坏英国的市场机制，反而还能促使市场机制发挥作用。例如，英格兰艺术委员会每年会给予数百个文艺团体演出补贴，但补贴并不是直接给文艺团体，而是给观众——英国大多数剧院的票价仅有几十英镑，这对于年收入超过 5 万英镑的英国中产家庭而言，票价十分便宜。低廉的票价给英国戏剧带来了大量的观众，这使得各剧院和剧目之间产生了充分的竞争，同时高水平观众的反馈同样促进了英国戏剧供给质量的提高。

三 英国文化产业发展中的政府职能

从全球范围看，英国不仅首先提出了"创意产业"的概念，而且还首先积极运用宏观政策,引导并促进该产业的发展。毫不夸张地说,英国创意产业近年来的蓬勃发展,离不开政府主动、充分、有效地履行其各项公共职能。

(一) 创意产业战略规划者

英国政府早在1993年就以"创造性的未来"为题,发表了英国文化发展战略。英国政府作为创意产业战略规划者的角色,在布莱尔政府时期得到极大的凸显。1997年,布莱尔出任英国首相不久便将英国国家遗产部更名为文化、媒体和体育部(DCMS)。DCMS负责英国所有文化事务,同时内设创意产业特别工作组。布莱尔将创意产业作为其"新英国"计划的一部分,亲自担任特别工作组主席,立志让英国成为全球的创意中心。特别工作组负责规划英国创意产业的发展方向,其下设"创意产业出口""设计合作""文化遗产与旅游""表演艺术国际发展组织"四个机构。DCMS在1998年和2001年制定的两份《英国创意产业路径文件》,常被看作英国创意产业发展的基石。它们明确了"创意产业"的定义,并把广播电视、电影和录像、出版、表演艺术、软件和计算机服务、音乐、广告、数字媒体娱乐、时尚设计、设计、建筑、艺术和古玩、工艺等13个文化领域列为重点发展和扶持的对象,为其提供税收减免、知识产权保护、海外市场开拓、教育与技能培训等全面的扶持。

进入21世纪后,英国政府继续大力推进创意产业的发展,试图打造更有创意的英国。2008年布朗政府时期的《创意五年策略(2008—2013)》明确提出"视创意为英国文化的核心,让创意成为英国之国家认同"[①]的愿景。2009年,《数字英国》白皮书意欲刺激英国电信和数字产业快速发展。当前英国出版产业能保持较高的增长速度,就得益于英国政府支持下的数字化转型。2011年,卡梅伦政府时期继续推动创意产业的发展和规划,成立了全国性的创意产业委员会,全面负责协调指导全国创意产业发展。2016年的"文化白皮书",强调了国家及地方政府在政策制定以及管理文化部门时领导能力的重要性。

(二) 知识产权保护者

首先,悠久的知识产权保护历史和强烈的知识产权保护意识,奠定了英国创意产业的大国地位。作为世界知识产权保护制度的鼻祖,英国早在

---

① 张京成、沈晓平、张彦军:《中外文化创意产业政策研究》,科学出版社,2013,第49页。

1623年和1709年,就分别颁布正式而完整的专利法《垄断权条例》和著作权法《安娜女王法令》。近400年的知识产权保护史,使英国人普遍具有强烈的知识产权保护意识。在他们看来,只有严格保护知识产权,才能保证创新者为自己的劳动获得经济回报,而这将鼓励人们进一步创新,最终让整个社会中的所有人获得收益。

其次,英国有较为完备并具有英国特色的知识产权法律适用体系。英国严格实施欧盟的知识产权法律及《著作权、产品设计和专利法》《专利法》《商标法》等本国法律,还加入了众多的保护知识产权的国际公约,如《巴黎公约》《伯尔尼公约》《罗马公约》《专利合作条约》《知识产权协议（TRIPs协议）》等。近年来,英国扩大了知识产权的保护范围,音乐、戏剧、录音和计算机软件等原创作品都在保护范围之内。英国文学、戏剧、音乐和艺术作品的著作权受到保护的有效期可以持续到作者死后70年,录音和广播的著作权受到保护的有效期可持续到首次公布后的50年,电影的著作权在电影作品的最后一个主要导演、作者或编剧死后70年内受到保护。

最后,英国拥有全面、高效的知识产权保护机构。英国对知识产权的保护非常严密,除了"为科研或个人学习目的"而合理使用版权外,其他未经作者同意而使用就属于侵权行为。对无法找到作者的作品,企业在使用时也被要求准备好资金,以便作者现身时兑付。在英国一旦出现知识产权纠纷,人们会立即通过法律途径进行解决,如1993年设立的专利地方民事法院,就是英国为满足中小企业在专利、商标和外观设计方面的诉讼要求而建立起来的地方法律保护机构（李建峰,2007）。随着知识产权服务领域的不断拓展,2007年英国专利局更名为知识产权局。英国知识产权局是一个综合机构,具有多项职能,包括各类知识产权的申报、审核和批准,还要负责协调决策部门、执法部门、企业等各方面的关系,还具有应对知识产权领域的犯罪行为等职能。

（三）创意人才培养体系构建者

英国政府一直把构建创意人才培养体系作为其创意产业政策的核心之一,不仅大力培育英国公民的创意观念和创意意识,还制定长期、综合和系统的创意人才培养规划,同时积极倡导教育体系改革,引导带动地方政府尤其是民间机构和创意企业构建创意人才培养体系。

在公民创意观念的培育上，英国政府一直不遗余力。2001 年发布的"文化创意产业绿皮书"中特别指出，对于所有儿童、青年以及创意工作者，政府都应充分地给予他们自由发展创造潜力和才能的机会。面对新经济环境，《新经济下创意英国的新人才》报告于 2008 年发布，其中又一次强调激发所有人的创造才能的重要性。

英国创意产业人才培养的核心当数国民教育体制。英国基础教育历来十分重视青少年艺术教育和创造力的培养。英国认为，艺术教育对提高学生的综合素质和培养创新性思维有着重要作用，同时多学科知识的交叉学习也是英国培养学生创造性的优良传统，很多中学对 12～15 岁的学生实施跨学科计划（付瑞红、霍云龙，2015）。在高等教育阶段，近年来英国公立专科学校设立了许多创意类课程，如 3D 动画设计等，这是政府扶持创意设计教育的重要体现。另外，很多大学的工程学、计算机应用和传媒学等专业也都开设创意设计课程。为了便于青少年展示和证明自己的创意才能，英国政府还专门为 14～19 岁的学生设立"创意媒体文凭"。

英国政府协调教育部门、文化部门和多个部门与机构，对创意人才进行联合培养和教育。例如，英国政府实施的"创意合作关系计划"、举办的"创意产业高等教育论坛"等活动，有效地促进了创意企业与学校之间的合作。再如，英国产业技能委员会在电影、电视和多媒体行业中开设"人才再造工程"，通过百余门课程的集中授课，使得六成以上的影视业从业人员达到研究生阶段的专业能力（程坚军，2010）。即使在基础教育阶段，英国也着力为培养儿童创意才能提供各种条件。在"发现你的才能"项目中，英国政府组织各部门和机构为儿童和年轻人提供每周 5 小时的文化教育活动培训，以培养学生应用性创新技能。

在英国，大英博物馆、国家画廊、格林尼治天文台等，早已对学生免费开放。2016 年，英国政府在其"文化白皮书"中进一步强调指出：包括美术馆、博物馆、歌剧院等在内的，接受政府资助的所有艺术机构和团体，应保证对所有人开放。事实上，许多博物馆在设计和运行时，已充分考虑教育的公益性和孩子的特点，设立了专门的区域供孩子学习，并由专业讲解团队提供服务。学校也可以在博物馆内上课，其申请手续极为简便，只需网上预约即可。

（四）优惠融资政策提供者

英国对创意产业的税收支持几乎覆盖整个产业领域，包括多税种和不同的优惠方式。英国历届政府长期对图书、期刊、报纸等出版物免征增值税，对以学术性出版物为主的出版社，如剑桥和牛津两家出版社，其营运收入和利润全部免税，并专款补贴学术类刊物出版；对影院票房收入征收的流转税，专款用于本国影视业发展；对游戏产品实行出口退税政策，对于出口图书的企业在国外发生的增值税，可以向本国政府申请补贴（李琨，2013）。创意公司境外子公司利润汇往英国总公司时，允许税前抵免。英国皇家税务海关总署2016年更新纳税人指引，电影、动画、高端电视节目、儿童电视节目、电子游戏、剧场以及乐团等七种创意产业所得税获得减免优惠。

英国政府还通过税收优惠，激励私人企业和引导民间资本投资创意产业，如民间机构对创意法人公司的捐赠免征资本利得税、自然人捐赠给公益性创意团体或组织的费用准予在个人生计费用中税前扣除等。在税收优惠的持续激励下，英国创意产业获得了大量社会捐赠。2013~2016年，英国创意产业和高雅文化艺术得到的赞助和捐赠约14亿英镑（李丽萍等，2016）。英国每年一般举办500多场创意艺术类演出，每一场都会获得社会资助，其中56%得到资本的赞助，44%获得物质形式的无偿捐赠。

除了税收优惠外，英国创意产业的基础设施和基础资金保障还可以直接来自彩票基金。1993年，英国国家彩票法案规定，每年彩票总收入的28%作为专项基金，用于资助文化、艺术、体育和慈善事业。2004~2005年，英格兰艺术委员会曾拨出4700万英镑彩票基金，修建了盖茨海德市多功能音乐中心。另外，英国泰特现代美术馆全部改建费用约1.34亿英镑，其中5620万英镑来自遗产彩票基金。

英国创意企业获得公共资金的另一个重要渠道是"政府陪同资助"。目前，该渠道已成为英国中小文化创意产业的基础性融资渠道之一（杨洁、王迪，2016）。英国创意产业多为中小企业，它们往往资金少、研发投入不足、无力开拓海外市场。英国政府对于具有创新性的中小创意企业，往往通过"政府陪同资助"计划，持续提供资金支持。在企业对创意产业初次进行投资时，政府以1∶1的比例提供资金，以确保整个活动得以正常开展；而当企业进行第二次投资时，"政府陪同资助"金额会进一步提升至1∶2的比例。

英国政府定期提供政策指导手册,并成立众多基金会,帮助从事创意产业的企业或个人获取投资援助,解决最初的融资困难。在英国政府各种优惠政策支持下,私人资金也逐渐成为创意产业重要融资来源。近年来英国创意产业得到的社会资金比重不断上升,融资渠道日趋多样化。2016年英国"文化白皮书"指出,2009~2010年受政府补助的文化组织非公共投资比例为22%,2014~2015年该比例则提高到55%。

(五) 创意产业出口推动者

英国创意产业在出口方面成绩斐然,与政府的大力推进密不可分。自2012年开始,英国集中整个国家之力,包括以贸易投资总署、外交部、文化教育协会及旅游局为核心的20个政府部门、79个文化机构、258个商业品牌、219位名人以及8500万英镑的赞助,在144个国家开展"非凡英国"的宣传。该活动目前已取得显著效果,"非凡英国"品牌价值超过2亿英镑,按照《金融时报》的估计,五年后可达到21亿英镑。[①]

2013年,英国贸易投资总署推行高值化商机计划,目的在于为英国创意产业创造新的机会,促进其贸易出口和文化交流活动的开展。另外,英国政府也大力吸引游客体验英国的地景、文化遗产和城镇都市生活。2016年,英国开展了大规模的"永恒的莎士比亚"庆祝活动,包括一系列创新戏曲与舞蹈表演、电影放映及数字活动,以纪念莎士比亚逝世400周年。在《创造机会——英格兰地方政府地方文化发展战略指南》中,英国政府要求各地方政府务必根据该指南制定创意产业发展战略。具有高度自治权的各地方政府根据当地的文化风俗和地方特色打造不同的特色城市群,使其成为吸引国际游客的重要名片。

第三节 日本模式:政府主导

日本的文化产业在亚洲排名第一,是日本第二大支柱产业。20世纪90年代至21世纪初,日本经济陷入"迷失的二十年",其间文化产业却保持着持续、平稳的发展。除了电影、音乐、出版这些传统产业仍居世界领先地

[①] 何越:《他向世界推销"非凡英国"》,http://www.ftchinese.com/story/001069256,2016年9月8日。

位外，动漫游戏类等新兴文化产业则以更为迅猛的势头发展，使日本成为全球首屈一指的动漫强国。这一成绩的取得，与日本政府坚持"文化立国"战略以及多年来扶持文化产业的政策导向密不可分。

一 日本文化产业发展概况与基本特征

（一）发展概况

日本的文化产业也被称为内容产业。在过去，日本文化产业主要包括音乐、电视、电影、出版等受著作权保护的产业。但随着政府对文化产业重视程度不断升级以及数字技术在传统文化产业中的创新应用，当前日本文化产业的内涵和外延发生了很大变化，一批新兴的文化创意产业应运而生。建筑、视觉艺术、体育、广告和文化观光等也被纳入新型文化业态之内（魏晓阳、黄宇骁，2016）。

长期以来，文化产业是日本的支柱产业。据内阁府《国民经济计算年报》统计，2001年日本文化产业总产值达99.97万亿日元，约占国内生产总值的18.3%，成为国民经济中仅次于制造业（约占国内生产总值的21.5%）的第二大支柱产业（庄严，2014）。2015年，日本国内生产总值达4.21万亿美元，其中文化产业总产值为0.39万亿美元，占比约为10%（崔磊，2016）。

日本文化产业各子行业的数据可从研究机构发布的白皮书中获得。日本电通总研发布的"2016信息媒体白皮书"显示：2014年，电视业市场规模为2.66万亿日元，居全行业之首；出版业市场规模为1.6万亿日元，较上年减少4.5%；包含唱片、卡拉OK、乐器教室、付费音乐频道等在内的音乐产业市场规模近1.5万亿日元，该规模仅次于美国；数字内容行业市场规模达1.3万亿日元，较上年增长11%，其中游戏产业规模达0.9万亿日元；影片软件产业市场规模为0.38万亿日元，较上年减少7.5%；动漫产业市场规模为0.26万亿日元，较上年增长6.9%；电影产业市场规模为0.21万亿日元，较上年增长6.6%。此外，近年来日本广告业发展迅猛，2016年日本广告费总额为6.3万亿日元，连续5年实现增长。

由于多年来日本经济不景气，其休闲产业一直处于负增长状态。2008年国际金融危机进一步加剧了这一态势。近年来，日本的国内观光业取得了长足进展，特别是海外游客，不仅在人数方面，而且在消费金额方面都高达两位数增长。2015年"旅游白皮书"显示，2014年访日游客数量较上年增长约3倍，达1341万人；访日游客的消费金额较上年增长约4倍，达2万亿日元。

（二）基本特征

1. 民族性

日本是一个文化资源大国，传统文化和技艺大多保存完好、广为流传，街道景观别具特色，各地都有民间舞蹈和风俗文化，每个村町都有独特的节日庆祝活动。日本的文化产业在此基础上产生和发展。近年来日本文化产业不断创新并呈现国际化发展趋势，但本土文化特色始终是其基础和底色。例如，日本游戏中常用传统的三弦曲和长笛曲作为背景音乐；樱花作为日本精神的代表，也时常出现在各种文学艺术作品中。宫崎骏在其动画电影中塑造了无数的精灵、神怪和英雄，直接灵感来源于日本神道教中万物有灵的思想。虽然日本动漫作品之中也有大量国外题材，但创作者在对外来文化元素进行消化吸收时，并未丢弃本国国民精神，反倒始终以此作为作品的精神支柱。最终日本动漫形成了兼容并蓄却不失"本性"的特点（余军，2012），在国际市场上具有鲜明的民族特色。

事实上，不仅文化产业具有民族性特点，整体日本文化和生活方式都具有明显的民族特色。大和民族历史非常悠久，早在公元前12000年到公元前3000年，日本就形成了以绳纹土器为代表的农耕狩猎采集文化。虽然后来又不断有外来文化的引入，如在弥生时代至江户末期引入的中国文化形成了日本的中世纪文化，而明治以来的日本又以欧洲近代的科学思维方法为基础，但是日本文化中基本的民族特色却从未消失。日本史学家上山春平先生将日本文化历史划分为三个层次：表层，即具有浓郁国际特色的近代文化；中层，即具有强烈中国文化色彩的中世纪文化；深层，即绳纹时代的日本古代文化（谭明祥，2011）。

人与自然互相依存的照叶林文化是日本文化的起源，而古代先民创造了对自然万物膜拜的神话，最终形成了日本传统文化中最核心的部分——神道教。神道教是日本第一大宗教，根据日本文化厅2005年统计，神道教信众占日本人口总数的85%左右。神道教文化是大和民族和日本其他民族最具有软实力的文化（周永生，2017），它培养了日本民族的国民精神和国民意识。每年多姿多彩的神道祭祀活动不仅丰富了民众的文化生活，还带动了各种商业活动和文化表演。神道教对自然的膜拜、对自然景观的尊敬，更奠定了日本民族审美的基调。

民族性特点体现在日本现代设计中，则是对自然和生态环境的高度重视，崇尚使用更天然的材料。例如，日本杂货品牌"无印良品"一贯主张"平实好用"理念，其产品以纯朴、简洁、环保、以人为本为特点，深受市场欢迎。

日本特有的人口地理特征，也形成了其与众不同的传统文化。日本人口超过一亿人，是世界人口第十大国。但作为岛国，日本不仅国土面积狭小、自然资源匮乏，且火山爆发、海啸等地质灾害频发，这样的环境一方面造成了日本人追求极致的美，比如茶道、花道和书道等"道文化"长盛不衰，各行各业中"匠人精神"备受推崇，日本和服和料理的精致享誉全球，日本拥有世界上最多的米其林星级餐厅；另一方面也给日本带来了一种"物哀"文化，日本人有追求自我毁灭和自我升华的民族传统，这种生死观对于其他文化而言，显然是较为独特的。

另外，动漫的流行也与日本这块文化土壤有非常大的关系：无论是学生还是上班族，都常常被功课和工作压得喘不过气，很少有机会和别人交往，于是开始在动漫里寻找自己的朋友。而日本又较为崇尚团队精神，不鼓励个人主义，所以那些有冒险精神、个性张扬的成年人就在动漫里实现他们的梦想。

2. 科技性

日本文化产业在发展中不仅坚持"传统为本"，更重视"科技为器"。20世纪80年代，日本曾提出"科技立国"战略，高新技术特别是信息科技取得长足进展。日本虽然没能在微型计算机和互联网技术上超过美国，但其信息科技的优势却在文化产业上得到了充分发挥——通过运用数字化的高新技术，把传统的图像、文字、影像、语音等内容进行整合，形成了具有国际竞争优势的日本"数字内容产业"。

日本最具有代表性的数字内容产业是动漫和游戏产业。作为世界上最大的动漫制作与输出国，日本的动漫产业占世界市场份额的60%以上，在西欧这一比重更高达80%。机器猫、奥特曼、花仙子、火影忍者、铁臂阿童木、樱桃小丸子等经典动漫人物，陪伴着世界各地小朋友成长。日本的游戏产业在全球游戏市场中占据1/3的市场份额，全球电子游戏90%以上的硬件、50%以上的软件均来自日本（程立茹，2014）。日本著名的游戏制作公司任天堂，是世界上最有影响力的游戏机公司之一。

事实上，日本数字内容产品与各种数字消费电子产品早已高度融合，计算机、通信设备、视听产品、家用电器等各种设备能互相识别、资源共享，形成了一大批网络游戏、数字影音、数字动漫、移动服务、网络服务、数字教育、数字出版、工业设计与数字展示等跨行业产业领域。

3. 整体性

首先，整体性体现在对文化产业的界定上。在日本，文化产业不仅包括通常意义上的狭义文化产业，而且包括更为广义的文化和生活方式，例如具有日本特色的休闲产业。值得一提的是，"酷日本"政策于2011年开始实施，其中就特别强调将文化创意转化为经济价值，并将其作为主要政策目标。而文化创意则涵盖了动漫、音乐等具体文化形式，以及体现日本文化的衣、食、住、行等生活方式。

其次，整体性还体现在文化产业链较为完整。从创意、开发到市场营销，各个环节都有大量成功的案例。其中，动漫作品的二次乃至三次开发尤为典型。由动漫衍生的人物、文具、玩具、游戏、服装、电影等比比皆是，一些品牌价值高的作品甚至被开发成主题商店或产业园区。总体来看，目前日本动漫及其衍生品开发已形成了"漫画出版→游戏及音像等制作播出→衍生品生产及销售→深度开发及新动漫产品开发"的良性再循环。例如，《NANA》就经历了"漫画版→TV版→真人版电影→电影《NANA2》"这样多次开发过程。

完整的文化产业链不仅保障了日本文化产业的可持续经营，而且使其获得了更大的市场和更多的收益。例如，因为日本游戏软件开发多源于动漫作品，日本动漫所取得的国际影响极大地推动了其游戏软件和硬件产品的海外市场扩张。除了游戏外，动漫产品还带动了相关图书、音像制品和特许经营商品等衍生品的出口。可以说，日本的动漫产品已经形成全产业链式的出口态势。

二　日本文化产业发展模式：政府主导

二战后三十多年间，日本经济快速发展，取得了巨大的成就。1956～1970年，日本实际国内生产总值年均增长率接近10%，一跃成为世界第二大经济体。然而1973年石油危机的爆发，使严重依赖资源进口的日本经济增速骤降，1974年GDP增长率从上一年的8%骤降至-1.2%。日本政府开始思考如何促进产业结构从资源密集型向耗能少的知识密集型产业转型。1979年，时任首相的大平正芳在施政演讲中首次提出，日本应该从经济中心时代过渡到文化中心时代，为此日本政府创设文化时代研究小组，召集政府、学校、企业和机构的上百名专家，研讨日本文化的未来。进入20世纪80年代，首相中曾根康弘提出要把"璀璨的文化之国"和"国际国家"结合起来，以"文化大国"作为日本的国家战略目标。1990年前后，日本股票市场泡沫和房地产市场泡沫先后破灭，以及人口老年化等社会问题日益突出，日本政府开始探索如何推动文化产业的发展。1996年，日本政府在《21世纪文化立国方案》中明确提出十年内把日本建成世界第一知识产权强国，这标志着"文化立国"战略正式确立。2003年，日本知识产权战略本部成立，其成员由小泉政府的全体内阁成员和10名知识产权方面的专家组成。在随后公布的《有关知识产权创造、保护及利用的推进计划》中，阐述了详细、具体的各项措施以保护知识产权、发展多媒体内容产业、进行人才培养和提高国民意识。2007年，安倍晋三内阁进一步颁布《日本文化产业战略》，充分阐释了文化产业的发展理念、战略方向以及对日本的战略价值，因此它成为日本文化产业发展的纲领性文件。该战略认为，文化产业不仅直接关系到日本的经济利益，还可以间接从其他国家获得外交利益。日本文化产业发展的理念是增强日本人对"日本魅力"的认知度和自信心，并向全球进行传播。日本文化的发展战略分为四个方向：一是将日本文化影响的目标重心确定为海外年轻人；二是构建海外文化传播平台；三是建立以幼儿、小学生为重心的一条龙人才培养系统；四是加强海外发展的"日本范式"建设（程立茹，2014）。

在当前日本经济整体不振的背景下，日本文化产业能平稳、快速、持续的发展，并每年创造出高达上万亿日元的品牌附加值，得益于政府的战略推动。事实上，政府主导一直是二战后日本经济发展的重要特征。这种模式一方面能使日本在短期内集中资源快速发展某一优势产业，如汽车、电子等，使其在国际市场获得很强的竞争力；另一方面也会造成一系列问题，如"主银行制"——政府为每一家扶持企业确定主银行，负责其一切资金来源，且银行和企业之间相互持股，这种制度即是造成日本经济泡沫的一大原因，也是其泡沫破灭后大量"僵尸银行"和"僵尸企业"长期存在进而形成"迷失的二十年"的重要原因。

日本当前对文化产业的战略推进政策，改变了过去的直接行政干预做法，采取更为市场化的手段，充分调动和发挥市场主体的积极性，同时通过制定各种财政税收政策进行宏观调控。

日本文化产业市场化的表现之一是，文化企业的资金来源非常多元化，日本文化产业的资金既有政府和社会资助，也有通过金融市场筹资的，还有上下游企业之间建立投资联盟来共同投资的。1995年，日本住友银行首次推出了以知识产权为担保抵押品的融资工具，此后日本文化产业尤其是电影业和动漫产业，多采用著作权证券化的方式直接融资。吉卜力工作室的代表作《千与千寻》则是投资联盟体系运作成功的案例。在这部动画制作过程中，相关出版社、电视台、广告公司、电影公司和其他机构共同分担了将近25亿日元的制作费。2001年，《千与千寻》票房高达304亿日元，各利益相关方根据各自的投资比例均获取了不菲的收益。

日本文化产业市场化的表现之二是，存在大量有竞争力的企业，而不是仅有少数几个政府扶持的大企业。日本不仅有索尼公司和日本广播公司等跨国文化集团的存在，还拥有一大批如吉本兴业公司、艺神公司等综合性的文化公司。动漫界更是群雄林立，其中的代表有东映动画、京都动画、吉卜力工作室、GAINAX、SUNRISE等；出版界的代表有凸版印刷公司、大日本印刷公司；电影界的代表有东映公司、松竹公司；广告界的代表有电通公司；票务界的代表有琵雅公司；演艺界的代表有宝冢歌剧团、四季剧团等。敏锐的市场发展眼光、强烈的生存竞争意识，使得这些企业科学谋划、迅速发展并建立了独到的产业经营和市场运作体系，在实现自我良性发展的同时，也极大地促进了日本文化产业的持续快速发展。

日本文化产业市场化的表现之三是，政府依靠各种行业协会等社会组织间接管理文化产业。日本几乎每个文化行业中都有自律性组织或机构，如日本音乐著作权协会拥有作曲家和作词家会员1.2万余人，管理着160多万首曲目，负责征收音乐著作权的使用费。作为日本电子游戏机软件生产厂商的行业组织——日本电脑娱乐协会，2002年自主制定《电子游戏机软件分级制度》，对软件中暴力、性爱、恐怖、违法等内容进行分级，同时为各年龄段的顾客提供指示。实践证明，电影、游戏等专业分级制度能够极大地促进该行业的健康发展。

三　日本文化产业政策

（一）完善知识产权法律保护体系

日本最早的有关文化产业方面的法律，是1950年颁布的《文化财产保护法》。《民商法》和《教育基本法》也为日本文化产品提供了法律保护。进入21世纪后，日本政府发现文化立国战略的实施关键在于能否为文化产业创造一个有利的法律环境，于是日本加快了体系化法律法规建设的步伐，逐步建立起完备和成熟的知识产权法律保护体系。

2001年，日本国会通过《振兴文化艺术基本法》。在这部重要的法典中，不仅明确界定了各类文化艺术的基本概念，更重要的是规定了中央及地方政府的相关职能，从而为其提供包括公共文化服务在内的法律依据。同年，《著作权等管理事业法》颁布，强调把著作权管理委任给公益法人。这些公益法人主要是音乐、出版、图片、软件等各领域的著作权协会，著作权使用许可的发放、版权使用费用的征收等事宜都将由其具体实施。只有通过签订协议使用户与相关著作权协会达成合作，才能使用相关著作权；在得到著作权所有人或著作权协会许可的前提下，用户才能上传受版权保护的相关音视频作品。此外，对于以商业形式发布的各种收费内容，无论采取何种形式的免费下载，都将被视为非法行为，相关责任人会受到严肃的法律追究。这种通过各著作权协会保护版权的方法，极大提高了著作权管理效率。日本还于2005年设立了知识产权高级法院，提高了审理知识产权侵权案件的权威性和速度。从2006年起，在所有日本的光碟和游戏软件上，都盖有日本相关部门设计的难以仿造的"日本文化"专利商标，以防止盗版。

近年来，日本颁布和修订的与知识产权保护有关的法律还包括：《信息技术基本法》（2000年颁布）、《传统工艺品产业振兴法》（2001年修订）、《知识财产基本法》（2002年颁布）、《关于促进创造、保护及应用文化产业的法律案》（2004年颁布）、《观光立国基本法》（2007年修订）等。日本的法律并不是停留在纸面上，政府主管部门会针对现实情况制定更为具体和可操作的实施细则，以此来加大对文化产业政策的支持力度。

（二）加大对文化产业的资金支持

众所周知，近年来日本政府债务余额不断增加，每年文化产业的政府预算却逐年增加。20世纪90年代，主管文化艺术、文物保护、国民娱乐、国语教育、著作权、宗教和影视等工作的日本文化厅的财政预算即开始快速增长，2003年财政预算突破1000亿日元，之后也一直保持持续上升态势，即使在2012年日本遭受大地震、海啸及核泄漏等一系列灾害后，其预算非但没有减少，反而同比增长4.2%，达1074.47亿日元（程立茹，2014）。

2011年，日本提出11.5亿日元的预算，以启动"酷日本"计划，即向海外介绍日本时装、设计、漫画、电影等文化商品，同时培养日本国内相关产业所需人才的计划。政府每年拨出5亿日元专款，资助日本的电视剧、动漫和游戏软件等企业参加国际文化交流活动（唐向红、李冰，2014）。另外，为提高日本动漫在全世界的影响力和渗透力，让那些没有资金购买播放权的发展中国家也能播放日本动漫，日本外务省每年拿出24亿日元的文化无偿援助资金，用以从本国动漫制作商手中购买动漫播放版权，并无偿提供给发展中国家。

除了财政预算外，日本政府还通过多种渠道为文化产业提供融资。一是政府资金与民间资金相结合，通过设立各种基金会来对各领域文化艺术活动进行资金援助。例如，日本艺术文化振兴基金会成立之初，以日本政府出资（541亿日元）为主、民间出资（112亿日元）为辅。近年来民间企业投资文化产业的热情越来越高，其出资比例逐年增加。二是日本政府组建政策性银行和担保机构以满足文化企业的融资需求。如1999年日本政策投资银行，就是在日本政府主导下由原"日本开发银行"和"北海道东北开发金库"等多家金融机构的相关部门合并重组而成，该银行以长期低息贷款的方式为文化企业的研发和技术引进提供资金支持。进入21世纪后，日本政府又通过整合成立了一家中小企业基盘整备机构，专门为中小文化创意企业向银行申请贷款时提供债务保证。仅2001年，这家机构的保证金额就达到840亿日元，资金规模约为1万亿日元。

（三）注重文化产业人才培养

日本政府历来重视文化人才，每年都会为对日本文化有贡献的人颁发文化勋章，或者授予"文化劳动者"称号。众多导演、漫画家、演员都获此殊荣。"文化立国"战略提出后，日本政府更是在多个层次加大对文化产业人才的培养力度，其中尤以动漫人才培养为最。

日本政府实施国家动漫大师计划和新人培养计划，并提供资金用于奖励具有突出贡献的动漫大师和培养后备动漫人才。20世纪90年代后，日本大学开始开设动漫专业，文部科学省在东京杉并区新设动画专业研究生院，毕业生可取得数码动画硕士学位。高等教育的涉足极大地改进了之前动漫行业"师傅带徒弟式"的培养模式。

除了高校培养之外，日本政府还特别重视为青年创意人才提供机会。一些地方政府设立了基金会，以支持内容产业生产人员的培养。例如，有"动画之城"美誉的东京杉并区，通过"杉并动漫匠塾"人才培训计划，为那些希望从事动漫工作的人员提供企业培训机会；同时，该计划还无偿地提供动画制作的设施和机械材料等。

（四）积极开拓海外市场

海外市场是日本文化产品的重要销售市场。除了在国际市场上积极树立国家品牌形象之外，日本政府还设立相关机构、拨付专款用于日本文化企业开展文化国际贸易与维权活动。2002年，经济产业省与文部科学省联手建立内容产品海外流通促进机构。目前，该机构由34家企业会员、17家团体会员和5家赞助会员组成，主要致力于打击海外市场侵权、出席国际知识产权保护活动、维护本国知识产权及贸易利益，从而有力促进日本文化产品的出口。

第十章

推进新型文化业态发展的举措建议

新型文化业态的发展演化是系统自组织与他组织复合作用的结果。因此，推动新型文化业态发展应注重市场选择与政府引导相结合。

从新型文化业态发展的现状和困境出发，在借鉴国际经验的基础上，本章从自组织、他组织的双重角度，提出推进新型文化业态发展的举措建议。

第一节 自组织角度

长期以来，我国文化产业的发展以政府主导为主要特征，未来应充分重视市场经济的地位和作用，推动文化产业的发展模式由政府主导向政府市场相结合转变。同时，应通过科学合理的机制设计，提出以公平有效的收益分配方案为核心的利益共享和激励协调机制，旨在通过促进合作竞争和激励保障推动新型文化业态的发展。

一 发展模式：由政府主导向政府市场相结合转变

（一）市场是文化资源配置的主渠道

从各国实践看，文化产业发达的国家，基于各自情况对文化产业的管理模式做出了不同选择，如美国实行市场主导模式、英国实行政府管理与市场运作相结合模式、日本实行政府主导模式等。但是，无论采取何种模式，发达国家都把市场作为文化资源配置的主渠道，其在文化资源配置中承担基础性和决定性作用，能够充分调动各参与主体的积极性与创造性。

从英国的发展经验看，尽管政府在文化中投资巨大，但这些财政资金的绝大部分都用于文化基础设施或文化教育之中，目的在于惠及民众，类似于我国的文化事业项目。即便在其他文化产业中有政府财政资金的投入，英国政府也不直接与被投资企业发生联系，而是通过各种专业中介机构对项目进行调查、审批，由这些专业中介机构决定某项目是否能得到政府资金资助，而文化主管部门应充分尊重这些专业中介机构的决定；同时，在政府所支持的演艺项目中，通过补贴观众票价而不是直接补贴剧团的方式，以此保证项目的专业性和市场性，避免财政资金的浪费。

市场机制在发达国家的充分发挥，一定程度上与其历史渊源密不可分。例如，盎格鲁－撒克逊人具有自治传统，自18世纪末以来就一直强调市场对于价格形成及其变动的重要作用。

即使是强调政府主导的国家，其在面对市场经济的优势和崛起时，也日益开始重视市场的力量。例如日本，二战后作为典型的政府主导经济发展的国家，20世纪后越来越转向依赖市场机制，特别是在文化产业发展中通过国家制定发展战略，引导文化企业通过国内外两个市场发展壮大，并取得了不俗的成绩。

（二）当前我国文化产业发展的政府主导特征

相对于发达国家而言，当前我国文化产业的发展模式具有较明显的政府主导特征。自中共十五大报告首次明确将文化放在与经济、政治同等重要的地位来进行宏观架构以来，中共中央和国务院历次重大的经济会议和规划中，均对我国文化发展做出明确的战略部署。

2000年，中共关于国家"十五"计划的建议中提出"推动文化产业的发展"，首次把文化产业纳入国家整体发展规划当中。2002年的政府工作报告，进一步对文化产业在国民经济发展中的地位进行了功能性战略定位——大力发展文化产业，以化解我国经济发展的结构性问题和体制性障碍。在中共十六大报告中，明确指出积极发展文化产业是"在市场经济条件下，繁荣社会主义文化，满足人民群众精神文化需求的重要途径"。十六届三中全会又提出"鼓励多渠道资金投入，促进各类文化产业共同发展"。中共十七大报告首次提出重大文化产业项目带动战略和区域性特色文化产业集群的思路。2009年，国家针对金融危机出台的产业振兴规划中，将《文化产业振兴规划》列入，同时服务业振兴规划也涉及文化产业。"十二五"规划当中明确提出，鼓励金融创新，支持文化产业发展。十七届六中全会审议通过"深化文化体制改革、推动社会主义文化大发展大繁荣"，首次确立将文化产业发展成国民经济支柱性产业。中共十八大肯定了我国人民群众对文化产品和文化服务的需求不断增加，并呈现多层次、多样化的特点。十八届三中全会就我国现代市场体系和现代文化市场建设分别进行了论述。中共十九大报告再次提出"坚定文化自信，推动社会主义文化繁荣兴盛"。2000年以来国家层面对文化产业的战略规划如表10-1所示。

表10-1 2000年以来国家层面对文化产业的战略规划

年份	出处	主要内容
2000	"十五"计划的建议	推动文化产业的发展
2002	政府工作报告	大力发展文化产业
2002	中共十六大报告	把积极发展文化产业作为繁荣社会主义文化、满足人民群众精神文化需求的重要途径
2003	十六届三中全会	鼓励多渠道资金投入，促进各类文化产业共同发展
2007	中共十七大报告	加快文化产业发展，增强国家文化软实力；重大项目带动战略和区域性特色文化产业集群
2009	国务院	《文化产业振兴规划》
2010	国务院等九部委	《关于金融支持文化产业振兴和发展繁荣的指导意见》
2011	十七届六中全会	首次确立将文化产业发展成国民经济支柱性产业
2011	"十二五"规划纲要	鼓励金融创新，支持文化产业发展
2012	中共十八大	要推动文化产业快速发展，到2020年全面建成小康社会，文化产业成为国民经济支柱性产业
2013	十八届三中全会	建立多层次文化产品和要素市场，鼓励金融资本、社会资本、文化资源相结合
2014	国务院	文化体制改革中经营性文化事业单位转制为企业，进一步支持文化企业发展
2016	"十三五"规划纲要	文化产业成为国民经济支柱性产业
2017	中共十九大	坚定文化自信，推动社会主义文化繁荣兴盛

资料来源：根据公开资料整理。

随着党中央和国务院持续对我国文化产业的发展做出战略性规划，各省区市也纷纷结合自身实际情况制定文化产业发展规划。同时，文化部、科技部、教育部等各部委也随之出台相应的政策、法规和意见等，政策规模和强度不断增加。以 2016 年为例，国务院特别是各相关部委共出台 47 项文件以促进文化产业发展，如表 10－2 所示。

表 10－2　2016 年国家层面出台的文化产业政策

序号	名称	时间	单位
1	《文化市场黑名单管理办法（试行）》	2016 年 1 月 6 日	文化部
2	《艺术品经营管理办法》	2016 年 1 月 18 日	文化部
3	《文化部关于推动文化娱乐行业转型升级的意见》	2016 年 9 月 18 日	文化部
4	《关于开展文化产业园区清理检查工作的通知》	2016 年 11 月 3 日	文化部
5	《文化部关于规范网络游戏运营加强事中事后监管工作的通知》	2016 年 12 月 6 日	文化部
6	《网络表演经营活动管理办法》	2016 年 12 月 2 日	文化部
7	《关于进一步完善国家级文化产业示范园区创建工作的通知》	2016 年 8 月 31 日	文化部
8	《文化部"一带一路"文化发展行动计划（2016—2020 年）》	2016 年 12 月 29 日	文化部
9	《关于实施"中国原创游戏精品出版工程"的通知》	2016 年 11 月 4 日	国家新闻出版广电总局
10	《关于加强微博、微信等网络社交平台传播视听节目管理的通知》	2016 年 12 月 7 日	国家新闻出版广电总局
11	《国务院办公厅关于加强旅游市场综合监管的通知》	2016 年 2 月 4 日	国务院
12	《中医药发展战略规划纲要（2016—2030 年）》	2016 年 2 月 26 日	国务院
13	《国务院关于进一步加强文物工作的指导意见》	2016 年 3 月 4 日	国务院
14	《2016 年全国打击侵犯知识产权和制售假冒伪劣商品工作要点》	2016 年 4 月 19 日	国务院
15	《国务院办公厅关于发挥品牌引领作用推动供需结构升级的意见》	2016 年 6 月 10 日	国务院
16	《国务院办公厅印发〈国务院关于新形势下加快知识产权强国建设的若干意见〉重点任务分工方案的通知》	2016 年 7 月 8 日	国务院
17	《消费品标准和质量提升规划（2016—2020 年）》	2016 年 9 月 6 日	国务院
18	《关于进一步扩大旅游文化体育健康养老教育培训等领域消费的意见》	2016 年 11 月 28 日	国务院
19	《"十三五"脱贫攻坚规划》	2016 年 11 月 23 日	国务院

续表

序号	名称	时间	单位
20	《"十三五"国家战略性新兴产业发展规划》	2016年11月29日	国务院
21	《"十三五"旅游业发展规划》	2016年12月7日	国务院
22	《"十三五"国家信息化规划》	2016年12月15日	国务院
23	《中华人民共和国国民经济和社会发展第十三个五年规划纲要》	2016年3月17日	全国人民代表大会常务委员会
24	《中华人民共和国电影产业促进法》	2016年11月7日	全国人民代表大会常务委员会
25	《中华人民共和国公共文化服务保障法》	2016年12月25日	全国人民代表大会常务委员会
26	《促进中小企业发展规划（2016—2020年）》	2016年6月28日	工业和信息化部
27	《工业和信息化部关于促进文房四宝产业发展的指导意见》	2016年12月27日	工业和信息化部
28	《国家知识产权局办公室关于印发2016年国家知识产权示范城市工作计划的通知》	2016年3月21日	国家知识产权局
29	《国家知识产权试点、示范城市管理办法》	2016年11月18日	国家知识产权局
30	《关于促进文物合理利用的若干意见》	2016年10月11日	国家文物局
31	《文化企业无形资产评估指导意见》	2016年3月30日	中国资产评估协会
32	《互联网直播服务管理规定》	2016年11月4日	国家互联网信息办公室
33	《2016年深入实施国家知识产权战略加快建设知识产权强国推进计划》	2016年6月24日	国务院知识产权战略实施工作部际联席会议办公室
34	《关于开展引导城乡居民扩大文化消费试点工作的通知》	2016年4月28日	文化部、财政部
35	《国家出版基金资助项目管理办法》	2016年6月3日	国家新闻出版广电总局、财政部
36	《出版物市场管理规定》	2016年5月31日	商务部、国家新闻出版广电总局
37	《关于推进工业文化发展的指导意见》	2016年12月30日	工业和信息化部、财政部
38	《关于全面组织实施中小企业知识产权战略推进工程的指导意见》	2016年12月22日	国家知识产权局、工业和信息化部
39	《关于加大脱贫攻坚力度支持革命老区开发建设的指导意见》	2016年2月1日	中共中央办公厅、国务院办公厅

续表

序号	名称	时间	单位
40	《关于进一步深化文化市场综合执法改革的意见》	2016年4月4日	中共中央办公厅、国务院办公厅
41	《关于加快推进全国有线电视网络整合发展的意见》	2016年11月25日	中宣部、财政部、国家新闻出版广电总局
42	《关于组织开展第三批政府和社会资本合作示范项目申报筛选工作的通知》	2016年6月8日	财政部、文化部、教育部、商务部、科技部、民政部等20部委
43	《关于开展特色小镇培育工作的通知》	2016年7月1日	住房和城乡建设部、国家发展改革委、财政部
44	《关于进一步做好为农民工文化服务工作的意见》	2016年3月17日	文化部、国务院农民工工作领导小组办公室、全国总工会
45	《关于推动文化文物单位文化创意产品开发的若干意见》	2016年5月11日	文化部、国家发展改革委、财政部、国家文物局
46	《关于支持实体书店发展的指导意见》	2016年6月16日	中宣部、文化部、国家新闻出版广电总局、国家发展改革委、财政部等11部委
47	《关于印发促进消费带动转型升级行动方案的通知》	2016年4月15日	国家发展改革委、文化部、国家新闻出版广电总局、工业和信息化部、商务部等24部委

资料来源：范周（2017）。

由此可见，在战略、规划及政策供给层面，我国文化产业高速发展的樊篱已被打破，文化产业的推行力度非常大，政府主导是当前我国文化产业发展的主要特征。

（三）由政府主导向政府市场相结合转变

毋庸置疑，政府主导一国产业的发展在某些方面具有明显的优势，它可以利用"看得见的手"，通过制定产业政策，协调组织金融、土地、税收、技术和劳动力等资源，实现特定产业的快速发展。二战之后的"东亚奇迹"以及中国改革开放后40多年的高速发展，都无法忽视政府在其中的重要作用。"发展型国家"理论和"有为政府"概念的出现，更是从理论层面对其进行了总结。然而，政府主导模式不可避免存在一些问题，如不能及时反馈消费者偏好的变化、产业结构有可能发生扭曲等。针对文化产业，沈丽丹和李本乾（2020）的调研显示，文化政策的制定者与文化政策的消费者的认知之间存在诸多差异，如针对文化资源要素，文化政策制定者偏重"历史文化保护与开发政策"，而文化政策消费者偏重"现代文化品牌保护与开发政策"。因此，单单依靠政府主导文化产业，尤其是新型文化产业，不能够保证其快速、健康的发展，需要引入市场这一"看不见的手"来实现资源的优化配置。

新型文化业态强调注重文化、突出创意、拥抱科技。从产业运作的规律看，其发展必须面向市场，关注消费者。如若不然，新兴文化产品必将因缺乏市场和消费而无法持续发展下去。

美国、英国、日本这些发达国家的文化产业如同其他产业一样，在发展中非常重视市场。新产品问世之前，必定要进行充分的市场调研。当然，如果太过于迎合大众市场，文化产业也会出现一些俗套甚至低俗的产品，如好莱坞每年生产的垃圾电影远远多于其精品。但即便如此，市场需求仍是文化产品的"指挥棒"，毕竟消费者的水准和品位会随着市场上文化产品的极大丰富以及相互对比而不断提升。另外，文化市场的精髓就是自由，每个创作者都可以依据自己的品位向市场推出文化产品，随后接受消费者的检验。在美国影视界，除了好莱坞的商业片之外，还有反对好莱坞、推崇艺术和小众的纽约派电影，如导演伍迪·艾伦推出的《午夜巴黎》之类的诸多精品，满足了市场上的多元化需求。所谓"百花齐放，百家争鸣"，一定是在宽松自由的市场环境中形成的局面。此外，发达国家的文化企业在多年的国际贸易中，也已形成了庞大的销售网络体系（包括自身海外分支机构、长期合作者、当地机构等）。不夸张地说，每一部大片、每一本书、每一张唱片问世时，全球各地的消费者都能迅速地通过不同途径购买到该产品。

理论和实践均已证明，市场机制能够有效地对资源进行优化配置，推动产业发展与升级。当前，我国文化市场仍然处于初期阶段，存在诸多问题，这直接影响了市场通过价值规律、竞争规律、供求规律等实现资源的优化配置，从而制约了文化产业持续、健康和快速发展。因此，在今后较长一段时期内，充分发挥市场对文化资源配置的基础性和决定性作用，既是文化产业持续、健康和快速发展的内在要求，也是推动文化产业成为国民经济支柱性产业、实现社会主义文化繁荣兴盛的必然需要。

由于配置资源的方式不同，政府和市场在推动经济增长和社会进步中承担着不同的使命。在保证市场发挥基础性和决定性作用的前提下，还要针对目前文化市场中规则不统一，秩序不规范，政府职能越位、缺位、错位现象并存等问题，深入开展政府体制机制改革，切实转变政府工作作风，让市场充分发挥在资源配置中的基础性和决定性作用，实现文化产业由政府主导向政府市场相结合的发展模式转变。

二 基于非对称 Nash 协商模型的利益共享和激励协调机制设计

以"互联网+"和"文化+"为主要融合路径，在生产、传播、消费等环节不断创新文化产品和服务的供给，形成了新型文化业态。因此，从一定意义上说，新型文化业态的形成和发展是参与融合的各经济主体进行合作竞争的过程。

在合作竞争的不同层次和领域，机制设计问题普遍存在，该问题对合作竞争绩效能够产生重要甚至决定性的影响。以下试图运用机制设计理论和博弈论，给出推动新型文化业态发展的量化决策方法——基于非对称 Nash 协商模型的利益共享和激励协调机制设计，旨在通过促进合作竞争和激励保障推动新型文化业态发展。

（一）机制设计理论和博弈论概述

1. 机制设计理论

机制设计理论又称经济机制设计理论，主要研究在信息不完全且经济主体能够自由选择、自由交换以及分散决策的前提下，如何通过机制或规则的设计来实现既定的经济目标或社会目标。该理论的思想渊源可追溯到 19 世纪 30 年代关于社会主义的大论战，二战后随着美国经济学家利奥·赫尔维兹引入"激励相容"概念后该理论得以真正创立。一般认为，机制设计需要解决两方面问题：一是信息成本问题，即所设计的机制需要较少的经济主体相关信息；二是机制的激励问题，即各个参与者在积极追求个人利益的同时，能够达到设计者所设定的目标。

新型文化业态机制设计的主要目标是建立一种契约或制度，通过这种约束，实现对相关成员经济行为和社会行为的规范。通过机制设计，力求抑制成员投机、败德行为及降低信息不对称带来的经济风险；同时，通过有效地激发所有成员的积极性，实现合作组织健康良好的运行。

2. 博弈论

博弈论又称对策论，是现代数学、运筹学的重要分支，主要用于研究个体或团队在特定对局中的实施策略，目前在生物学、经济学、社会学、政治学、军事战略等领域均得到广泛的应用。

博弈论思想古已有之，主要用于研究象棋、桥牌等对弈的胜负问题，中国古代的《孙子兵法》即被誉为最早的博弈论著作。近代博弈论的主要创始人是冯·诺依曼（John von Neumann）和摩根斯顿（Morgenstern），而约翰·F.纳什（John F. Nash）的工作为博弈论的一般化奠定坚实的基础。此外，莱因哈德·泽尔腾（Reinhard Selten）、约翰·C.海萨尼（John C. Harsanyi）的研究也对博弈论的发展起到重要的推动作用。

博弈论始终重视并关注不同经济主体之间的相互关系和内在联系，在很大程度上拓宽并革新了传统经济学的研究领域和分析范式，且能够很好地与现实经济相结合，因而成为现代经济学的重要分析工具和理论基石。

（1）可转移效用的合作博弈

根据博弈过程中博弈方是否达成具有约束力的协议，博弈可划分为合作博弈与非合作博弈两种类型。与非合作博弈相比较，合作博弈更强调团体理性，主要研究博弈者达成合作时如何分配合作得到的收益，直接讨论合作的结果和收益的分配。进一步地，按照联盟的收益是否能够进行统一的度量和分配，合作博弈又划分为可转移效用的合作博弈、不可转移效用的合作博弈两种类型。与不可转移效用的合作博弈相比，可转移效用的合作博弈假设各博弈者都用相同的尺度来衡量他们的效用，而且各联盟的所得可以按任何方式分配给合作的各个参与者，即效用可以自由地从一个博弈者转移给另一个博弈者。从现实情况和研究需要出发，后续分析将以可转移效用的合作博弈为主。

对于合作博弈理论而言，其研究的重点在于博弈的解的构造，即合作联盟的利益分配问题。为方便表述，引入以下表述符号 N：令 $N = \{1, 2, 3, \cdots,$

n} 为 n 个博弈者所组成的集合，N 的一个子集 $S \in N$ 称为一个联盟，所有博弈均参加的联盟即 N 为总联盟。任何满足如下条件对 N 的分割都对应着一个联盟结构 Z：$Z = \{Z_1, \cdots, Z_m\}$，$\bigcup_{i=1}^{m} Z_i = N$，$Z_j \cap Z_k = \emptyset$，$j \neq k$。

由此，合作博弈的特征函数可表示为：$v: 2^N \to R$ 且 $v(\emptyset) = 0$，定义域 2^N 表示所有可能的博弈者的联盟所组成的集合，值域 R 为实数空间。合作博弈的特征函数表示了任意一个博弈者的联盟和该联盟所获得的整体效用之间的映射关系。

（2）合作博弈的解——Shapley 值

合作博弈并不存在统一的解，在众多合作博弈的解的概念中，应用最为广泛的是 Shapley 值。一个合作博弈 (N, v) 的 Shapley 值可表示为：

$$\varphi_i(v) = \sum_{S \in N, i \in S} \frac{(|s|-1)!(|N|-|s|)!}{|N|!} \times [v(S) - v(S/i)]$$

其中，$\varphi_i(v)$ 表示博弈者 i 的 Shapley 值；$|N|$ 是指总联盟 N 中博弈者的总人数；$|s|$ 是联盟 S 中博弈者的人数；S/i 表示从联盟 S 中去掉博弈者 i 后剩下的博弈者组成的联盟。

根据 Shapley 值的表达式可以看出，$v(S) - v(S/i)$ 表示博弈者 i 对联盟 S 的边际贡献。在 n 个博弈者中，各种联盟按照一定的排列次序发生的概率都是 $\frac{1}{|N|!}$，其中由联盟 S/i 的博弈者形成的联盟的次序有 $(|s|-1)!$ 种，由联盟 N/S 的博弈者形成的联盟的次序有 $(|N|-|s|)!$ 种，因此各种次序出现的概率为 $\frac{(|s|-1)!(|N|-|s|)!}{|N|!}$。所以，Shapley 值实质上是各博弈者对联盟的边际贡献的期望值，即 Shapley 值是按照博弈者对联盟的边际贡献的大小来决定各自的所得，在一定程度上可以体现分配的合理性和公平性。经证明，Shapley 值是满足对称性、有效性、可加性等性质的唯一的联盟成员利益分配方式。

（二）基于非对称 Nash 协商模型的利益共享和激励协调机制设计

新型文化业态的形成和发展是参与融合的各经济主体进行合作竞争的过程。在该过程中，各经济主体之间利益共享和激励协调机制的设计至关重要，其实际上体现了联盟成员如何分配利益的博弈过程。在假定博弈者谈判能力对等的前提下，Nash 就谈判问题提出多人协商谈判模型。考虑到博弈者谈判力量不同对谈判结果的影响，Harsanyi 等在其基础上进一步提出了非对称 Nash 协商模型，用于解决合作成员间的利益分配问题。从现实情况和研究需要出发，后续分析将以非对称 Nash 协商模型为主。

1. 模型假设

新型文化业态的形成和发展是由参与融合的 n 个经济主体进行合作竞争的过程，各主体公平竞争、诚信合作，并具有一定的互补性，且符合理性人假设。

新型文化业态各经济主体的理想利益分配方案为：

$$R^+ = (R_1^+, R_2^+, \cdots, R_n^+), \sum_{i=1}^{n} R_i^+ \geq I$$

设 R_i 表示合作系统中第 i 个经济主体的实际利益分配值，R_i^+ 为合作系统中第 i 个经济主体的理想利益分配值，I 为整个合作系统总利益，各经济主体需要通过协商制定最终的利益分配方案。

新型文化业态各经济主体的临界利益分配方案为：

$$R^- = (R_1^-, R_2^-, \cdots, R_n^-)$$

其中，R_i^- 为合作系统中第 i 个经济主体的临界利益分配值，即所能接受的最低利益分配值。各经济主体参与合作的基本前提是合作的实际利益分配值要大于或等于临界利益分配值，即 $R_i \geq R_i^-$；如果出现 $R_i < R_i^-$，则各经济主体之间无法实现合作。

2. 模型构建

根据上述假设条件，针对新型文化业态中各经济主体的博弈过程，构建基于可转移效用的非对称 Nash 协商模型，旨在通过促进合作竞争和激励保障推动新型文化业态发展。具体模型如下：

$$\max Z = \prod_{i=1}^{n} (R_i - R_i^-)^{w_i}$$
$$\text{s.t.} \begin{cases} R_i^- \leq R_i \leq I \\ \sum_{i=1}^{n} R_i \leq I; \end{cases} \quad (10-1)$$

其中，w_i 表示各经济主体的谈判能力或重要程度，且 $\sum_{i=1}^{n} w_i = 1$；max Z 是目标函数，即通过协商使各经济主体得到相对满意的利益分配结果。

上述模型是一个非线性规划问题，利用 Kuhn-Tucker 条件，可得出其最优解 R_i^*，即新型文化业态各经济主体的最终利益分配值为：

$$R_i^* = R_i^- + \left(I - \sum_{i=1}^{n} R_i^-\right) w_i \qquad (10-2)$$

由式（10-2）可以看出，利用可转移效用的非对称 Nash 协商模型得到的合作系统中第 i 个经济主体的最终利益分配值 R_i^* 取决于两个部分：第一部分为 R_i^-，即第 i 个经济主体的临界利益分配值，这是各经济主体参与协商的基点；第二部分为 $(I - \sum_{i=1}^{n} R_i^-) w_i$，这是各经济主体根据自身在合作中的地位、努力、重要程度等在协商后得到的利益补偿。

3. 模型参数的确定

（1）临界利益分配值 R_i^-

关于合作系统中第 i 个经济主体临界利益分配值 R_i^- 的确定，理论上有不同的方法，这里使用 Shapley 值。Shapley（1953）指出，对于由存在非对抗关系的 n 人共同参与的一项经济活动来说，每一种组合方式均能获得相应收益，且该收益不会因合作人数的增加而减少，那么，公平合理的利益分配是合作者的贡献加权平均值，即 Shapley 值。

考虑到合作是否达成以及达成程度对联盟利益分配结果均有影响，引入合作系数 k_i，即合作系统中第 i 个经济主体合作关系的成功概率，临界利益分配值 R_i^- 可表示为：

$$R_i^- = \sum_{S \in N, i \in S} k_i \frac{(|s|-1)!(|N|-|s|)!}{|N|!} \times [v(S) - v(S/i)] \qquad (10-3)$$

（2）谈判能力或重要程度 w_i

关于新型文化业态各经济主体在合作中的谈判能力或重要程度 w_i 的确定，可以根据经济主体的行为和后果，采用层次分析法进行综合评价。基本步骤为：构造判断矩阵→采用方根法对判断矩阵进行单层次排序→一致性检验→检验判断矩阵的相对一致性，详细过程从略。

(三) 实例分析

为了更好地说明上述模型在利益共享和激励协调方面具备的科学性和有效性，以下通过实例进行分析和验证。

假设在新型文化业态的形成和发展过程中，参与融合的经济主体有 A、B、C 三个，联盟系统的各种合作关系及其收益如表 10-3 所示。

表 10-3 联盟系统的各种合作关系及其收益

合作关系	A	B	C	AB	AC	BC	ABC
合作收益（万元）	40	120	80	240	200	280	480
合作系数（k_i）	1	1	1	0.85	0.75	0.80	0.70

根据上述层次分析法的基本步骤，计算得到新型文化业态形成和发展过程中 A、B、C 三个参与主体重要程度的判断矩阵及各自的权重，如表 10-4 所示。

表 10-4 各参与主体重要程度的判断矩阵及权重

	A	B	C	权重
A	1	1/5	1/3	0.105
B	5	1	3	0.637
C	3	1/3	1	0.258

同时，计算出判断矩阵的最大特征值 $\lambda_{max} = 3.037$，一致性指标 $CI = 0.019$，查表得 $RI = 0.58$，据此计算检验系数 $CR = 0.033 < 0.1$，说明各参与主体重要程度的判断矩阵通过一致性检验。

根据式 (10-3) 计算得到参与主体 A 的临界收益分配值，即 A 能接受的最低收益分配值为：

$$R_A^- = \sum_{i \in S} k_i \times \frac{(|s|-1)!(|N|-|s|)!}{|N|!} \times [v(S) - v(S/i)]$$

$$= 1 \times \frac{(1-1)!(3-1)!}{3!} \times (40-0) + 0.85 \times \frac{(2-1)!(3-2)!}{3!} \times$$

$$(240-120) + 0.75 \times \frac{(2-1)!(3-2)!}{3!} \times (200-80) + 0.7 \times$$

$$\frac{(3-1)!(3-3)!}{3!} \times (480-280) = 92.00(万元)$$

同理，分别计算得到参与主体 B 和 C 的临界收益分配值为：$R_B^- = 160.33$（万元）；$R_C^- = 123.99$（万元）。

进一步地，根据式（10-2）计算得到参与主体 A 的最终收益分配值。

$$R_A^* = R_A^- + \left(I - \sum_{i=1}^{3} R_i^-\right)w_A = 92 + 0.105 \times [480 - (92 + 160.33 + 123.99)] = 102.886(万元)$$

同理，分别计算得到参与主体 B 和 C 的最终收益分配值为：$R_B^* = 226.374$（万元）；$R_C^* = 150.739$（万元）。

综合以上过程，得到 A、B、C 三个参与主体在不同情况下的收益分配值，如表 10-5 所示。

表 10-5　各参与主体在不同情况下的收益分配值

单位：万元

参与主体	不合作时收益值	合作时临界收益分配值	合作时最终收益分配值
A	40	92.00	102.886
B	120	160.33	226.374
C	80	123.99	150.739
合计	240	376.32	479.999

根据表 10-5 可知，在新型文化业态的形成和发展过程中，参与融合的各经济主体 A、B、C 在进行合作时所得到的最终收益分配值分别为 102.886 万元、226.374 万元和 150.739 万元，不仅高于其各自合作收益的期望值，即 92.00 万元、160.33 万元和 123.99 万元，而且远大于其各自不参与合作时的收益值，即 40 万元、120 万元和 80 万元。

上述实例表明，在新型文化业态的形成和发展过程中，基于可转移效用的非对称 Nash 协商模型利用改进后的 Shapley 值对各参与主体提出的利益分配方案较为合理，有利于在群体协商决策的过程中实现各参与主体的利益最大化，从而促进合作竞争和激励保障，推动新型文化业态良好运营和持续发展。

第二节　他组织角度

2016年，在我国"十三五"规划纲要的主要目标中，提出"文化产业成为国民经济支柱性产业"，并在"丰富文化产品和服务"章节中对文化产业的发展做出了重要部署。这意味着到2020年，我国文化产业增加值占GDP的比重将在5%以上。这与十九大做出的"我国经济已由高速增长阶段转向高质量发展阶段"这一历史性论断是相吻合的。

新型文化业态的快速发展，能够有效地使我国的产业结构从以资源密集型、劳动密集型产业为主转向以技术密集型、知识密集型产业为主，带动我国的产品结构由以低技术含量、低附加值产品为主向以高技术含量、高附加值产品为主转变；同时，在效益上，新型文化业态无疑可以带来更高的经济效益和社会效益；在生态环境上，新型文化业态的发展更是直接使我国之前存在的高排放、高污染问题得到缓解，并使我国经济向循环经济和环境友好型经济转变。

在过去的多年中，我国文化产业一直保持着20%左右的增长速度，远高于同期GDP增速。2016年，文化产业增加值近3.1万亿元，占GDP的4.14%；同期，北京、上海、江苏、广东等省市文化产业增加值占GDP的比重超过5%。文化产业特别是新型文化业态已成为新常态下经济稳定增长和结构优化升级的重要推动力。

经测算，要在"十三五"期间把我国文化产业增加值占GDP的比重增加至5%，文化产业年均增长率需在14%以上（范周，2017）。然而，这一目标的实现需要我们做出更大的努力。其原因有以下两点。一是，近年来我国经济陷入"L"形探底，经济增速进入改革开放40多年来的低速增长期。在当前人民群众对文化需求日益高涨的背景下，我国文化产业近年来的增长速度也有所放缓，2014年我国文化产业年均增长率为12.2%，2015年为11%，2016年升至13%。二是，前述我国文化产业面临的困境既有现实的成因，也有历史遗留问题，解决起来并非轻而易举。因此，年均14%的目标需要我国政府借鉴国际经验，制定符合我国国情的、更加有效的发展战略和发展模式，同时根据国内外经济、政治、文化和社会的发展状况，及时对文化产业政策进行有针对性的调整。

一 成立国家层面的专责机构，调整地方机构设置

新型文化业态是文化、技术和经济的结合，因此具有很强的跨界特征。相应地，新型文化产业政策的制定要求主管文化、贸易、外交、科技、教育、旅游等相关部门的参与、配合和协调。因此，在国家层面成立高级别的组织机构来协调和制定新型文化产业政策，是推进文化产业政策实施的必要措施，也是从发达国家学习到的经验之一。例如，英国在1997年成立了文化、媒体和体育部（DCMS），内设由首相亲任组长的创意产业特别工作组，其具有很强的组织协调作用。除此之外，英国还设立了创意产业输出推广顾问团，负责调查文化创意产业的出口效益，并提出改善建议。日本内阁设立的知识产权战略本部，为本国的知识产权保护工作提供了服务平台，有力地推动了日本内容产业的发展。

在当前我国行政体制条块分割还较严重的情况下，成立国家层面的新型文化产业专责机构尤其必要。在国家层面，目前与新型文化业态关系最为密切的政府部门是文化和旅游部、工业和信息化部等。与此同时，中共中央宣传部、国家发展和改革委员会、财政部等部门也承担着部分相关职能。此外，国家广播电视总局、国家体育总局、国家文物局、国家知识产权局等部门分别在各自领域承担具体的职能。现阶段我国文化产业的主管部门如表10-6所示。

表10-6 现阶段我国文化产业的主管部门

序号	主管单位	主管领域
1	中共中央宣传部	管控意识形态（包括与媒体、网络和文化传播相关的各种机构的监督，以及对新闻、出版、电视和电影的审查）
2	国家发展和改革委员会	协调文化、新闻出版、广播影视、体育、旅游、文物等发展政策
3	财政部	文化司研究文化改革发展的财政政策，承担宣传文化、体育、旅游等方面的部门预算和财政资金，负责资产管理工作
4	文化和旅游部	文化事业、文化产业发展和旅游资源开发
5	工业和信息化部	互联网行业管理、通信业发展
6	国家广播电视总局	广播电视管理
7	国家体育总局	体育工作
8	国家文物局	文物和博物馆管理
9	国家知识产权局	知识产权工作

文化产业这种多头管理格局，使得人、财、物的管辖权较为分散，一旦遇到问题，不同部门又易各自为政，工作协调与统一的困难较大。例如，我国出台的文化产业相关系列政策中，除了《关于金融支持文化产业振兴和发展繁荣的指导意见》是由九部委联合发文之外，其他由多部委联合发布的文件很少，大多是单独的部委政策，部门之间缺乏共同协商，使很多政策有形无实。再如，网络游戏《魔兽世界》也很好地说明了主管部门之间监管之争带来的负面影响。依据2009年9月中央编办发出的《"三定"解释》，网络游戏的主管部门是文化部，但其网上出版的前置审批工作由新闻出版总署负责。此前4月，随着暴雪公司将《魔兽世界》这款之前已经运营4年、活跃玩家人数近500万人的游戏的代理权转让给网易公司，文化部和新闻出版总署同时要求其重新通过两部门的审批。很快，文化部正式通过了对《魔兽世界》的审批，但新闻出版总署的前置审批迟迟未获通过。网易公司在前置审批尚且缺乏的情况下，宣布《魔兽世界》重新正式运营。11月2日晚，新闻出版总署发出通知，终止《魔兽世界》审批，退回关于引进出版《魔兽世界》的申请，并提出将进行相应的行政处罚。11月3日，文化部召开新闻通气会，会上相关领导直接指出新闻出版总署日前的终止通知明显属于越权行为。[①]

文化产业多头管理的弊端已经为监管层所关注，并进行了调整。2013年，国家新闻出版总署与国家广播电影电视总局合并为国家新闻出版广电总局。2016年，财政部将原来教科文司的"文化处"与"中央文化企业国有资产管理办公室"职能进行合并，形成"大文化司"，主要职能是研究提出支持文化改革与发展相关财政政策。2018年，十三届全国人大一次会议通过关于国务院机构改革方案的决定，将文化部、国家旅游局进行职责整合，组建文化和旅游部，负责统筹文化事业、文化产业发展和旅游资源开发；组建国家广播电视总局，不再保留国家新闻出版广电总局；重新组建国家知识产权局等。

从长远看，我国要建立一个与市场经济发展相适应的政府治理模式，还需按照决策、执行和监督既相互制约又相互协调的原则，进一步扩大文化管

---

① 孙春艳：《中国新闻周刊：谁在争夺〈魔兽世界〉》，https://www.csdn.net/article/2009-11-11/273076，2009年11月11日。

理部门的职能范围。借鉴英国模式，可以在现有基础上进一步合并成立大文化部；然后再整合中国文学艺术界联合会、国家体育总局等，成立一个更大的文化、体育和旅游部。目前来看，可由相关部委组成文化议事机构，具体协调全国范围内新型文化业态的发展大计。

对于地方层面而言，文化产业管理机构的精简合并反而走在了前面，有的地方文化与广电新闻出版已经合并为一个部门，有的地方文化与体育旅游合并为一个部门，或者地方政府设有文化产业领导小组，这些机构具备一定的统筹协调职能，已经基本形成了大委办局的格局。但如此一来，又出现了新的问题，一是其管理部门设置的比较混乱，大多数归属宣传部门，这与新型文化产业的产业属性并不相符；二是因中央、地方改革的节奏不一致，基层主管部门要对应省和中央若干部门的新现象，协调难度加大，资源浪费情况时有发生，因此调整势在必行。

二 完善文化产业法律体系，推进知识产权保护

在市场经济主导的经济模式中，产业政策将由单纯关注产业部类的发展转向推进基础环境和基本治理制度的建构。当前，我国政府为文化产业健康发展保驾护航的最首要职能就是健全各类规范文化子行业发展的法律体系。加强文化产业法制的建设，建立健全促进文化产业发展的法律规范，也是减弱行政干预对文化产业发展影响的必要手段。

在我国，目前由全国人大制定的关于文化方面的法律有6部，即《文物保护法》《档案法》《著作权法》《非物质文化遗产法》，以及2017年3月开始实行的《电影产业促进法》和《公共文化服务保障法》。另外，由全国人大常委会制定的相关法律有《教育法》《科学技术进步法》《专利法》《商标法》《广告法》等，以及由国务院通过的各种管理条例，包括对娱乐场所、音像制品、出版等多个行业的管理条例以及计算机软件保护条例等。

现有的法律体系存在两方面明显的缺陷。一是缺少一部界定文化产业的内涵和外延、理顺文化领域管理体制、明确地方政府在促进地方文化基础设施建设方面的义务等方面的基础性法律。它的缺失已经成为制约我国文化创意产业发展的一大障碍。因为国务院和相关部委出台的大量旨在促进文化产

业发展的政策，大多是号召性、鼓励性的政策，缺乏刚性的约束。如果没有强力的法律支撑，该政策是难以得到有效执行的。目前文化部正在主持起草的《文化产业促进法》正是一部关系到我国文化产业发展的关键性、基础性、长期性的重大问题的基础性法律。2014年，党的十八届四中全会在《中共中央全面推进依法治国若干重大问题的定》中提出："制定公共文化服务保障法，促进基本公共文化服务标准化、均等化；制定文化产业促进法，把行之有效的文化经济政策法定化，健全促进社会效益和经济效益有机统一的制度规范。"在2014年12月的第六届中国民族文化产业发展论坛上，就有消息称《文化产业促进法》正在草拟中。2015年文化部牵头在京召开文化产业促进法起草工作会，正式启动《文化产业促进法》起草工作。但直到2017年，在《国务院2017年立法工作计划的通知》中，仍未将《文化产业促进法》列入国务院2017年立法工作计划。

　　二是，缺少多层次、多阶层的法律文件来对整个文化产业协调发展进行规范和保护。例如，现行《著作权法》于1991年开始施行，虽然已经经过两次修订，但是规模和力度均不大。随着技术的发展，特别是数字技术互联网的发展，《著作权法》在很多方面已经不能适应发展的需求，有一些地方已经相当落后。目前像《著作权法》一样需要修改且需要列入国务院立法工作计划的还有很多，如国家版权局正在主持起草《著作权法（修订）》《中华人民共和国著作权法实施条例（修订）》等，新闻出版广电总局正在起草《电影管理条例（修订）》《广播电视传输保障法》《印刷业管理条例（修订）》，文化部、国家文物局共同起草《文物保护法（修订）》，国家体育总局起草《体育法（修订）》，文化部起草《互联网上网服务营业场所管理条例（修订）》。在国务院公布的力争2017年完成的项目中，与文化产业相关的文化法律法规有《公共图书馆法（草案）》《全民阅读促进条例》《互联网信息服务管理办法》3部。只有完善了由这些法律法规支撑起来的文化产业法律体系，才能为我国文化产业的发展提供坚实的法律保障。总之，目前我国还未形成一个成熟完善的文化产业法律体系。

　　在一个成熟的文化产业法律体系中，对知识产权的保护无论怎样强调都不为过。这一点可以从美国、英国、日本等文化产业发达的国家中得到印证。美国为了强调知识产业的重要性，直接把文化产业称为"版权行业"。沈丽丹和李本乾（2020）对我国文化政策的调研也显示，无论是文化政策的制定者还是消费者，均认为"知识产权保护政策"在文化政策体系中最重要。因此，版权保护对文化产业发展的重要性无须多述。然而，我国对知识产权的重视和保护程度还需进一步提高。例如，创意尚未被纳入我国知识产权保护体系，我国缺乏对创意产业的创意成果在法律角度上的界定和全面保护，无法确保创意人的创造性劳动成果的合法权益，从而造成创意法律保护远远落后于创意产业发展的客观现实，严重影响了创意人的积极性。再比如，2012 年公布的《中华人民共和国著作权法（修改草案）》明确指出，音乐著作权人正式出版作品三个月后，能够被无成本的商业化利用。可以想象，该草案一经推出是如何受到音乐著作权人的一致反对，因为它不仅为网络盗版打开了方便之门，更是对知识产权的极大蔑视和践踏。

三　营造社会环境，加大新型文化人才培育

新型文化人才的缺乏，是制约新型文化产业发展的主要瓶颈。总体来看，当前我国不仅缺乏文化创意型人才，更缺少能跨越艺术、文学、经管等多学科的复合型人才。在市场主导型的文化产业发展模式中，人才市场仍然是最为有效的人力资源配置区域。行业薪酬的高低成为引导人才流动的"无形之手"，它与社会地位等因素一道影响着人们的职业选择、受教育意愿以及专业选择。政府这只"有形之手"应当在市场未能顾及或市场机制失灵的领域发挥作用，特别是向文化产业环境的前端和后端转移（段莉，2017）。其中，前端致力于重建文化人才发展教育体系、营造良好的社会环境，后端着力于设置有效的市场行为监管体系。

具体而言，政府在构建新型文化人才政策时应注重以下方面。

第一，注重将创意型人才和复合型人才的培育纳入教育体系。初等教育体系中的艺术、体育等课程，以及高等教育体系中通识课程等均应受到高度重视，让中小学生有更多的机会参观地方文化馆、博物馆和文化创意产业园区，使他们能接触社会和企业中的创新产品。虽然《2015 年全球创新指数》报告显示，近年来中国在大学表现、学术论文影响力和专利申请等指标的得分不断升高，但与美国等发达国家相比仍有很大差距。因此在大学阶段，要

鼓励学生跨专业、跨学院选修课程,在教学中要强调操作技能的训练,充分重视艺术创作和创意设计。在艺术院校和开设创意专业的高校中,鼓励其与社区和创意企业结合,建立艺术实习基地,支持学生参与校园、社区文化建设,拓展人才培养途径。此外,政府可以通过设立创意作品、创意人才的各类及各层次奖项来鼓励教育体系的重构。当然在教育体系中,培养一支高素质创新型的教育人才队伍是提高国民创新意识和能力的基础,为此,需要鼓励教职工通过研修培训、学术交流、项目资助等方式选拔一批优秀人才到国外进修观摩、学习深造,多渠道提升教师的创意意识、素质和创意能力。

第二,建设宽松、多元、开放的人文环境。纽约、伦敦等创意城市和社区的实践显示,在同等物质待遇条件下,人文环境等软资源的吸引力更为重要。由于几乎所有的创意都强调了求异求新、个性张扬,为此新型文化产业在早期大多是一种冒险、一种尝试。因此,政府制定创新人才政策,应该首先立足于人文环境的打造。社会要形成一种宽容失败、鼓励冒险的氛围,充分尊重创意人才的性格特征和工作特征。创意群体的壮大,需要宽容友善的社会环境,需要除旧布新、鼓励变化的人文精神。

第三,政府要引导社会搭建文化产业就业数据库及操作平台,完善人才质量评估体系,以期提高人力资源监控和引导的科学性。建立人才引进绿色通道,营造"人力资本是企业核心竞争力"的企业文化,允许各类人才以知识产权、无形资产、技术要素等方式投资文化企业,参与企业利润分配。

第四,政府应加快构建以信用为核心的市场监管体系,设置有效的市场行为监管指标,不断提升文化人才市场健康有序的发展。

四 完善文化产业财政政策

当前,我国支持文化产业发展的财政政策主要是税收优惠。2003年以来,国务院办公厅、财政部、海关总署、国家税务总局等部门先后多次发文,对文化企业实行包括所得税、营业税、进口环节增值税、城镇土地使用税等在内的税收优惠或减免。2012年,文化产业被纳入营业税改增值税(即"营改增")试点行业中。然而,在我国现行税收优惠政策中,仍然存在一系列的问题需要不断进行完善。

首先,税收优惠公平性不足。税收的一个重要功能在于二次分配,以降低初次分配中的不均衡程度。因此，市场化国家的税收优惠一般是针对中小企业。在我国，这种情况却恰恰相反，资本实力相对雄厚的国有或大型文化企业容易受惠，而非公企业尤其是资金不足的中、小、微文化企业却不易受惠。另外，我国进行"营改增"的一个重要目的在于结构性减税，然而具体到文化产业，那些侧重于技术研发、技术创新的出版行业、动漫行业等享受的税收优惠较大；但侧重于创意和需要投入大量人力的行业，如电影、电视剧、广告等行业享受的税收优惠则微乎其微，因此其新产生的销项税额没有与之对应的进项税额进行抵扣。"营改增"对电影产业的影响同样是不同的。其中，放映产业即院线的税负减轻了，而制作和发行产业的税负增加了。

其次，我国部分文化产业税负较重，如2008年的《营业税暂行条例》将娱乐业从文化体育业中单独拎出来，对其适用远高于文化体育业（3%）的税率（5%~20%），目前这种歧视性的税率并没有改变；而且广告、娱乐行业被单独征收营业额的3%作为文化事业建设费。创意产品税负重的另一个事实就是，作家的正式出版物稿酬自1980年9月国家颁布起征点为800元以来，近四十年来没有改变过，远低于目前我国普通职工的个人所得税的起征点（5000元）。

最后，我国文化产业的税收政策总体上立法层次不多，多以通知、公告的形式存在，权威性不足。例如，2014年6月，七部委联合发布了《关于支持电影发展若干经济政策的通知》，牵头的单位是财政部的教育司，发的文号是"财教字"，实际上如果真正利于基层执行的话应该是"财税字"。

因此，当前我国文化产业税收政策应该在以下几个方面进行调整，使之更能有效地促进文化产业的发展。

第一，把各部门、各地区颁布的文化产业政策中具有普遍适用性的税收优惠予以归纳提炼，由更高层（国务院、全国人大等）出台专门化的法律法规，在全国范围内统一实行。这样一来，既能够提高优惠政策的权威性，也有利于规避由于优惠尺度不同而带来的政策套利行为，从而维护市场秩序。

第二，拓展文化体制改革相关财税优惠政策的适用领域，扩大受益范围，破除所有制、地区、规模等方面的歧视性规定，倡导文化产业内部公平竞争。

第三，减少直接优惠，增加间接优惠，特别是加强税基式优惠，引导企业的创新式扩张。我国的文化产业发展专项基金通过对扶持企业采用贴息补助的方式进行分配，事实上这种方式很容易产生寻租空间，资金使用效率往往低下。而对于间接税收优惠来说，其公平性和效率都可以得到提高。另外，对于创意产品的人力资源投入部分应该在税收优惠中得以体现，即采用税基式优惠来鼓励更多的创意。

在我国扶持新型文化产业发展的金融政策方面，中国人民银行和银监会应鼓励金融机构和金融市场进行创新，探索符合文化产业特点的新型金融产品、服务及配套的政策。例如，支持商业银行创新信贷服务，以无形资产质押为主要担保方式发放新型文化企业贷款。另外，允许我国商业银行在风险可控的前提下，开展融资租赁、应收账款质押、知识产权质押、股权质押等金融服务创新行为；支持保险机构开发符合新型文化产业特点和需要的保险业务；鼓励符合条件的文化企业通过上市、发行债券等方式筹集资金等；西方发达国家金融市场上的知识产权证券化业务等衍生品业务也可以在我国进行试点。

参考文献

〔英〕贾斯廷·奥康纳,2004,《欧洲的文化产业和文化政策》,载林拓等主编《世界文化产业发展前沿报告(2003~2004)》,社会科学文献出版社。

〔美〕丹尼尔·贝尔,1984,《后工业社会的来临》,高铦等译,新华出版社。

〔美〕迈克尔·波特,1997,《竞争战略》,陈小悦译,华夏出版社。

〔美〕迈克尔·波特,2002,《国家竞争优势》,李明轩、邱如美译,华夏出版社。

蔡尚伟、车南林,2015,《文化产业精要读本》,江苏人民出版社。

陈桂玲、白静,2013,《美法中文化创意产业的比较及对我国的启示》,《人民论坛》第8期。

陈红玉,2012,《中国创意产业创新政策研究》,北京理工大学出版社。

陈金秀、吴继兰,2010,《独具特色的美国文化管理体制》,《中国信息报》11月27日,第7版。

陈少峰,2012,《文化体制改革的关键点》,《人民论坛》第3期。

陈少峰,2013,《以文化和科技融合促进文化产业发展模式转型研究》,《同济大学学报》(社会科学版)第24期。

陈少峰、王建平、李凤强主编,2016,《中国互联网文化产业报告(2016)》,华文出版社。

陈少峰、张立波、王建平,2016,《中国文化企业报告》,清华大学出版社。

陈少峰、赵磊、王建平主编，2015，《中国互联网文化产业报告（2015）》，华文出版社。

程坚军，2010，《对我国文化创意产业发展及人才培养的思考——以英国文化创意产业发展为例》，《中国广播电视学刊》第7期。

程立茹，2014，《文化产业金融创新问题研究》，中央民族大学出版社。

程曦、蔡秀云，2017，《促进文化创意产业发展的税收政策有效性评价研究》，《财经理论与实践》第3期。

仇景万，2016，《英国创意产业发展对我国创新驱动发展战略的启示》，《现代管理科学》第5期。

崔磊，2016，《日本文化产业发展的特点及启示》，《考试周刊》第90期。

崔木花，2015，《文化与科技融合：内涵、机理、模式及路径探讨》，《科学管理研究》第1期。

单元媛、赵玉林，2012，《国外产业融合若干理论问题研究进展》，《经济评论》第5期。

邓聚龙，1990，《灰色系统理论教程》，华中理工大学出版社。

段莉，2017，《我国文化产业就业与人才问题研究》，《华中师范大学学报》（人文社会科学版）第2期。

范周，2012，《我国文化发展的"三驾马车"》，《经济日报》11月22日，第11版。

范周，2016a，《文化产业论纲》，社会科学文献出版社。

范周，2016b，《重构·颠覆：文化产业变革中的互联网精神》，知识产权出版社。

范周，2017，《2017中国文化产业年度报告》，知识产权出版社。

范周、蒋多，2012，《关于〈文化及相关产业分类（2012）〉对新兴文化业态修订的解读》，http：//theory.people.com.cn/n/2012/0810/c144769-18713785.html，8月10日。

冯华、温岳中，2011，《产业链视角下的我国文化产业发展》，《国家行政学院学报》第5期。

付瑞红、霍云龙，2015，《英国创意教育和文化产业人才培养模式探析》，《教学研究》第6期。

付晓青，2015，《文化产业新业态研究》，福建人民出版社。

傅才武，2016，《中国文化创新报告（2016）》，社会科学文献出版社。

高宏存，2015，《特色文化产业发展要实现"跨区域"治理》，《行政管理改革》第5期。

高书生，2015，《我国文化产业发展的总体状况和主要特征》，《经济与管理》第3期。

耿明斋、张大卫等，2015，《航空经济概论》，人民出版社。

〔日〕官泽健一，1990，《制度和信息的经济学》，有斐阁。

顾江、郭新茹，2010，《科技创新背景下我国文化产业升级路径选择》，《东岳论丛》第7期。

郭鸿雁，2006，《基于系统经济学的广电产业合作竞争研究》，博士学位论文，中国传媒大学。

郭鸿雁，2007，《产业系统集成的范式与运作：由广电产业揭示》，《改革》第10期。

郭鸿雁，2008a，《产业边界漂移：信息产业合作竞争中的产业融合》，《改革与战略》第5期。

郭鸿雁，2008b，《广电产业的合作竞争》，知识产权出版社。

郭鸿雁，2008c，《论媒介整合营销》，《经济问题探索》第1期。

郭鸿雁，2009a，《合作竞争背景下的媒介组织创新》，《新闻界》第3期。

郭鸿雁，2009b，《基于系统观的文化业态创新研究》，《现代传播》第4期。

郭鸿雁，2009c，《基于演化观的创意经济探讨》，《新闻界》第6期。

郭鸿雁，2009d，《论文化业态创新的动因与形成机制》，《当代传播》第4期。

郭鸿雁，2012，《论新型文化业态的发展机理》，《现代传播》第8期。

郭鸿雁，2013，《移动互联网演进与新一代信息技术勃兴：2008~2011年》，《改革》第5期。

郭鸿雁，2014，《移动互联网演进趋势——基于GM（1,1）模型的实证研究》，《经济问题探索》第2期。

郭鸿雁、侯燕等，2017，《航空文化：理论、实践与产业发展》，社会科学文献出版社。

〔西德〕哈肯，1984，《协同学》，徐锡申、陈式刚、陈雅深等译，原子能出版社。

〔西德〕哈肯，1989，《高等协同学》，郭治安译，科学出版社。

海峰、李必强、冯艳飞，2000，《集成论的基本问题》，《自然杂志》第4期。

〔英〕詹姆斯·赫姆斯利，2004，《欧盟新兴的文化技术产业和俄罗斯的机遇》，载林拓等主编《世界文化产业发展前沿报告（2003~2004）》，社会科学文献出版社。

〔英〕大卫·赫斯蒙德夫，2016，《文化产业》，张菲娜译，中国人民大学出版社。

侯巧红，2014，《国外新媒体文化发展的现状及启示》，《中州学刊》第6期。

胡海霞，2011，《航空工业旅游开发的关键要素及发展模式探讨——以天津航空产业基地为例》，《空运商务》第18期。

胡正荣，2007，《媒介产业的集群化发展》，http://www.baoye.net/bencandy.php?fid=255&id=52349，12月19日。

花建，2017，《互联互通的文化创意产业新业态》，中国出版集团东方出版中心。

黄建康，2004，《产业集成：基于提升传统产业竞争力的分析》，《现代经济探讨》第2期。

黄升民，2010，《三网融合：构建中国式"媒·信产业"新业态》，《现代传播》第4期。

黄守坤、李文彬，2005，《产业网络及其演变模式分析》，《中国工业经济》第4期。

黄伟一，2009，《我国新型文化业态培育研究》，硕士学位论文，上海交通大学。

〔英〕约翰·霍金斯，2003，《创意经济——人们如何从思想中创造金钱》，洪庆福、孙薇薇、刘茂玲译，上海三联书店。

季琼，2016，《国际文化产业发展理论、政策与实践》，经济日报出版社。

贾佳、王良杰、李珠峰，2015，《文化与科技融合产业分类——以北京市海淀区为例》，社会科学文献出版社。

〔西班牙〕曼纽尔·卡斯特，2006，《网络社会的崛起》，夏铸九等译，社会科学文献出版社。

〔美〕克鲁格曼，2000，《发展、地理学与经济理论》，蔡荣译，北京大学出版社。

〔美〕保罗·莱文森，2011，《新新媒介》，何道宽译，复旦大学出版社。

李建峰，2007，《英国的知识产权保护及其对我国的启示》，《学习与探索》第4期。

李军，2014，《文化创意产业投融资创新》，中国传媒大学出版社。

李琨，2013，《促进文化产业发展的财税政策研究》，中国税务出版社。

李丽萍、杨京钟，2016，《英国创意产业税收激励政策对中国的启示》，《山东财经大学学报》第2期。

李雅丽，2015，《当前美国功能性与规模性收入分配探析》，《海南金融》第4期。

李雅丽，2018，《美国文化产业：发展模式、产业政策及启示》，《海南金融》第11期。

李雅丽，2019，《我国文化创意产业人才培养模式探析》，《郑州航空工业管理学院学报》（社会科学版）第1期。

李雅丽、吴秀红，2018，《我国文化创意产业融资现状、困境及对策》，《市场论坛》第8期。

李忠峰，2016，《无形资产评估：助推文化产业新跨越》，《中国财经报》5月5日，第7版。

厉无畏，2009，《文化创意的产业化与产业创新》，《同济大学学报》（社会科学版）第1期。

厉无畏，2012，《建设文化强国的重要推动力》，《解放日报》2月5日，第8版。

厉无畏、蒋莉莉，2008，《创意农业：新农村建设的新引擎》，《文汇报》10月13日，第5版。

梁云凤、张亦军、雷梅青，2010，《促进文化产业发展的财税政策》，《税务研究》第7期。

刘广伟，2010，《论信息技术与网络文化产业的互动关系》，《经济研究导刊》第33期。

刘绍坚，2014，《文化产业：国际经验与中国路径》，中国社会科学出版社。

刘思峰、党耀国、方志耕、谢乃明等，2010，《灰色系统理论及其应用（第五版）》，科学出版社。

刘绪义，2005，《论中国网络文化产业发展的几个问题》，《北京理工大学学报》第1期。

刘杨、顾海兵，2017，《文化创意产业统计：国际镜鉴与引申》，《改革》第6期。

刘忠，2009，《聚焦新兴文化业态》，《群众》第2期。

龙莉、蔡尚伟、严昭柱，2016，《中国互联网文化产业政策研究（1994~2015）》，四川大学出版社。

卢山，2016，《2015—2016年中国战略性新兴产业发展蓝皮书》，人民出版社。

鲁元珍，2016，《"十三五"：各地文化产业如何布局》，《光明日报》4月7日，第14版。

吕庆华、任磊，2012，《文化业态演化机理及其趋势》，《理论探索》第3期。

吕森林、邵银娟、冯超、齐伟、孙洪湛、梁承昊，2015，《中国在线教育产业蓝皮书（2014~2015）》，北京大学出版社。

吕向一、刘鑫禹，2017，《解读税收政策对文化创意企业发展的影响》，《现代商业》第18期。

吕学武、范周，2007，《文化创意产业前沿》，中国传媒大学出版社。

罗春元，2004，《面向核心竞争力的企业系统集成》，硕士学位论文，武汉理工大学。

马健，2002，《产业融合理论研究评述》，《经济学动态》第5期。

马丽元，2015，《中航工业打造"互联网+航空基础技术"新模式》，《中国航空报》8月10日，第1版。

〔英〕马歇尔，2019，《经济学原理》，朱志泰、陈良璧译，商务印书馆。

梅宁华、支庭荣，2017，《中国媒体融合发展报告（2016）》，社会科学文献出版社。

缪学为，2015，《英国创意产业发展的经验与启示》，《人文天下》第21期。

牛兴侦、孙立军、孙平，2017，《中国动画产业发展报告（2017）》，社会科学文献出版社。

〔英〕罗伯特·保罗·欧文斯等，2013，《世界城市文化报告2012》，黄昌勇、侯卉娟、章超等译，同济大学出版社。

〔比〕尼科里斯、普利高津，1986，《探索复杂性》，罗久里、陈奎宁译，四川教育出版社。

齐勇峰，2013，《理论为文化产业发展解题》，《光明日报》1月24日，第16版。

祁乐枫，2016，《风险投资支持文化创意产业发展研究》，《齐齐哈尔工程学院学报》第3期。

乔东亮，2011，《数字出版的读者观》，《出版科学》第1期。

桑彬彬，2014，《旅游产业与文化产业融合发展的理论分析与实证研究》，中国社会科学出版社。

沈继松、胡惠林，2016，《我国文化产业结构内生动力机制探究》，《学术论坛》第10期。

沈丽丹、李本乾，2020，《提升文化产业竞争力的政策路径》，《上海交通大学学报》（哲学社会科学版）第4期。

石蓉蓉，2017，《西北民族地区的新型文化业态与培育——以甘肃少数民族地区为例》，《甘肃社会科学》第4期。

"世界主要经济体文化产业发展现状研究"课题组，2014，《世界主要经济体文化产业发展状况及特点》，《调研世界》第10期。

束春德、蒲艳春等，2013，《科技促生新兴文化业态机制研究》，《经济研究导刊》第21期。

谭明祥，2011，《宫崎骏动画电影中的人文精神》，《电影文学》第3期。

唐向红、李冰，2014，《日本文化产业的国际竞争力及其前景》，《现代日本经济》第4期。

唐绪军、黄楚新、王丹，2015，《中国媒体融合发展现状（2014~2015）》，中国社会科学出版社。

陶长琪，2010，《基于融合的信息产业自主创新与产业成长的协同机制》，中国人民大学出版社。

陶长琪、齐亚伟，2009，《融合背景下信息产业结构演化的实证研究》，《管理评论》第10期。

腾讯传媒研究院，2016，《众媒时代》，中信出版社。

田贵平，2008，《刍议网络文化产业经济发展中的问题与对策》，《现代财经》第6期。

王晨，2008，《专家热议文化产业新业态》，《中国文化报》5月16日，第7版。

王国平、刘凌云，2013，《新型文化业态是文化产业结构优化升级的先导》，《求索》第7期。

王浣尘，1998，《从系统工程研讨集约型增长与可持续发展》，《系统工程理论与实践》第2期。

王林生，2017，《互联网文化新业态的产业特征与发展趋势》，《甘肃社会科学》第5期。

王山，2013，《韩国文化产业发展及运作对中国的启示》，《辽东学院学报》（社会科学版）第2期。

王树文，2016，《我国文化科技产业政府规制研究》，《社会科学研究》第3期。

王熙元，2017，《创意产业增值价值链与互联网+融合发展研究》，东华大学出版社。

王育济、齐勇锋、侯样祥、韩英，2010，《中国文化产业学术年鉴（1979—2002年卷）》，山东大学出版社。

〔德〕阿尔弗雷德·韦伯，1997，《工业区位论》，李刚剑、陈志人、张英保译，商务印书馆。

卫绍生，2016，《文化产业供给侧结构性改革》，《中国社会科学报》8月4日，第6版。

魏晓阳、黄宇骁，2016，《日本文化产业发展透视》，《中国社会科学报》1月4日，第7版。

吴昊天，2014，《中国传媒产业发展研究——基于产业融合的视角》，博士学位论文，西南财经大学。

吴锡俊，2014，《文化产业政策设计与政府职能转变》，北京联合出版社。

吴应新，2009，《网络文化产业发展模式的探索和分析》，《广西广播电视大学学报》第2期。

吴颖、刘志迎、丰志培，2004，《产业融合问题的理论研究动态》，《产业经济研究》第4期。

吴云，2016，《我们的文化产品，比想象中走得远》，《人民日报》5月11日，第12版。

武春友、刘岩、王恩旭，2009，《基于哈肯模型的城市再生资源系统演化机制研究》，《中国软科学》第11期。

习近平，2017，《决胜全面建成小康社会　夺取新时代中国特色社会主义伟大胜利——在中国共产党第十九次全国代表大会上的报告》，《中国经济周刊》第42期。

肖荣莲，2010，《新兴文化业态与文化的多元化发展》，《学术交流》第3期。

谢芳，2016，《文化与科技融合背景下文化产业新兴业态发展研究》，硕士学位论文，湖南科技大学。

谢佳君，2016，《2018年去航空大世界体验"太空生活"》，《成都商报》4月12日，第2版。

熊澄宇，2007，《对文化大繁荣大发展若干思考》，http://news.xinhuanet.com/zgjx/2008-01/28/content_7511451.htm，12月21日。

熊澄宇，2008，《对新媒体形态与业态的思考》，http://archive.icipku.org/fici2008/new/newmedia/2431.html，1月6日。

徐志奋，2016，《世界先进文化创意产业发展对我国文化创意产业链形成的启示》，《经济论坛》第3期。

许梦博、许罕多，2009，《文化产业结构的演进及中国的战略选择》，《社会科学战线》第3期。

薛贺香，2018，《论中国新型文化业态的发展方向》，《区域经济评论》第4期。

杨洁、王迪，2016，《国外发展文化创意产业的融资经验及其启示》，《新经济》第C1期。

杨群峰，2015，《航空小镇：通用航空与创意文化的深度融合》，《中国民航报》2月4日，第7版。

杨勇，2012，《移动互联网时代数字文化产业发展趋势的分析与思考》，《中国科技产业》第9期。

叶朗，2016，《中国文化产业年度发展报告（2016）》，北京大学出版社。

尹宏，2014，《我国文化产业转型的困境、路径和对策研究——基于文化和科技融合的视角》，《学术论坛》第2期。

于光远，1986，《文化的含义》，《光明日报》1月13日。

于平、李凤亮，2016，《文化科技创新发展报告（2016）》，社会科学文献出版社。

余军，2012，《美日韩三国文化产品出口的比较分析及对我国的启示》，《发展研究》第10期。

喻国明，2011，《跨界的发展与混搭的价值》，《新闻战线》第2期。

昝胜锋，2017，《文化产业商业模式概论》，福建人民出版社。

昝廷全，2002，《产业经济系统研究》，科学出版社。

昝廷全，2004，《系统经济学探索》，科学出版社。

臧志彭、解学芳，2012，《中国网络文化产业技术创新的动态演化》，

《社会科学研究》第 5 期。

曾庆文，2014，《读〈航空大都市〉的粗浅认识》，《渝北时报》1 月 13 日，第 3 版。

张秉福，2013，《论我国文化产业政府规制法律体系的完善》，《安徽商贸职业技术学院学报》（社会科学版）第 3 期。

张贵、周立群，2005，《产业集成化：产业组织结构演进新趋势》，《中国工业经济》第 7 期。

张慧娟，2012，《美国文化产业政策的形成与发展》，《科学社会主义》第 6 期。

张京成，2017，《中国创意产业发展报告（2017）》，中国经济出版社。

张京成、沈晓平、张彦军，2013，《中外文化创意产业政策研究》，科学出版社。

张磊，2001，《产业融合与互联网管制》，上海财经大学出版社。

张立，2017，《2016—2017 中国数字出版产业年度报告》，中国书籍出版社。

张立、介晶、梁楠楠等，2016，《中国数字内容产业市场格局与投资观察（2015）》，社会科学文献出版社。

张立、王学人，2002，《推进我国产业集成的问题、成因及对策探讨》，《当代财经》第 7 期。

张廷兴、董佳兰、丛曙光，2017，《中国文化产业史》，经济日报出版社。

张晓明、胡惠林、章建刚，2009，《业态创新与商业模式创新并举》，《中国文化报》4 月 10 日，第 5 版。

张晓明、王家新、章建刚，2016，《中国文化产业发展报告（2015~2016）》，社会科学文献出版社。

张岩松、穆秀英，2017，《文化创意产业理论与实践》，清华大学出版社。

张燕，2014，《从好莱坞电影看美国文化传播及对中国的启示》，《今传媒》第 3 期。

张志，2004，《论中国广电业的政府规制》，《现代传播》第 2 期。

赵辰光、张雪、夏徽等，2010，《网络文化产业发展研究综述》，《边疆经济与文化》第 4 期。

赵成，2012，《移动互联网孕育新产业生态》，《人民日报》2 月 15 日，第 22 版。

赵瑞政，2013，《山西文化产业新型业态培育研究》，硕士学位论文，山西财经大学。

郑素侠，2009，《科技创新与文化业态的演变》，《河南社会科学》第 3 期。

植草益，2001，《信息通讯业的产业融合》，《中国工业经济》第 2 期。

中共中央文献研究室，2017，《习近平关于社会主义文化建设论述摘编》，中央文献出版社。

中国国际经济交流中心课题组，2016，《互联网革命与中国业态变革》，中国经济出版社。

《中国互联网+发展研究报告》研究组，2016，《中国互联网+发展研究报告（2015）》，科学出版社。

周逵、赵鹏菲，2017，《2016 年中国在线视频产业发展报告》，载崔保国主编《中国传媒产业发展报告（2017）》，社会科学文献出版社。

周丽，2014，《文化创意产业与三次产业的融合发展研究——基于广东肇庆的实践探索》，企业管理出版社。

周永生，2017，《日本神道文化及其力量》，《世界宗教文化》第 3 期。

周振华，2003，《产业融合：产业发展及经济增长的新动力》，《中国工业经济》第 4 期。

周振华，2004，《产业融合拓展化的过程及其基本含义》，《社会科学》第 5 期。

朱长春，2008，《基于 SWOT 分析的我国网络文化产业战略研究》，《北京邮电大学学报》（社会科学版）第 10 期。

朱瑞博，2003，《价值模块整合与产业融合》，《中国工业经济》第 8 期。

朱欣悦、李士梅、张倩，2013，《文化产业价值链的构成及拓展》，《经济纵横》第 7 期。

庄严, 2014, 《日本文化产业发展创新的实现路径及经济效应分析》, 《现代日本经济》第 2 期。

Bell, D. 1973. *The Coming of Post – Industrial Society: A Venture in Social Forecasting.* New York: Basic Books.

Booyens, I. 2012. "Creative Industries, Inequality and Social Development: Developments, Impacts and Challenges in Cape Town." *Urban Forum* 23 (1): 43 – 60.

Campbell, P. 2011. "Creative Industries in a European Capital of Culture." *International Journal of Cultural Policy* 17 (5): 510 – 522.

David, J., Grusin, R. 2000. *Remediation: Understanding New Media.* Cambridge: MIT Press.

Hagel, J., Singer, M. 1999. "Unbundling the Corporate." *Harvard Business Review* 77 (2): 133 – 141.

Kaplinsky, R. 2000. "Globalisation and Unequalisation: What Can Be Learned from Value Chain Analysis." *Journal of Development Studies* 37 (2): 117 – 146.

Kasarda, J. D. 1991. "The Fifth Wave: The Air Cargo-industrial Complex." *A Quarterly Review of Trade and Transportation* 4 (1): 2 – 10.

Koepsell, D. R. 2003. *John Searle's Ideas about Social Reality: Extensions, Criticisms, and Reconstructions.* Oxford UK: Blackwell.

Landry, C., Bianchini, F. 1995. *The Creative City.* London: Demos.

Lash, S., Lury, C. 2007. *Global Culture Industry: The Mediation of Things.* Cambridge: Polity.

Negroponte, N. 1996. *Being Digital.* New York: Vintage Books.

Ono, R., Aoki, K. 1988. "Convergence and New Regulatory Frameworks: A Comparative Study of Regulatory Approaches to Internet Telephony." *Telecommunications Policy* 22 (10): 817 – 838.

Piergiovanni, R., Carree, M., Santarelli, E. 2012. "Creative Industries, New Business Formation, and Regional Economic Growth." *Small Business Economics* 39 (3): 539 – 560.

Pool, I. S. 1983. *Technologies of Freedom*. Cambridge: Belknap Press of Harvard University Press.

Porter, M. 1980. *Competitive Strategy*. New York: The Free Press.

Porter, M. 2001. "Strategy and the Internet." *Harvard Business Review* (3): 62 – 78 + 164.

Richardson, G. B. 1972. "The Organization of Industry." *Economic Journal* (82).

Romer, P. 1986. "Increasing Returns and Long – Run Growth." *The Journal of Political Economy* 94 (5): 1002 – 1037.

Schumpeter, Joseph. 1912. *The Theory of Economic Development*. Cambridge: Harvard University Press.

Scott, A. J. 2001. "Capitalism, Cities and the Production of Symbolic Forms." *Transactions of the Institute of British Geographers* 26 (1): 11 – 23.

Scott, A. J. 2005. "On Hollywood: The Place, The Industry." *Journal of Cultural Economics* 29 (3): 243 – 245.

Shapley, L. S. 1953. "A Value for N – Person Games." *In Contributions to the Theory of Games*, edited by G. Clare, H. W. Kuhn, A. W. Tucker, pp. 307 – 317. Princeton: Princeton University Press.

Stern, H. H. 1992. *Issues and Options in Language Teaching*. Oxford: Oxford University Press.

Stoneman, P. 2010. *Soft Innovation: Economics, Product Aesthetics and Creative Industries*. Oxford: Oxford University Press.

Tyler, E. 1958. *The Origins of Culture*. New York: Harper and Brothers.

Wirtz, B. W. 2001. "Reconfiguration of Value Chains in Converging Media and Communications Markets." *Long Range Planning* 34 (4): 489 – 506.

Young, A. A. 1928. "Increasing Returns and Economic Progress." *The Economic Journal* 38 (152): 527 – 542.

附录 1

文化及相关产业分类（2012）[*]

一 目的和作用

（一）为深入贯彻落实党的十七届六中全会关于深化文化体制改革、推动社会主义文化大发展大繁荣的精神，建立科学可行的文化及相关产业统计制度，制定本分类。

（二）本分类为界定我国文化及相关单位的生产活动提供依据，为当前的社会主义文化建设、文化宏观管理提供参考，为文化及相关产业统计提供统一的定义和范围。

二 定义和范围

（一）定义

本分类规定的文化及相关产业是指为社会公众提供文化产品和文化相关产品的生产活动的集合。

（二）范围

根据以上定义，我国文化及相关产业的范围包括：

1. 以文化为核心内容，为直接满足人们的精神需要而进行的创作、制造、传播、展示等文化产品（包括货物和服务）的生产活动；

2. 为实现文化产品生产所必需的辅助生产活动；

---

[*] 国家统计局：《国家统计局关于印发文化及相关产业分类（2012）的通知》，2012年7月2日。

3. 作为文化产品实物载体或制作（使用、传播、展示）工具的文化用品的生产活动（包括制造和销售）；

4. 为实现文化产品生产所需专用设备的生产活动（包括制造和销售）。

三　分类原则

（一）以《国民经济行业分类》为基础

本分类以《国民经济行业分类》（GB/T 4754—2011）为基础，根据文化及相关单位生产活动的特点，将行业分类中相关的类别重新组合，是《国民经济行业分类》的派生分类。

（二）兼顾部门管理需要和可操作性

根据我国文化体制改革和发展的实际，本分类在考虑文化生产活动特点的同时，兼顾政府部门管理的需要；立足于现行的统计制度和方法，充分考虑分类的可操作性。

（三）与国际分类标准相衔接

本分类借鉴了联合国教科文组织的《文化统计框架—2009》的分类方法，在定义和覆盖范围上可与其衔接。

四　分类方法

本分类依据上述分类原则，将文化及相关产业分为五层。

第一层包括文化产品的生产、文化相关产品的生产两部分，用"第一部分""第二部分"表示；

第二层根据管理需要和文化生产活动的自身特点分为10个大类，用"一""二"……"十"表示；

第三层依照文化生产活动的相近性分为50个中类，在每个大类下分别用"（一）""（二）""（三）"……表示；

第四层共有120个小类，是文化及相关产业的具体活动类别，直接用《国民经济行业分类》（GB/T 4754—2011）相对应行业小类的名称和代码表示。对于含有部分文化生产活动的小类，在其名称后用"*"标出。

第五层为带"*"小类下设置的延伸层。通过在类别名称前加"—"表示，不设代码和顺序号，其包含的活动内容在附表2中加以说明。

五 文化及相关产业分类表

附表1 文化及相关产业的类别名称和行业代码

类别名称	国民经济行业代码
第一部分 文化产品的生产	
一、新闻出版发行服务	
（一）新闻服务	
新闻业	8510
（二）出版服务	
图书出版	8521
报纸出版	8522
期刊出版	8523
音像制品出版	8524
电子出版物出版	8525
其他出版业	8529
（三）发行服务	
图书批发	5143
报刊批发	5144
音像制品及电子出版物批发	5145
图书、报刊零售	5243
音像制品及电子出版物零售	5244
二、广播电视电影服务	
（一）广播电视服务	
广播	8610
电视	8620
（二）电影和影视录音服务	
电影和影视节目制作	8630
电影和影视节目发行	8640
电影放映	8650
录音制作	8660
三、文化艺术服务	
（一）文艺创作与表演服务	

续表

类别名称	国民经济行业代码
文艺创作与表演	8710
艺术表演场馆	8720
(二)图书馆与档案馆服务	
图书馆	8731
档案馆	8732
(三)文化遗产保护服务	
文物及非物质文化遗产保护	8740
博物馆	8750
烈士陵园、纪念馆	8760
(四)群众文化服务	
群众文化活动	8770
(五)文化研究和社团服务	
社会人文科学研究	7350
专业性团体(的服务)*	9421
—学术理论社会团体的服务	
—文化团体的服务	
(六)文化艺术培训服务	
文化艺术培训	8293
其他未列明教育*	8299
—美术、舞蹈、音乐辅导服务	
(七)其他文化艺术服务	
其他文化艺术业	8790
四、文化信息传输服务	
(一)互联网信息服务	
互联网信息服务	6420
(二)增值电信服务(文化部分)	
其他电信服务*	6319
—增值电信服务(文化部分)	
(三)广播电视传输服务	
有线广播电视传输服务	6321
无线广播电视传输服务	6322

续表

类别名称	国民经济行业代码
卫星传输服务*	6330
—传输、覆盖与接收服务	
—设计、安装、调试、测试、监测等服务	
五、文化创意和设计服务	
（一）广告服务	
广告业	7240
（二）文化软件服务	
软件开发*	6510
—多媒体、动漫游戏软件开发	
数字内容服务*	6591
—数字动漫、游戏设计制作	
（三）建筑设计服务	
工程勘察设计*	7482
—房屋建筑工程设计服务	
—室内装饰设计服务	
—风景园林工程专项设计服务	
（四）专业设计服务	
专业化设计服务	7491
六、文化休闲娱乐服务	
（一）景区游览服务	
公园管理	7851
游览景区管理	7852
野生动物保护*	7712
—动物园和海洋馆、水族馆管理服务	
野生植物保护*	7713
—植物园管理服务	
（二）娱乐休闲服务	
歌舞厅娱乐活动	8911
电子游艺厅娱乐活动	8912
网吧活动	8913
其他室内娱乐活动	8919

续表

类别名称	国民经济行业代码
游乐园	8920
其他娱乐业	8990
（三）摄影扩印服务	
摄影扩印服务	7492
七、工艺美术品的生产	
（一）工艺美术品的制造	
雕塑工艺品制造	2431
金属工艺品制造	2432
漆器工艺品制造	2433
花画工艺品制造	2434
天然植物纤维编织工艺品制造	2435
抽纱刺绣工艺品制造	2436
地毯、挂毯制造	2437
珠宝首饰及有关物品制造	2438
其他工艺美术品制造	2439
（二）园林、陈设艺术及其他陶瓷制品的制造	
园林、陈设艺术及其他陶瓷制品制造*	3079
——陈设艺术陶瓷制品制造	
（三）工艺美术品的销售	
首饰、工艺品及收藏品批发	5146
珠宝首饰零售	5245
工艺美术品及收藏品零售	5246
第二部分　文化相关产品的生产	
八、文化产品生产的辅助生产	
（一）版权服务	
知识产权服务*	7250
——版权和文化软件服务	
（二）印刷复制服务	
书、报刊印刷	2311
本册印制	2312
包装装潢及其他印刷	2319

续表

类别名称	国民经济行业代码
装订及印刷相关服务	2320
记录媒介复制	2330
(三)文化经纪代理服务	
文化娱乐经纪人	8941
其他文化艺术经纪代理	8949
(四)文化贸易代理与拍卖服务	
贸易代理*	5181
—文化贸易代理服务	
拍卖*	5182
—艺(美)术品、文物、古董、字画拍卖服务	
(五)文化出租服务	
娱乐及体育设备出租*	7121
—视频设备、照相器材和娱乐设备的出租服务	
图书出租	7122
音像制品出租	7123
(六)会展服务	
会议及展览服务	7292
(七)其他文化辅助生产	
其他未列明商务服务业*	7299
—公司礼仪和模特服务	
—大型活动组织服务	
—票务服务	
九、文化用品的生产	
(一)办公用品的制造	
文具制造	2411
笔的制造	2412
墨水、墨汁制造	2414
(二)乐器的制造	
中乐器制造	2421
西乐器制造	2422
电子乐器制造	2423

续表

类别名称	国民经济行业代码
其他乐器及零件制造	2429
（三）玩具的制造	
玩具制造	2450
（四）游艺器材及娱乐用品的制造	
露天游乐场所游乐设备制造	2461
游艺用品及室内游艺器材制造	2462
其他娱乐用品制造	2469
（五）视听设备的制造	
电视机制造	3951
音响设备制造	3952
影视录放设备制造	3953
（六）焰火、鞭炮产品的制造	
焰火、鞭炮产品制造	2672
（七）文化用纸的制造	
机制纸及纸板制造*	2221
—文化用机制纸及纸板制造	
手工纸制造	2222
（八）文化用油墨颜料的制造	
油墨及类似产品制造	2642
颜料制造*	2643
—文化用颜料制造	
（九）文化用化学品的制造	
信息化学品制造*	2664
—文化用信息化学品的制造	
（十）其他文化用品的制造	
照明灯具制造*	3872
—装饰用灯和影视舞台灯制造	
其他电子设备制造*	3990
—电子快译通、电子记事本、电子词典等制造	
（十一）文具乐器照相器材的销售	
文具用品批发	5141

续表

类别名称	国民经济行业代码
文具用品零售	5241
乐器零售	5247
照相器材零售	5248
（十二）文化用家电的销售	
家用电器批发*	5137
—文化用家用电器批发	
家用视听设备零售	5271
（十三）其他文化用品的销售	
其他文化用品批发	5149
其他文化用品零售	5249
十、文化专用设备的生产	
（一）印刷专用设备的制造	
印刷专用设备制造	3542
（二）广播电视电影专用设备的制造	
广播电视节目制作及发射设备制造	3931
广播电视接收设备及器材制造	3932
应用电视设备及其他广播电视设备制造	3939
电影机械制造	3471
（三）其他文化专用设备的制造	
幻灯及投影设备制造	3472
照相机及器材制造	3473
复印和胶印设备制造	3474
（四）广播电视电影专用设备的批发	
通讯及广播电视设备批发*	5178
—广播电视电影专用设备批发	
（五）舞台照明设备的批发	
电气设备批发*	5176
—舞台照明设备的批发	

附表2 对延伸层文化生产活动内容的说明

序号	类别名称及代码 小类	类别名称及代码 延伸层	文化生产活动的内容
1	专业性团体（的服务）(9421)	学术理论社会团体的服务	包括党的理论研究、史学研究、思想工作研究、社会人文科学研究等团体的服务。
		文化团体的服务	包括新闻、图书、报刊、音像、版权、广播、电视、电影、演员、作家、文学艺术、美术家、摄影家、文物、博物馆、图书馆、文化馆、游乐园、公园、文艺理论研究、民族文化等团体的服务。
2	其他未列明教育(8299)	美术、舞蹈、音乐辅导服务	包括美术、舞蹈和音乐等辅导服务。
3	其他电信服务(6319)	增值电信服务（文化部分）	包括手机报、个性化铃声、网络广告等业务服务。
4	卫星传输服务(6330)	传输、覆盖与接收服务	包括卫星广播电视信号的传输、覆盖与接收服务。
		设计、安装、调试、测试、监测等服务	包括卫星广播电视传输、覆盖、接收系统的设计、安装、调试、测试、监测等服务。
5	软件开发(6510)	多媒体、动漫游戏软件开发	包括应用软件开发及经营中的多媒体软件和动漫游戏软件开发及经营活动。
6	数字内容服务(6591)	数字动漫、游戏设计制作	包括数字动漫制作和游戏设计制作等服务。
7	工程勘察设计(7482)	房屋建筑工程设计服务	包括房屋（住宅、商业用房、公用事业用房、其他房屋）建筑工程设计服务。
		室内装饰设计服务	包括住宅室内装饰设计服务和其他室内装饰设计服务。
		风景园林工程专项设计服务	包括各类风景园林工程专项设计服务。
8	野生动物保护(7712)	动物园和海洋馆、水族馆管理服务	包括动物园管理服务，放养动物园管理服务，鸟类动物园管理服务，海洋馆、水族馆管理服务。
9	野生植物保护(7713)	植物园管理服务	包括各类植物园管理服务。
10	园林、陈设艺术及其他陶瓷制品制造(3079)	陈设艺术陶瓷制品制造	包括室内陈设艺术陶瓷制品、工艺陶瓷制品、陶瓷壁画、陶瓷制塑像和其他陈设艺术陶瓷制品的制造。

续表

序号	类别名称及代码 小类	类别名称及代码 延伸层	文化生产活动的内容
11	知识产权服务(7250)	版权和文化软件服务	版权服务包括版权代理服务,版权鉴定服务,版权咨询服务,海外作品登记服务,涉外音像合同认证服务,著作权使用报酬收转服务,版权贸易服务和其他版权服务。文化软件服务指与文化有关的软件服务,包括软件代理、软件著作权登记、软件鉴定等。
12	贸易代理(5181)	文化贸易代理服务	包括文化用品、图书、音像、文化用家用电器和广播电视器材等国际国内贸易代理服务。
13	拍卖(5182)	艺(美)术品、文物、古董、字画拍卖服务	包括艺(美)术品拍卖服务,文物拍卖服务,古董、字画拍卖服务。
14	娱乐及体育设备出租(7121)	视频设备、照相器材和娱乐设备的出租服务	包括视频设备出租服务,照相器材出租服务,娱乐设备出租服务。
15	其他未列明商务服务业(7299)	公司礼仪和模特服务	公司礼仪服务包括开业典礼、庆典及其他重大活动的礼仪服务。模特服务包括服装模特、艺术模特和其他模特等服务。
15	其他未列明商务服务业(7299)	大型活动组织服务	包括文艺晚会策划组织服务,大型庆典活动策划组织服务,艺术、模特大赛策划组织服务,艺术节、电影节等策划组织服务,民间活动策划组织服务,公益演出、展览等活动的策划组织服务,其他大型活动的策划组织服务。
15	其他未列明商务服务业(7299)	票务服务	包括电影票务服务,文艺演出票务服务,展览、博览会票务服务。
16	机制纸及纸板制造(2221)	文化用机制纸及纸板制造	包括未涂布印刷书写用纸制造,涂布类印刷用纸制造,感应纸及纸板制造。
17	颜料制造(2643)	文化用颜料制造	包括水彩颜料、水粉颜料、油画颜料、国画颜料、调色料、其他艺术用颜料、美工塑型用膏等制造。
18	信息化学品制造(2664)	文化用信息化学品的制造	包括感光胶片的制造,摄影感光纸、纸板及纺织物制造,摄影用化学制剂、复印机用化学制剂制造,空白磁带、空白磁盘、空盘制造。
19	照明灯具制造(3872)	装饰用灯和影视舞台灯制造	包括装饰用灯(圣诞树用成套灯具、其他装饰用灯)和影视舞台灯的制造。

续表

序号	类别名称及代码		文化生产活动的内容
	小类	延伸层	
20	其他电子设备制造（3990）	电子快译通、电子记事本、电子词典等制造	包括电子快译通、电子记事本、电子词典等电子设备的制造。
21	家用电器批发（5137）	文化用家用电器批发	包括电视机、摄录像设备、便携式收录放设备、音响设备等的批发。
22	通讯及广播电视设备批发（5178）	广播电视电影专用设备批发	包括广播设备、电视设备、电影设备、广播电视卫星设备等的批发。
23	电气设备批发（5176）	舞台照明设备的批发	包括各类舞台照明设备的批发。

附录 2
文化及相关产业分类（2018）[*]

一 分类目的和作用

（一）为深化文化体制改革和持续推进社会主义文化强国建设提供统计保障，建立科学可行的文化及相关产业统计制度，制定本分类。

（二）本分类为反映我国文化及相关产业生产活动提供标准分类依据，为文化及相关产业统计提供统一的定义和范围，为发展文化产业、推进社会主义文化繁荣兴盛提供统计服务。

二 分类定义和范围

（一）定义

本分类规定的文化及相关产业是指为社会公众提供文化产品和文化相关产品的生产活动的集合。

（二）范围

1. 以文化为核心内容，为直接满足人们的精神需要而进行的创作、制造、传播、展示等文化产品（包括货物和服务）的生产活动。具体包括新闻信息服务、内容创作生产、创意设计服务、文化传播渠道、文化投资运营和文化娱乐休闲服务等活动。

2. 为实现文化产品的生产活动所需的文化辅助生产和中介服务、文化

---

[*] 国家统计局：《文化及相关产业分类（2018）》，2018 年 4 月 23 日。

装备生产和文化消费终端生产（包括制造和销售）等活动。

三　编制原则

（一）以《国民经济行业分类》为基础

本分类以《国民经济行业分类》（GB/T 4754—2017）为基础，根据文化生产活动的特点，将行业分类中相关的类别重新组合，是《国民经济行业分类》的派生分类。

（二）兼顾文化管理需要和可操作性

根据我国文化体制改革和发展的实际，本分类在考虑文化生产活动特点的同时，兼顾文化主管部门管理的需要；同时立足于现行统计制度和方法，充分考虑分类的可操作性。

（三）与国际分类标准相衔接

本分类借鉴了联合国教科文组织的《文化统计框架—2009》的分类方法，在定义和覆盖范围上与其衔接。

四　结构和编码

本分类采用线分类法和分层次编码方法，将文化及相关产业划分为三层，分别用阿拉伯数字编码表示。第一层为大类，用 01～09 数字表示，共有 9 个大类；第二层为中类，用 3 位数字表示，共有 43 个中类；第三层为小类，用 4 位数字表示，共有 146 个小类。

五　有关说明

（一）本分类建立了与《国民经济行业分类》（GB/T 4754—2017）的对应关系。在本分类中，如国民经济某行业小类仅部分活动属于文化及相关产业，则在行业代码后加"＊"做标识，并对属于文化生产活动的内容进行说明；如国民经济某行业小类全部纳入文化及相关产业，则小类类别名称与行业类别名称完全一致。

（二）本分类全部小类对应或包含在《国民经济行业分类》（GB/T 4754—2017）相应的行业小类中，具体范围和说明可参见《2017 国民经济行业分类注释》。

（三）本分类 01~06 大类为文化核心领域，07~09 大类为文化相关领域。

六　文化及相关产业分类表

附表1　文化及相关产业分类表

代码 大类	代码 中类	代码 小类	类别名称	说明	行业分类代码
			文化核心领域	本领域包括 01~06 大类。	
01			新闻信息服务		
	011		新闻服务		
		0110	新闻业	包括新闻采访、编辑、发布和其他新闻服务。	8610
	012		报纸信息服务		
		0120	报纸出版	包括党报出版、综合新闻类报纸出版和其他报纸出版服务。	8622
	013		广播电视信息服务		
		0131	广播	指广播节目的现场制作、播放及其他相关活动，还包括互联网广播。	8710
		0132	电视	指有线和无线电视节目的现场制作、播放及其他相关活动，还包括互联网电视。	8720
		0133	广播电视集成播控	指 IP 电视、手机电视、互联网电视等专网及定向传播视听节目服务的集成播控，还包括普通广播电视节目集成播控。	8740
	014		互联网信息服务		
		0141	互联网搜索服务	指互联网中的特殊站点，专门用来帮助人们查找存储在其他站点上的信息。	6421
		0142	互联网其他信息服务	包括网上新闻、网上软件下载、网上音乐、网上视频、网上图片、网上动漫、网上文学、网上电子邮件、网上新媒体、网上信息发布、网站导航和其他互联网信息服务。	6429
02			内容创作生产		
	021		出版服务		
		0211	图书出版	包括书籍出版、课本类书籍出版和其他图书出版服务。	8621

附录2　文化及相关产业分类（2018）

续表

代码大类	代码中类	代码小类	类别名称	说明	行业分类代码
		0212	期刊出版	包括综合类杂志出版，经济、哲学、社会科学类杂志出版，自然科学、技术类杂志出版，文化、教育类杂志出版，少儿读物类杂志出版和其他杂志出版服务。	8623
		0213	音像制品出版	包括录音制品出版和录像制品出版服务。	8624
		0214	电子出版物出版	包括马列毛泽东思想、哲学等分类别电子出版物，综合类电子出版物和其他电子出版物出版服务。	8625
		0215	数字出版	指利用数字技术进行内容编辑加工，并通过网络传播数字内容产品的出版服务。	8626
		0216	其他出版业	指其他出版服务。	8629
	022		广播影视节目制作		
		0221	影视节目制作	指电影、电视和录像（含以磁带、光盘为载体）节目的制作活动，该节目可以作为电视、电影播出、放映，也可以作为出版、销售的原版录像带（或光盘），还可以在其他场合宣传播放，还包括影视节目的后期制作，但不包括电视台制作节目的活动。	8730
		0222	录音制作	指从事录音节目、音乐作品的制作活动，其节目或作品可以在广播电台播放，也可以制作成出版、销售的原版录音带（磁带或光盘），还可以在其他宣传场合播放，但不包括广播电台制作节目的活动。	8770
	023		创作表演服务		
		0231	文艺创作与表演	指文学、美术创造和表演艺术（如戏曲、歌舞、话剧、音乐、杂技、马戏、木偶等表演艺术）等活动。	8810
		0232	群众文体活动	指对各种主要由城乡群众参与的文艺类演出、比赛、展览等公益性文化活动的管理活动。	8870
		0233	其他文化艺术业	包括网络（手机）文化服务，史料、史志编辑服务，艺（美）术品、收藏品鉴定和评估服务，街头报刊橱窗管理服务和其他未列明文化艺术服务。	8890

续表

代码大类	代码中类	代码小类	类别名称	说明	行业分类代码
	024		数字内容服务		
		0241	动漫、游戏数字内容服务	指将动漫和游戏中的图片、文字、视频、音频等信息内容运用数字化技术进行加工、处理、制作并整合应用的服务,使其通过互联网传播,在计算机、手机、电视等终端播放,在存储介质上保存。	6572
		0242	互联网游戏服务	指以互联网为传输媒介,以游戏运营商服务器和用户计算机为处理终端,以游戏客户端软件为信息交互窗口,旨在实现娱乐、休闲、交流和取得虚拟成就的具有可持续性的个体性多人在线游戏。包括互联网电子竞技服务。	6422
		0243	多媒体、游戏动漫和数字出版软件开发	仅指通用应用软件中的多媒体软件、游戏动漫软件、数字出版软件开发。该小类包含在应用软件开发行业小类中。	6513*
		0244	增值电信文化服务	仅指固定网增值电信、移动网增值电信、其他增值电信中的文化服务。该小类包含在其他电信服务行业小类中。	6319*
		0245	其他文化数字内容服务	仅指文化宣传领域数字内容服务。该小类包含在其他数字内容服务行业小类中。	6579*
	025		内容保存服务		
		0251	图书馆	包括公共图书馆、高等院校图书馆、专业图书馆和其他图书馆管理服务。	8831
		0252	档案馆	包括综合档案馆、专门档案馆、部门档案馆、企业档案馆、事业单位档案馆和其他档案馆管理服务。	8832
		0253	文物及非物质文化遗产保护	指对具有历史、文化、艺术、科学价值,并经有关部门鉴定,列入文物保护范围的不可移动文物的保护和管理活动;对我国口头传统和表现形式,传统表演艺术,社会实践、意识、节庆活动,有关的自然界和宇宙的知识和实践,传统手工艺等非物质文化遗产的保护和管理活动。	8840

续表

大类	中类	小类	类别名称	说明	行业分类代码
		0254	博物馆	指收藏、研究、展示文物和标本的博物馆的活动,以及展示人类文化、艺术、科技、文明的美术馆、艺术馆、展览馆、科技馆、天文馆等管理活动。	8850
		0255	烈士陵园、纪念馆	包括烈士陵园和烈士纪念馆管理服务。	8860
	026		工艺美术品制造		
		0261	雕塑工艺品制造	指以玉石、宝石、象牙、角、骨、贝壳等硬质材料,木、竹、椰壳、树根、软木等天然植物,以及石膏、泥、面、塑料等为原料,经雕刻、琢、磨、捏或塑等艺术加工而制成的各种供欣赏和实用的工艺品的制作活动。	2431
		0262	金属工艺品制造	指以金、银、铜、铁、锡等各种金属为原料,经过制胎、浇铸、锻打、錾刻、搓丝、焊接、纺织、镶嵌、点兰、烧制、打磨、电镀等各种工艺加工制成的造型美观、花纹图案精致的工艺美术品的制作活动。	2432
		0263	漆器工艺品制造	指将半生漆、腰果漆加工调配成各种鲜艳的漆料,以木、纸、塑料、铜、布等作胎,采用推光、雕填、彩画、镶嵌、刻灰等传统工艺和现代漆器工艺进行的工艺制品的制作活动。	2433
		0264	花画工艺品制造	指以绢、丝、绒、纸、涤纶、塑料、羽毛、通草以及鲜花草等为原料,经造型设计、模压、剪贴、干燥等工艺精制而成的花、果、叶等人造花类工艺品,以画面出现、可以挂或摆的具有欣赏性、装饰性的画类工艺品的制作活动。	2434
		0265	天然植物纤维编织工艺品制造	指以竹、藤、棕、草、柳、葵、麻等天然植物纤维为材料,经编织或镶嵌而成具有造型艺术或图案花纹,以欣赏为主的工艺陈列品以及工艺实用品的制作活动。	2435

续表

代码 大类	代码 中类	代码 小类	类别名称	说明	行业分类代码
		0266	抽纱刺绣工艺品制造	指以棉、麻、丝、毛及人造纤维纺织品等为主要原料,经设计、刺绣、抽、拉、钩等工艺加工而成的各种生活装饰用品,以及以纺织品为主要原料,经特殊手工工艺或民间工艺方法加工成各种具有较强装饰效果的生活用纺织品的制作活动。	2436
		0267	地毯、挂毯制造	指以羊毛、丝、棉、麻及人造纤维等为原料,经手工编织、机织、栽绒等方式加工而成的各种具有装饰性的地面覆盖物或可用于悬挂、垫坐等用途的生活装饰用品的制作活动。	2437
		0268	珠宝首饰及有关物品制造	指以金、银、铂等贵金属及其合金以及钻石、宝石、玉石、翡翠、珍珠等为原料,经金属加工和联结组合、镶嵌等工艺加工制作各种图案的装饰品的制作活动。	2438
		0269	其他工艺美术及礼仪用品制造	指其他工艺美术品的制造活动。	2439
	027		艺术陶瓷制造		
		0271	陈设艺术陶瓷制造	指以黏土、瓷土、瓷石、长石、石英等为原料,经制胎、施釉、装饰、烧制等工艺制成,主要供欣赏、装饰的陶瓷工艺美术品制造。	3075
		0272	园艺陶瓷制造	指专门为园林、公园、室外景观的摆设或具有一定功能的大型陶瓷制造。	3076
03			创意设计服务		
	031		广告服务		
		0311	互联网广告服务	指提供互联网广告设计、制作、发布及其他互联网广告服务。包括网络电视、网络手机等各种互联网终端的广告的服务。	7251
		0312	其他广告服务	指除互联网广告以外的广告服务。	7259
	032		设计服务		
		0321	建筑设计服务	仅包括房屋建筑工程,体育、休闲娱乐工程,室内装饰和风景园林工程专项设计服务。该小类包含在工程设计活动行业小类中。	7484*

续表

代码 大类	代码 中类	代码 小类	类别名称	说明	行业分类代码
		0322	工业设计服务	指独立于生产企业的工业产品和生产工艺设计,不包括工业产品生产环境设计、产品传播设计、产品设计管理等活动。	7491
		0323	专业设计服务	包括时装、包装装潢、多媒体、动漫及衍生产品、饰物装饰、美术图案、展台、模型和其他专业设计服务。	7492
04			文化传播渠道		
	041		出版物发行		
		0411	图书批发	包括书籍、课本和其他图书的批发和进出口。	5143
		0412	报刊批发	包括报纸、杂志的批发和进出口。	5144
		0413	音像制品、电子和数字出版物批发	包括音像制品及电子出版物的批发和进出口。	5145
		0414	图书、报刊零售	包括图书零售服务,报纸、杂志专门零售服务,图书、报刊固定摊点零售服务。	5243
		0415	音像制品、电子和数字出版物零售	包括音像制品专门零售店、电子出版物专门零售、音像制品及电子出版物固定摊点零售服务。	5244
		0416	图书出租	指各种图书出租服务,不包括图书馆的租书业务。	7124
		0417	音像制品出租	指各种音像制品出租服务,不包括以销售音像制品为主的出租音像活动。	7125
	042		广播电视节目传输		
		0421	有线广播电视传输服务	指有线广播电视网和信号的传输服务。	6321
		0422	无线广播电视传输服务	指无线广播电视信号的传输服务。	6322
		0423	广播电视卫星传输服务	包括卫星广播电视信号的传输、覆盖与接收服务,卫星广播电视传输、覆盖、接收系统的设计、安装、调试、测试、监测等服务。	6331
	043		广播影视发行放映		
		0431	电影和广播电视节目发行	包括电影发行和进出口交易、非电视台制作的电视节目发行和进出口服务。	8750

续表

代码 大类	代码 中类	代码 小类	类别名称	说明	行业分类代码
		0432	电影放映	指专业电影院以及设在娱乐场所独立(或相对独立)的电影放映等活动。	8760
	044		艺术表演		
		0440	艺术表演场馆	指有观众席、舞台、灯光设备,专供文艺团体演出的场所管理活动。	8820
	045		互联网文化娱乐平台		
		0450	互联网文化娱乐平台	仅包括互联网演出购票平台、娱乐应用服务平台、音视频服务平台、读书平台、艺术品鉴定拍卖平台和文化艺术平台。该小类包含在互联网生活服务平台行业小类中。	6432*
	046		艺术品拍卖及代理		
		0461	艺术品、收藏品拍卖	指艺术品、收藏品拍卖活动。包括艺(美)术品拍卖服务、文物拍卖服务、古董和字画拍卖服务。	5183
		0462	艺术品代理	指艺术品代理活动。包括字画代理、古玩收藏品代理、画廊艺术经纪代理和其他艺术品代理。	5184
	047		工艺美术品销售		
		0471	首饰、工艺品及收藏品批发	指首饰、工艺品及收藏品的批发活动。	5146
		0472	珠宝首饰零售	指珠宝首饰的零售活动。	5245
		0473	工艺美术品及收藏品零售	指专门经营具有收藏价值和艺术价值的工艺品、艺术品、古玩、字画、邮品等的店铺零售活动。	5246
05			文化投资运营		
	051		投资与资产管理		
		0510	文化投资与资产管理	仅指政府主管部门转变职能后,成立的国有文化资产管理机构和文化行业管理机构的活动;文化投资活动,不包括资本市场的投资。该小类包含在投资与资产管理行业小类中。	7212*
	052		运营管理		

续表

代码 大类	代码 中类	代码 小类	类别名称	说明	行业分类代码
		0521	文化企业总部管理	仅指文化企业总部的活动,其对外经营业务由下属的独立核算单位或单独核算单位承担,还包括派出机构的活动(如办事处等)。该小类包含在企业总部管理行业小类中。	7211*
		0522	文化产业园区管理	仅指非政府部门的文化产业园区管理服务。该小类包含在园区管理服务行业小类中。	7221*
06			文化娱乐休闲服务		
	061		娱乐服务		
		0611	歌舞厅娱乐活动	指各种歌舞厅娱乐活动。	9011
		0612	电子游艺厅娱乐活动	指各种电子游艺厅娱乐服务。	9012
		0613	网吧活动	指通过计算机等装置向公众提供互联网上网服务的网吧、电脑休闲室等营业性场所的服务。	9013
		0614	其他室内娱乐活动	包括儿童室内游戏娱乐服务、室内手工制作娱乐服务和其他室内娱乐服务。	9019
		0615	游乐园	指配有大型娱乐设施的室外娱乐活动及以娱乐为主的活动。	9020
		0616	其他娱乐业	指公园、海滩和旅游景点内小型设施的娱乐活动及其他娱乐活动。	9090
	062		景区游览服务		
		0621	城市公园管理	指主要为人们提供休闲、观赏、游览以及开展科普活动的城市各类公园管理活动。	7850
		0622	名胜风景区管理	指对具有一定规模的自然景观、人文景观的管理和保护活动,以及对环境优美、具有观赏、文化和科学价值风景名胜区的保护与管理活动。	7861
		0623	森林公园管理	指国家自然保护区、名胜景区以外的,以大面积人工林或天然林为主体而建设的公园管理活动。	7862
		0624	其他游览景区管理	指其他未列明的游览景区的管理活动。	7869
		0625	自然遗迹保护管理	包括地质遗迹保护管理、古生物遗迹保护管理等。	7712

续表

代码 大类	代码 中类	代码 小类	类别名称	说明	行业分类代码
		0626	动物园、水族馆管理服务	指以保护、繁殖、科学研究、科普、供游客观赏为目的,饲养野生动物场所的管理服务。	7715
		0627	植物园管理服务	指以调查、采集、鉴定、引种、驯化、保存、推广、科普为目的,并供游客游憩、观赏的园地管理服务。	7716
	063		休闲观光游览服务		
		0631	休闲观光活动	指以农林牧渔业、制造业等生产和服务领域为对象的休闲观光旅游活动。	9030
		0632	观光游览航空服务	指直升机、热气球等游览飞行服务。	5622
			文化相关领域	本领域包括07~09大类。	
07			文化辅助生产和中介服务		
	071		文化辅助用品制造		
		0711	文化用机制纸及纸板制造	仅指未涂布印刷书写用纸、涂布类印刷用纸、感应纸及纸板制造。该小类包含在机制纸及纸板制造行业小类中。	2221*
		0712	手工纸制造	指采用手工操作成型,制成纸的生产活动。包括手工纸(宣纸、国画纸、其他手工纸)及手工纸板。	2222
		0713	油墨及类似产品制造	指由颜料、联接料(植物油、矿物油、树脂、溶剂)和填充料经过混合、研磨调制而成,用于印刷的有色胶浆状物质,以及用于计算机打印、复印机用墨等的生产活动。	2642
		0714	工艺美术颜料制造	指油画、水粉画、广告等艺术用颜料的制造。	2644
		0715	文化用信息化学品制造	指电影、照相、医用、幻灯及投影用感光材料、冲洗套药、磁、光记录材料,光纤维通讯用辅助材料,及其专用化学制剂的制造。	2664
	072		印刷复制服务		
		0721	书、报刊印刷	指书、报刊的印刷活动。	2311
		0722	本册印制	指由各种纸及纸板制作的,用于书写和其他用途的本册生产活动。	2312
		0723	包装装潢及其他印刷	指根据一定的商品属性、形态,采用一定的包装材料,经过对商品包装的造型结构艺术和图案文字的设计与安排来装饰美化商品的印刷,以及其他印刷活动。	2319

续表

代码 大类	代码 中类	代码 小类	类别名称	说明	行业分类代码
		0724	装订及印刷相关服务	指专门企业从事的装订、压印媒介制造等与印刷有关的服务。	2320
		0725	记录媒介复制	指将母带、母盘上的信息进行批量翻录的生产活动。	2330
		0726	摄影扩印服务	包括摄影服务、照片扩印及处理服务。	8060
	073		版权服务		
		0730	版权和文化软件服务	仅指版权服务、文化软件服务。该小类包含在知识产权服务行业小类中。	7520*
	074		会议展览服务		
		0740	会议、展览及相关服务	指以会议为主,也可附带展览及其他相关的活动形式,包括项目策划组织、场馆租赁保障、相关服务。	7281~7284 7289
	075		文化经纪代理服务		
		0751	文化活动服务	指策划、组织、实施各类文化、晚会、娱乐、演出、庆典、节日等活动的服务。	9051
		0752	文化娱乐经纪人	指各种文化娱乐经纪人活动。包括演员挑选、推荐服务,艺术家、作家经纪人服务,演员经纪人服务,模特经纪人服务,其他演员、艺术家经纪人服务。	9053
		0753	其他文化艺术经纪代理	指其他文化艺术经纪代理活动。	9059
		0754	婚庆典礼服务	仅指婚庆礼仪服务。该小类包含在婚姻服务行业小类中。	8070*
		0755	文化贸易代理服务	仅指文化贸易代理服务。该小类包含在贸易代理行业小类中。	5181*
		0756	票务代理服务	指除旅客交通票代理外的各种票务代理服务。	7298
	076		文化设备(用品)出租服务		
		0761	休闲娱乐用品设备出租	指各种休闲娱乐用品设备出租活动。	7121
		0762	文化用品设备出租	指各种文化用品设备出租活动。	7123
	077		文化科研培训服务		
		0771	社会人文科学研究	指各种社会人文科学研究活动。	7350

续表

代码 大类	代码 中类	代码 小类	类别名称	说明	行业分类代码
		0772	学术理论社会（文化）团体	仅指学术理论社会团体、文化团体的服务。该小类包含在专业性团体行业小类中。	9521*
		0773	文化艺术培训	指国家学校教育制度以外，由正规学校或社会各界办的文化艺术培训活动，不包括少年儿童的课外艺术辅导班。	8393
		0774	文化艺术辅导	仅包括美术、舞蹈、音乐、书法和武术等辅导服务。该小类包含在其他未列明教育行业小类中。	8399*
08			文化装备生产		
	081		印刷设备制造		
		0811	印刷专用设备制造	指使用印刷或其他方式将图文信息转移到承印物上的专用生产设备的制造。	3542
		0812	复印和胶印设备制造	指各种用途的复印设备和集复印、打印、扫描、传真为一体的多功能一体机的制造；以及主要用于办公室的胶印设备、文字处理设备及零件的制造。	3474
	082		广播电视电影设备制造及销售		
		0821	广播电视节目制作及发射设备制造	指广播电视节目制作、发射设备及器材的制造。	3931
		0822	广播电视接收设备制造	指专业广播电视接收设备的制造，但不包括家用广播电视接收设备的制造。	3932
		0823	广播电视专用配件制造	指专业用录像重放及其他配套的广播电视设备的制造，但不包括家用广播电视装置的制造。	3933
		0824	专业音响设备制造	指广播电视、影剧院、录音棚、会议、各种场地等专业用录音、音响设备及其他配套设备的制造。	3934
		0825	应用电视设备及其他广播电视设备制造	指应用电视设备、其他广播电视设备和器材的制造。	3939
		0826	广播影视设备批发	指广播影视设备的批发和进出口活动。	5178
		0827	电影机械制造	指各种类型或用途的电影摄影机、电影录音摄影机、影像放映机及电影辅助器材和配件的制造。	3471

续表

代码 大类	代码 中类	代码 小类	类别名称	说明	行业分类代码
	083		摄录设备制造及销售		
		0831	影视录放设备制造	指非专业用录像机、摄像机、激光视盘机等影视设备整机及零部件的制造,包括教学用影视设备的制造,但不包括广播电视等专业影视设备的制造。	3953
		0832	娱乐用智能无人飞行器制造	指按照国家有关安全规定标准,经允许生产并主要用于娱乐的智能无人飞行器的制造。该小类包含在智能无人飞行器制造行业小类中。	3963*
		0833	幻灯及投影设备制造	指通过媒体将在电子成像器件上的文字图像、胶片上的文字图像、纸张上的文字图像及实物投射到银幕上的各种设备、器材及零配件的制造。	3472
		0834	照相机及器材制造	指各种类型或用途的照相机的制造。包括用以制备印刷板,用于水下或空中照相的照相机制造,以及照相机用闪光装置、摄影暗室装置和零件的制造。	3473
		0835	照相器材零售	指照相器材专门零售。	5248
	084		演艺设备制造及销售		
		0841	舞台及场地用灯制造	指演出舞台、演出场地、运动场地、大型活动场地用灯制造。	3873
		0842	舞台照明设备批发	仅指各类舞台照明设备的批发。该小类包含在电气设备批发行业小类中。	5175*
	085		游乐游艺设备制造		
		0851	露天游乐场所游乐设备制造	指主要安装在公园、游乐园、水上乐园、儿童乐园等露天游乐场所的电动及非电动游乐设备和游艺器材的制造。	2461
		0852	游艺用品及室内游艺器材制造	指主要供室内、桌上等游艺及娱乐场所使用的游乐设备、游艺器材和游艺娱乐用品,以及主要安装在室内游乐场所的电子游乐设备的制造。	2462
		0853	其他娱乐用品制造	指其他未列明的娱乐用品制造。	2469
	086		乐器制造及销售		

续表

代码 大类	代码 中类	代码 小类	类别名称	说明	行业分类代码
		0861	中乐器制造	指各种中乐器的制造活动。	2421
		0862	西乐器制造	指各种西乐器的制造活动。	2422
		0863	电子乐器制造	指各种电子乐器的制造活动。	2423
		0864	其他乐器及零件制造	指其他未列明的乐器、乐器零件及配套产品的制造。	2429
		0865	乐器批发	指各种乐器的批发活动。	5147
		0866	乐器零售	指各种乐器的零售活动。	5247
09			文化消费终端生产		
	091		文具制造及销售		
		0911	文具制造	指办公、学习等使用的各种文具的制造。	2411
		0912	文具用品批发	指文具用品的批发活动。	5141
		0913	文具用品零售	指文具用品的零售活动。	5241
	092		笔墨制造		
		0921	笔的制造	指用于学习、办公或绘画等用途的各种笔制品的制造。	2412
		0922	墨水、墨汁制造	指各种墨水、墨汁及墨汁类似品的制造活动。	2414
	093		玩具制造		
		0930	玩具制造	指以儿童为主要使用者,用于玩耍、智力开发等娱乐器具的制造。	2451~2456 2459
	094		节庆用品制造		
		0940	焰火、鞭炮产品制造	指节日、庆典用焰火及民用烟花、鞭炮等产品的制造。	2672
	095		信息服务终端制造及销售		
		0951	电视机制造	指非专业用电视机制造。包括彩色、黑白电视机以及其他视频设备(移动电视机和其他未列明视频设备)的制造。	3951
		0952	音响设备制造	指非专业用音箱、耳机、组合音响、功放、无线电收音机、收录音机等音响设备的制造。	3952
		0953	可穿戴智能文化设备制造	指由用户穿戴和控制,并且自然、持续地运行和交互的个人移动计算文化设备产品的制造。该小类包含在可穿戴智能设备制造行业小类中。	3961*

续表

代码 大类	代码 中类	代码 小类	类别名称	说明	行业分类代码
		0954	其他智能文化消费设备制造	指虚拟现实设备制造活动。该小类包含在其他智能消费设备制造行业小类中。	3969*
		0955	家用视听设备批发	指家用视听设备批发活动。	5137
		0956	家用视听设备零售	指专门经营电视、音响设备、摄录像设备等的店铺零售活动。	5271
		0957	其他文化用品批发	包括玩具批发服务以及玩具、游艺及娱乐用品、照相器材和其他文化娱乐用品批发和进出口。	5149
		0958	其他文化用品零售	指专门经营游艺用品及其他未列明文化用品的店铺零售活动。	5249

注：行业分类代码后标有"＊"的表示该行业类别仅有部分内容属于文化及相关产业。

附表2 带"＊"行业分类文化生产活动内容的说明

序号	国民经济行业分类及代码	文化及相关产业类别名称及小类代码	文化生产活动的内容
1	应用软件开发（6513＊）	多媒体、游戏动漫和数字出版软件开发（0243）	包括应用软件开发中的多媒体软件、游戏动漫软件、数字出版软件开发活动。
2	其他电信服务（6319＊）	增值电信文化服务（0244）	仅指固定网增值电信、移动网增值电信、其他增值电信中的文化服务,包括手机报、个性化铃声等业务服务。
3	其他数字内容服务（6579＊）	其他文化数字内容服务（0245）	仅指文化宣传领域数字内容服务。
4	工程设计活动（7484＊）	建筑设计服务（0321）	仅包括房屋建筑工程,体育、休闲娱乐工程,室内装饰和风景园林工程专项设计服务。
5	互联网生活服务平台（6432＊）	互联网文化娱乐平台（0450）	仅包括互联网演出购票平台、娱乐应用服务平台、音视频服务平台、读书平台、艺术品鉴定拍卖平台和文化艺术平台。
6	投资与资产管理（7212＊）	文化投资与资产管理（0510）	指政府主管部门转变职能后,成立的国有文化资产管理机构和文化行业管理机构的活动;文化投资活动,不包括资本市场的投资。

续表

序号	国民经济行业分类及代码	文化及相关产业类别名称及小类代码	文化生产活动的内容
7	企业总部管理（7211*）	文化企业总部管理（0521）	指不具体从事对外经营业务，只负责文化企业的重大决策、资产管理，协调管理下属各机构和内部日常工作的文化企业总部的活动，其对外经营业务由下属的独立核算单位或单独核算单位承担，还包括派出机构的活动（如办事处等）。
8	园区管理服务（7221*）	文化产业园区管理（0522）	仅指非政府部门的文化产业园区管理服务。
9	机制纸及纸板制造（2221*）	文化用机制纸及纸板制造（0711）	包括未涂布印刷书写用纸制造、涂布类印刷用纸制造、感应纸及纸板制造。
10	知识产权服务（7520*）	版权和文化软件服务（0730）	版权服务包括版权代理服务，版权鉴定服务，版权咨询服务，著作权登记服务，著作权使用报酬收转服务，版权交易、版权贸易服务和其他版权服务。文化软件服务指与文化有关的软件服务，包括软件代理、软件著作权登记、软件鉴定等服务。
11	婚姻服务（8070*）	婚庆典礼服务（0754）	指婚庆礼仪服务。包括婚礼策划、组织服务，婚礼租车服务，婚礼用品出租服务，婚礼摄像服务和其他婚姻服务。
12	贸易代理（5181*）	文化贸易代理服务（0755）	包括文化用品、图书、音像、文化用家用电器和广播电视器材等国际国内贸易代理服务。
13	专业性团体（9521*）	学术理论社会（文化）团体（0772）	学术理论社会团体包括党的理论研究、史学研究、思想工作研究、社会人文科学研究等团体的服务。文化团体包括新闻、图书、报刊、音像、版权、广播、电视、电影、演员、作家、文学艺术、美术家、摄影家、文物、博物馆、图书馆、文化馆、游乐园、公园、文艺理论研究、民族文化等团体的服务。
14	其他未列明教育（8399*）	文化艺术辅导（0774）	包括美术、舞蹈、音乐、书法和武术等辅导服务。
15	智能无人飞行器制造（3963*）	娱乐用智能无人飞行器制造（0832）	指按照国家有关安全规定标准，经允许生产并主要用于娱乐的智能无人飞行器的制造。

续表

序号	国民经济行业分类及代码	文化及相关产业类别名称及小类代码	文化生产活动的内容
16	电气设备批发（5175*）	舞台照明设备批发（0842）	包括各类舞台照明设备的批发。
17	可穿戴智能设备制造（3961*）	可穿戴智能文化设备制造（0953）	指由用户穿戴和控制，并且自然、持续地运行和交互的个人移动计算文化设备产品的制造。
18	其他智能消费设备制造（3969*）	其他智能文化消费设备制造（0954）	仅指虚拟现实设备制造活动。

图书在版编目(CIP)数据

新型文化业态发展研究/郭鸿雁，李雅丽著.--北京：社会科学文献出版社，2021.5
 ISBN 978-7-5201-7951-5

Ⅰ.①新… Ⅱ.①郭… ②李… Ⅲ.①文化产业-产业发展-研究-中国 Ⅳ.①G124

中国版本图书馆 CIP 数据核字（2021）第 029923 号

新型文化业态发展研究

著　　者 / 郭鸿雁　李雅丽

出 版 人 / 王利民
责任编辑 / 陈凤玲
文稿编辑 / 陈丽丽

出　　版 / 社会科学文献出版社·经济与管理分社（010）59367226
　　　　　 地址：北京市北三环中路甲29号院华龙大厦　邮编：100029
　　　　　 网址：www.ssap.com.cn

发　　行 / 市场营销中心（010）59367081　59367083
印　　装 / 三河市尚艺印装有限公司

规　　格 / 开本：787mm×1092mm　1/16
　　　　　 印 张：19.5　字 数：313千字

版　　次 / 2021年5月第1版　2021年5月第1次印刷
书　　号 / ISBN 978-7-5201-7951-5
定　　价 / 99.00元

本书如有印装质量问题，请与读者服务中心（010-59367028）联系

▲ 版权所有 翻印必究